古典文獻研究輯刊

十九編

潘美月・杜潔祥 主編

第 10 冊

群書校補（續）
──同源詞例考（第十冊）

蕭 旭 著

國家圖書館出版品預行編目資料

群書校補（續）──同源詞例考（第十冊）／蕭旭 著 -- 初版
-- 新北市：花木蘭文化出版社，2014〔民 103〕
目 4+172 面；19×26 公分
（古典文獻研究輯刊 十九編；第 10 冊）
ISBN 978-986-322-870-7（精裝）
1.中國文字　2.詞源學
011.08　　　　　　　　　　　　　　　　　103013716

ISBN-978-986-322-870-7

古典文獻研究輯刊
十九編　第十冊
ISBN：978-986-322-870-7

群書校補（續）──**同源詞例考**（第十冊）

作　　者　蕭　旭
主　　編　潘美月　杜潔祥
總 編 輯　杜潔祥
副總編輯　楊嘉樂
編　　輯　許郁翎
企劃出版　北京大學文化資源研究中心
出　　版　花木蘭文化出版社
社　　長　高小娟
聯絡地址　235 新北市中和區中安街七二號十三樓
　　　　　電話：02-2923-1455／傳真：02-2923-1452
網　　址　http://www.huamulan.tw 信箱 hml 810518@gmail.com
印　　刷　普羅文化出版廣告事業
初　　版　2014 年 9 月
定　　價　十九編 18 冊（精裝）新台幣 32,000 元

群書校補(續)
——同源詞例考(第十冊)

蕭　旭　著

目次

第九冊

同源詞例考

「果蠃」轉語補記

1. 清人程瑤田著《果蠃轉語記》,是同源詞研究的經典之作。程氏云:「雙聲疊韻之不可爲典要,而唯變所適也。聲隨形命,字依聲立。屢變其物而不易其名,屢易其文而弗離其聲。物不相類也而名或不得不類,形不相似而天下之人皆得以是聲形之,亦遂靡或弗似也。」因舉「果蠃」推廣言之。王念孫《跋》稱譽之云:「先生立物之醇、爲學之勤、持論之精、所見之卓,一時罕有其匹……每立一說,輒與原文若合符節,不爽毫釐……蓋雙聲疊韻,出於天籟,不學而能,由經典以及謠俗,如出一軌。而先生獨能觀其會通,窮其變化,使學者讀之而知絕代語別國方言,無非一聲之轉,則觸類旁通,而天下之能事畢矣。故《果蠃轉語》實爲訓詁家未嘗有之書,亦不可無之書也。」〔註1〕殷孟倫稱譽之云:「此記蒙曾爲疏證,于此可知文字之相轉易,實匪夷所思,蓋極其用,圓神方智,兼而有之矣。」〔註2〕

程氏謂「果蠃」聲轉爲「鍋錛」、「朐朧」、「疴傻」、「岣嶁」、「昫瞜」、「枸簍」、「萬蔞」、「偶旅」,皆極堛霺。但程氏系連過寬,且未列書證,亦多有未盡然者〔註3〕。如謂「果蠃」聲轉爲「拘留」、「莩籠」、「襤褸」等等,則不可堅信〔註4〕。程氏所列「果蠃」轉語,猶有遺漏,並不完備。

〔註1〕 程瑤田《果蠃轉語記》,收入《安徽叢書》第2期,民國22年版;又收入《續修四庫全書》第191冊,上海古籍出版社1995年版,第517～24頁。
〔註2〕 殷孟倫《論治中國語言文字之要籍》,《斯文》第1卷第11、12期,1940年版。
〔註3〕 殷煥先40年代在西南聯大寫作研究生論文《駢詞通釋》時,在《自敘》中指出:「今取其文爲之細按,覺其殊傷氾濫,實不足以當王氏之稱譽。」參見《殷煥先語言論集》,山東大學出版社1990年版,第229頁。
〔註4〕 「拘留」即「拘止」、「扣留」。「莩籠」爲「蓬」合音,字或作「勃籠」、「蓬

「果蠃」又聲轉爲「穹隆」、「骨磆」，此程氏所未及。「痀僂」、「穹隆」、「骨磆」三者又各成子系統。下文分別系連其同源詞，程氏已列者，爲補書證；程氏未及者，茲爲補焉。以爲續貂云爾。

2. 姜亮夫曰：「語言之大部，得之於事物之音響……有物圓轉成聲『gulu』、『kulu』，則一切圓物皆被以『gulu』、『kulu』之音。在果曰『果蓏』，曰『苦蔞』，在蟲曰『果蠃』，而鳥聲之圓囀亦曰『過蠃』，小兒玩物曰『陀螺』。」〔註5〕此語甚爲磏當，探尋語源正當從此入手。

3. 此節分別以「痀僂」、「獨鹿」、「穹隆」、「骨磆」爲中心詞，系連其同源詞。

3.1. 此節以「痀僂」一詞爲中心詞，系連其同源詞。

《莊子·達生》：「仲尼適楚，出於林中，見痀僂者承蜩，猶掇之也。」成疏：「痀僂，老人曲腰之貌。」王念孫曰：「痀與傴同。」〔註6〕《列子·黃帝》同，殷敬順《釋文》：「痀僂，背曲疾也。」《集韻》：「痀，痀僂，身曲病。」考《說文》：「痀，曲脊也。」又「僂，厄也。周公韈僂，或言背僂。」是「痀」、「僂」同義連文。

或作「傴僂」，《淮南子·精神篇》：「而病傴僂。」《廣雅》：「傴、僂，曲也。」「傴」、「僂」亦同義連文。《說文》：「傴，僂也。」《左傳·昭公七年》：「故其鼎銘云：『一命而僂，再命而傴，三命而俯。』」正「僂」、「傴」單用，對舉成文。《玄應音義》卷2「背僂」條、卷6「背傴」條、卷9「僂步」條、卷11「傴僂」條、卷17「曲僂」條、卷22「傴曲」條並引《通俗文》：「曲脊謂之傴僂。」卷2又指出：「經文有作瘻，音陋，病也。瘻非字義。」「瘻」爲借字，玄應未得。《抱朴子內篇·對俗》：「掇蜩之薄術，而傴僂有入神之巧。」抱朴本《莊子》，是「傴僂」即「痀僂」也。「傴」同「痀」，《六書故》：「痀，《說文》曰：『曲脊也。』莊周曰：『見痀僂者。』疑即傴字。」又「傴，別作痀、瘟。」字或作跔、躣、踋、跙、佝、佝，《玉篇》：「跔，天寒足跔，寒

龍」、「逢龍」、「蓬籠」、「蓬龍」、「蓬蔂」，又音轉爲「豐隆」、「靈霺」、「封壟」、「豐霺」。「襤褸」謂無緣之衣又加以縫紉也，另參見蕭旭《「風曰孛纜」再考》、《「襤褸」考》。

〔註5〕姜亮夫《詩騷譴語釋例》，收入《姜亮夫全集》卷8，雲南人民出版社2002年版，第351～352頁。

〔註6〕轉引自錢穆《莊子纂箋》，臺灣東大圖書股份有限公司1985年第5版，第149頁。

凍，手足跔不伸也。」《集韻》：「跔，《說文》：『天寒足跔。』一曰拘跔不伸，或作踘、佝。」又「䠎，足寒曲也，通作跔。」又「痀、佝，病僂，或從人。」今本《逸周書・太子晉解》作「天寒足踘」，《莊子・逍遙遊》《釋文》、《御覽》卷 372 引亦作「跔」。曲脊爲痀，曲足爲跔，字本同源。字或作拘，《莊子・大宗師》：「將以予爲此拘拘也。」《釋文》：「拘拘，郭音駒。司馬云：『體拘攣也。』王云：『不申也。』」又《逍遙遊》《釋文》：「不拘，依字宜作跔。」《集韻》：「拘，拘挐不展。」馬敍倫、王叔岷謂拘借爲痀〔註 7〕。《素問・生氣通天論》：「緛短爲拘，弛長爲痿。」王冰注：「縮短故拘攣而不伸。」《淮南子・泰族篇》：「夫指之拘也，莫不事申也。」「拘」、「申」相對爲文，借爲痀。字或作鉤，《戰國策・秦策五》：「武安君曰：『緤病鉤。』」

或作「軀僂」、「痀瘻」、「軀瘻」，《廣韻》：「僂，軀僂。」《集韻》：「僂、瘻，痀僂，身曲病，或从身。」《五音集韻》：「瘻，軀瘻，傴也。」

或作「曲僂」，《莊子・大宗師》：「曲僂發背，上有五管。」林希逸注：「曲僂，曲身貌。」

或作「踦僂」、「蝸僂」，《文選・登徒子好色賦》：「登徒子妻蓬頭攣耳，齞脣歷齒，旁行踦僂，又疥且痔。」李善註：「踦僂，傴僂也。」五臣本作「蝸僂」，李周翰注：「蝸僂，身曲也。」《初學記》卷 19、《御覽》卷 382 引作「傴僂」〔註 8〕。朱駿聲曰：「踦，叚借爲傴。」〔註 9〕

或作「傴旅」、「踦旅」、「禹旅」，《漢書・東方朔傳》：「行步傴旅。」《太平廣記》卷 245 引作「禹旅」，《御覽》卷 394 引《東方朔別傳》作「踦旅」〔註 10〕。顏師古注：「傴旅，曲躬貌也。」胡鳴玉曰：「傴僂，音禹旅。」〔註 11〕朱駿聲曰：「傴，叚借爲傴。」〔註 12〕

或作「枸簍」、「枸蔞」、「拘簍」，《方言》卷 9：「車枸簍……秦晉之閒自關而西謂之枸簍，西隴謂之楅。」《廣雅》：「枸簍，軬也。」《集韻》「枸」字條引作「枸蔞」。《玉篇》：「楅，拘簍，車弓也。」王念孫曰：「枸簍者，蓋中

〔註 7〕 馬敍倫《莊子義證》卷 6，收入《民國叢書》第 5 編，商務印書館中華民國 19 年版，第 13 頁。王叔岷《莊子校詮》，中華書局 2007 年版，第 241 頁。
〔註 8〕 《古今事文類聚》後集卷 12 引作「傴俀」，「俀」字誤。
〔註 9〕 朱駿聲《說文通訓定聲》，武漢市古籍書店 1983 年版，第 423 頁。
〔註 10〕 此據文淵閣《四庫全書》本，《四部叢刊》本作「傴旅」。
〔註 11〕 胡鳴玉《訂訛雜錄》卷 1，商務印書館，中華民國 25 年版，第 5 頁。
〔註 12〕 朱駿聲《說文通訓定聲》，武漢市古籍書店 1983 年版，第 423 頁。

高而四下之貌。山巔謂之岣嶁，曲脊謂之痀僂，高田謂之甌窶，義與枸簍並相近。倒言之則曰僂句……龜背中高，故有斯稱矣。」〔註 13〕繆楷說略同，謂「圓滿之形」〔註 14〕，當本王氏。蕭璋曰：「按王氏以『岣嶁』等連語皆有高義，實則皆彎曲之引伸，彎曲與高義相因也。」〔註 15〕

或作「姑簍」，《玉篇》：「簍，姑簍也，即車弓也。」王念孫曰：「姑簍，即『枸簍』之轉。」〔註 16〕朱起鳳曰：「枸之作姑，形之訛也。」〔註 17〕「姑」為音轉，而非形訛，朱說失之。

或作「萬簍」，《周禮・冬官・考工記》：「萬之以眡其匡也。」鄭注：「等為萬簍以運輪上，輪中萬簍，則不匡刺也。」《集韻》：「簍，一曰萬簍，正輪者。」

或作「鉤婁」、「鉤簍」，《周禮・巾車》鄭注：「鉤婁，頷之鉤也。」《事類賦注》卷 16 引作「鉤簍」。元・喬吉《折桂令・風雨登虎丘》曲：「怪石於菟，老樹鉤簍。」

或作「篤簍」，《集韻》、《類篇》：「簍，篤簍，規車輞則也。」朱起鳳曰：「篤、枸音相近。」〔註 18〕

或作「迂邅」，《玄應音義》卷 11：「傴僂：《通俗文》：『曲脊謂之傴僂。』經文作『迂邅』二形。」

或作「嫗煦」，《後漢書・趙壹傳》《嫉邪賦》：「嫗煦名勢，撫拍豪強。」李賢注：「嫗煦，猶傴僂也。」

或作「佝僂」，唐・劉禹錫《罷郡歸洛陽寄友人》：「不見蜘蛛集，頻為佝僂欺。」一作「僂句」，同。宋・宋庠《王侍郎集序》：「故詹何老于餌魚，佝僂巧于承蜩。」

或作「痀瘻」，宋・羅大經《鶴林玉露》卷 3：「痀瘻之承蜩。」

〔註 13〕王念孫《廣雅疏證》，收入徐復主編《廣雅詁林》，江蘇古籍出版社 1998 年版，第 610 頁。

〔註 14〕繆楷《爾雅稗疏》，收入《續修四庫全書》第 189 冊，上海古籍出版社 2002 年版，第 34 頁。

〔註 15〕蕭璋《「考老」解》，《說文月刊》第 4 卷合刊本，1944 年版；又收入《文字訓詁論集》，語文出版社 1994 年版，第 200 頁。

〔註 16〕王念孫《廣雅疏證》，收入徐復主編《廣雅詁林》，江蘇古籍出版社 1998 年版，第 610 頁。

〔註 17〕朱起鳳《辭通》，上海古籍出版社 1982 年版，第 1281 頁。

〔註 18〕朱起鳳《辭通》，上海古籍出版社 1982 年版，第 1281 頁。

或作「岣嶁」、「句傴」、「句嶁」，《廣雅》：「岣嶁謂之衡山。」《廣韻》：「岣，岣嶁，山巔。」《六書故》：「句傴，山名，別作『岣嶁』。」方以智曰：「岣嶁，本作『句嶁』。人句嶁，謂其形也。因之龜有句嶁，山有句嶁，言其背高也。」〔註19〕

或作「岣嶍」，《廣韻》：「嶍，岣嶍，羅君山峰。」《集韻》：「嶍，岣嶍，山貌。」

或作「苟屚」、「句漏」、「句屚」，《漢書‧地理志》交止郡有苟屚縣，顏師古注：「屚與漏同。」《晉書‧葛洪傳》：「聞交阯出丹，求為句漏令。」《御覽》卷 974 引《吳錄地理志》：「交阯句屚縣，干蔗大數寸，其味醇美，異于他處。」注：「屚，音漏。」「苟屚」、「句屚」同「句漏」，交阯郡縣名。蓋其縣有山名「句漏」，縣以山得名也。「苟」、「句」皆音鉤〔註20〕。

音轉又作「蝸蔞」，明‧沈朝煥《抱膝賦》「兀蝸蔞於卑寢，眇娟嫣而脂腴。」

音轉又作「甌窶」、「甌寠」、「甌寠」，《史記‧滑稽傳》：「甌窶滿篝，污邪滿車。」《正義》：「甌窶，謂高地狹小之區。」《索隱》：「甌窶，猶杯樓也。」〔註21〕《後漢書‧張奐傳》李賢注、《古今事文類聚》別集卷 20 引作「甌寠」，《記纂淵海》卷 60 引作「甌寠」。

音轉又作「𥥥寠」，《集韻》：「寠、窶：𥥥寠，猶抔摟也，或从穴。」

音轉又作「拘樓」、「拘摟」、「軥錄」，《爾雅》：「樓，聚也。」郭璞注：「樓，猶今言拘樓聚也。」《釋文》：「摟，從手，本或作樓，非。」邢昺疏：「云『樓猶今言拘樓聚也』者，以時驗而言也。」是「拘樓」為晉代方言也。《集韻》：「拘，拘摟，聚也。」《荀子‧榮辱篇》：「孝悌原愨，軥錄疾力，以敦比其事業，而不敢怠傲，是庶人之所以取煖衣飽食、長生久視以免於刑戮也。」方

〔註19〕 方以智《通雅》卷 8，收入《方以智全書》第 1 冊，上海古籍出版社 1988 年版，第 320 頁；又參見朱起鳳《辭通》，上海古籍出版社 1982 年版，第 1281、1318、1319 頁。朱氏引《莊子》、《列子》例誤作「疥瘻」、「疥懧」。

〔註20〕 《三國志‧薛綜傳》：「有犬為獨，無犬為蜀，橫目苟身，虫入其腹。」裴松之注引《江表傳》作「有水者濁，無水者蜀，橫目苟身，虫入其腹」，注又云：「臣松之見諸書本，苟身或作句身，以為既云橫目，則宜曰句身。」《類聚》卷 25 引作「句身」，《建康實錄》卷 2、《太平廣記》卷 245 引《啓顏錄》亦作「句身」。此亦「苟」讀「句」之證。《御覽》卷 463 引作「狗身」，非也。

〔註21〕 《御覽》卷 777 引「杯」作「桮」，同。

以智曰：「軥錄，拘摟之轉也。拘摟，傴僂之轉也。」〔註22〕楊倞註：「軥，與拘同。拘錄，謂自撿束也。」楊說失之。

音轉又作「煦瞜」、「昫瞜」，《廣韻》：「煦，煦瞜，笑貌。」《集韻》：「煦、昫，煦瞜，笑也，或省。」又「瞜，昫瞜，笑也。」《類篇》：「昫，昫瞜，笑也。」〔註23〕

音轉又作「鍋鑣」，《集韻》：「鍋，鍋鑣，温器，或作鉇、戙。」亦以其形背高而名之也。

音轉又作「蛞螻」，《廣雅》：「蛞螻，螻姑也。」《集韻》：「蛞，蛞螻，蟲名，螻蛄也，一曰科斗也。」

音轉又作「栝樓」、「苦蔞」、「苦婁」、「苊蔞」、「舙蘛」、「括樓」，《爾雅》：「果臝之實栝樓。」《釋文》：「栝，本或作苦。樓，本或作蔞。」鄭樵注：「今亦曰苊蔞。」《詩・東山》毛傳：「果臝，栝樓也。」《說文》：「苦，苦婁，果臝也。」《廣韻》：「苦，《說文》：『苦蔞，果臝也。』」又「舙，舙蘛，同上。」《抱朴子內篇・至理》：「括樓、黃連之愈消渴。」

音轉又作「瓝瓟」、「鉤瓟」、「瓲□」，《廣雅》：「瓝瓟，王瓜也。」《玉篇》：「瓝，瓝瓟，王瓜也。」《廣韻》：「瓟，瓝瓟，苦瓟。」《集韻》：「瓟，鉤瓟，王瓜。」又「瓝、瓲，王瓜也，或从疾。」《本草綱目》卷39：「大黃蜂，黑色者名胡蜂、壺蜂、瓲瓟蜂、玄瓠蜂。」注：「瓲瓟，音鉤婁。」亦以其形背高而名之也。

音轉又作「曲呂」、「曲律」，敦煌寫卷P.2133V：「眼暗耳聾看即是，要身曲呂又如何？」元・康進之《李逵負荊》第1折：「曲律竿頭懸草稕，綠楊影裏撥琵琶。」元・喬吉《一枝花・采茶歌》：「本待做曲呂木頭車兒隨性打，原來是滑出律水晶毬子怎生拿？」元・孟漢卿《張孔目智勘魔合羅》第1折：「你看他吸留忽浪水流乞留曲呂路，更和這失留疎剌風擺奚留急了樹。」元・無名氏《衣襖車》第3折：「那狄青右手兜絃，左手推靶，弓開似那曲律山頭蟒。」

音轉又作「曲錄」、「曲綠」、「曲磟」、「曲六」、「曲親」，《太平廣記》卷

〔註22〕方以智《通雅》卷5，收入《方以智全書》第1冊，上海古籍出版社1988年版，第217頁。

〔註23〕「昫瞜」與「痀僂」爲同源無疑，但何以爲「笑貌」，余則未知，或取義於眼眉彎乎？待訪博雅。

214 引《野人閒話》後蜀‧歐陽炯《貫休應夢羅漢畫歌》：「曲錄腰身長欲動，看經子弟擬聞聲。」宋‧黃休復《益州名畫錄》卷下作「曲碌」〔註24〕，《說郛》卷 90 引《益州名畫錄》作「曲綠」。敦煌寫卷 S.610《啓顏錄‧嘲誚》：「又令謿駱駝，謿曰：『駱駝，項曲綠，蹄波他，負物多。』」〔註25〕《太平廣記》卷 255 引《啓顏錄》：「傍邊有曲錄鐵。」《爾雅翼》卷 9：「孔氏以爲枳棋之木，其枝多曲撓，亦引陸璣《草木疏》『棋曲來巢』以證曲撓之義，蓋商俎似棋之曲耳。棋，今人謂之枅狗，又謂之蜜曲錄。」是「曲錄」即「曲撓」之誼也。宋‧喻良能《平湖》：「蜜曲六從霜後熟，玉芙蓉向露中芳。」「蜜曲六」即「蜜曲錄」也。《汾陽無德禪師語錄》卷 3：「我有一條曲親杖，節鬭螺紋山勢樣。」今吳語謂彎曲爲「曲六」、「曲裏曲六」、「彎裏曲六」，即其遺存。

音轉又作「趢趗」、「㩵趗」、「趚趗」，《說文》：「趢，行趢趗也。一曰行曲脊貌。」又「趗，趢趗也。」《集韻》「趗」字條引作「㩵趗」。《類篇》：「趗，趢趗也，一曰行曲脊兒。」蔣禮鴻曰：「《說文》：『趢，趢趗。』段注：『《廣韻》：趢，曲走貌。』趢、曲一聲之轉，趢趗、曲錄義類同也。」〔註26〕

音轉又作「卷婁」、「拳傴」、「聚僂」，《莊子‧徐無鬼篇》：「有暖姝者，有濡需者，有卷婁者。」《釋文》：「卷，音權。婁，音縷，卷婁，猶拘攣也。」成玄英疏：「卷婁者，謂背項俛曲，向前攣卷而傴僂也。」林希逸注：「卷婁，傴僂而自苦之貌。」鍾泰曰：「卷讀如拳，婁借爲僂。」〔註27〕王叔岷曰：「婁借爲僂。」〔註28〕陳鼓應曰：「婁，同『僂』。《逍遙遊》作『卷曲』，《大宗師》作『曲僂』，同義。」〔註29〕《路史》卷 21：「形卷婁，色黧露。」注：「《莊子》云：『卷婁者，舜也。』注：『謂背項傴凹向前也。』」《莊子‧達生》：「死得於腞楯之上，聚僂之中。」《釋文》：「司馬云：『聚僂，器名也，今塚壙中注爲之。』一云：聚僂，棺槨也。」方以智曰：「聚僂，猶之卷婁也。⋯⋯蓋盛羊肉之器也。合『聚僂，筐筥』之注觀之，故知是曲簍無疑。」又曰：「卷婁，非羊名，蓋盛羊肉之器，猶聚僂也。若舊解拘攣，則俚語耳。」

〔註24〕此據四庫本，湖北先正遺書本作「曲綠」。
〔註25〕《太平廣記》卷 253 引同。
〔註26〕蔣禮鴻《義府續貂》，收入《蔣禮鴻集》卷 2，浙江教育出版社 2001 年版，第 211 頁。
〔註27〕鍾泰《莊子發微》，上海古籍出版社 2002 年版，第 586 頁。
〔註28〕王叔岷《莊子校詮》，中華書局 2007 年版，第 975 頁。
〔註29〕陳鼓應《莊子今注今譯》，中華書局 1983 年版，第 657 頁。

〔註30〕王念孫曰：「聚僂，謂樞車飾也。眾飾所聚，故曰聚僂。亦以其形中高而四下，故言僂也。」〔註31〕要之「聚僂」爲器名。王氏謂得義於其形中高而四下，是也；但王氏「聚」讀如字則失之。蕭璋曰：「古『傴僂』之語狀曲脊，字亦作『痀僂』，亦作『曲僂』。痀可通作句或佝，故又可作『句僂』與『佝僂』。語音相轉，又可作『趨趄』或『卷婁』或『拘攣』。」〔註32〕唐・獨孤及《酬皇甫侍御望天灊山見示之作》：「愧作拳僂人，沈迷簿書內。」

音轉又作「拘攣」、「拘戀」，《後漢書・曹褒傳》：「帝知群寮拘攣，難與圖始。」李賢注：「拘攣，猶拘束也。」漢・揚雄《太玄賦》：「蕩然肆志，不拘攣兮。」漢・王延壽《夢賦》：「或盤跚而欲走，或拘攣而不能步。」晉・孫楚《笑賦》：「以得意爲至樂，不拘戀乎凡流。」《高僧傳》卷3：「滯近教者，則拘戀篇章。」《歷代三寶紀》卷10同，宋、元、明、宮本作「拘戀」。

音轉又作「瘑攣」、「卷攣」，《慧琳音義》卷67「卷縮」條云：「亦作瘑，云：『瘑攣，手足病也。』」《法苑珠林》卷74：「鳥栖鹿宿，赤露瘑攣。」唐・韓愈《城南聯句》：「刈熟擔肩頳，澁旋皮卷攣。」舊注：「卷攣，不舒放也。」唐・柳宗元《乞巧文》：「突梯卷攣。」朱起鳳曰：「拘、卷雙聲，攣、婁亦雙聲，故並通叚。攣、戀古通。」〔註33〕

音轉又作「蜷局」、「踡跼」、「卷曲」、「卷局」、「捲跼」、「拳局」、「拳跼」、「拳曲」、「捲曲」、「卷跼」，《玉篇》：「踡，踡跼，不伸也。」《玄應音義》卷22、23：「踡跼：《埤蒼》：『踡跼，不伸也。』」卷23又云：「踡，《說文》作趯。」《集韻》：「踡、躤：踡跼，不伸也，或從雚。」《六書故》：「局，引其義爲卷局。」《楚辭・離騷》：「僕夫悲余馬懷兮，蜷局顧而不行。」王逸注：「蜷局，詰屈不行貌。」《莊子・逍遙遊》：「其大本擁腫而不中繩墨，其小枝卷曲而不中規矩。」《釋文》：「卷，本又作拳，同。」成玄英疏：「卷曲，不端直也。」《慧琳音義》卷84引作「拳曲」。《續高僧傳》卷19：「余以擁腫拳曲不中規繩，而匠石輟斤忽垂顧眄。」顯然化用《莊》文。《莊子・人間世》：「仰而視其細枝，則拳曲而不可以爲棟梁。」朱起鳳曰：「卷、拳同音通用。」〔註34〕

〔註30〕 方以智《通雅》卷34、46，收入《方以智全書》第1冊，上海古籍出版社1988年版，第1029、1378頁。
〔註31〕 王念孫《讀書雜志餘編上・莊子》，中國書店1985年版。
〔註32〕 蕭璋《「考老」解》，《說文月刊》第4卷合刊本，1944年版；又收入《文字訓詁論集》，語文出版社1994年版，第199頁。
〔註33〕 朱起鳳《辭通》，上海古籍出版社1982年版，第670頁。
〔註34〕 朱起鳳《辭通》，上海古籍出版社1982年版，第2273頁。

《淮南子‧精神篇》:「病疵瘕者,捧心抑腹,膝上叩頭,蹒跼而諦,通夕不寐。」《孔叢子‧楊柳賦》:「或拳局以逮下,或擢跡而接穹。」《世說新語‧排調》劉孝標注引晉‧張敏《頭責子羽文》:「宜其拳局煎蹙,至老無所希也。」《類聚》卷 17 引作「蹒跼」,《容齋五筆》卷 4 引作「卷局」。《大般涅槃經疏》卷 2:「卷局籠檻。」《佛本行集經》卷 29:「其耳拳曲,猶如鐵鈎。」元、明本作「卷曲」。《瑜伽論記》卷 8:「蹒跼,屈曲。」《阿毘達磨法蘊足論》卷 9:「心惛昧劣弱捲跼。」宋、元、明本作「蹒跼」。《雲笈七籤》卷 32:「直引左臂,捲曲右臂。」南唐‧譚峭《化書》卷 4:「若拳跼之勢者介之符。」五代‧和凝《麥秀兩歧》:「嬌嬈不奈人拳跼,黛眉微蹙。」清‧李光地《遊成雲洞》:「杖策拘攣去,肩輿卷跼登。」

3.2. 此節以「獨鹿」一詞爲中心詞,系連其同源詞。

「獨鹿」音轉作「屬鏤」、「屬盧」,又音轉作「屬婁」、「屬鹿」、「濁鹿」、「涿鹿」、「蜀鹿」、「蜀祿」、「獨祿」、「獨漉」、「罜麗」、「麴籔」〔註35〕。

又音轉作「胡簶」,《玉篇》:「簶,音祿,胡簶,箭室。」

字或作「胡麗」,《史記‧魏公子傳》《索隱》:「韇,音蘭,謂以盛矢,如今之胡麗而短也。」《正義》:「若胡鹿而短。」《考證》:「桃源鈔引幻雲云:《正義》『胡簏(簏)』作『胡鹿』,當皆『胡簶』之誤。」〔註36〕幻雲指爲誤,則未達通借之指也。《說文繫傳》:「纛,今弓胡麗(簏)也。」

字亦作「箶簏」、「觳簏」,《鉅宋廣韻》:「箶,箶簏,箭室。」《龍龕手鑑》:「箶,音胡,箶簏。」《集韻》:「觳,觳簏,箭室,通作箶。」《類篇》:「觳,觳簏,箭室。」《玉海》卷 183:「箭箶簏。」

字亦作「狐簶」、「弧簶」,蔣斧印本《唐韻殘卷》:「簶,狐簶,箭室,出《音譜》。」〔註37〕《鉅宋廣韻》:「簶,弧簶,箭室,出《音譜》。」

字亦作「胡鞦」、「胡韉」,《集韻》:「簶,胡簶,箭室,或作鞦、韉。」《類篇》:「鞦:胡簶,箭室,簶或作鞦、韉。」《通鑑》卷 266:「銀胡鞦。」胡三省註:「胡鞦,箭室也。」史炤《通鑑釋文》卷 28:「胡鞦者,箭室也,以銀飾之,因爲營屯之號。」《新五代史‧唐臣傳》:「金裝胡鞦。」辛棄疾《鷓鴣天》:「燕兵夜娖銀胡鞦,漢箭朝飛金僕姑。」蔣禮鴻曰:「銀胡鞦則軍隊之名

〔註35〕參見蕭旭《「鹿車」名義考》。
〔註36〕瀧川資言《史記會注考證》,上海古籍出版社 1986 年版,第 1458 頁。
〔註37〕蔣斧印本《唐韻殘卷》,收入周祖謨《唐五代韻書集存》,中華書局 1983 年版,第 685 頁。

也。」〔註38〕非也。

字亦作「胡鹿」、「胡祿」、「胡盝」，《倭名類聚鈔》卷 13：「《周禮》注：『箙，盛矢器也。』《唐令》用『胡祿』二字，《唐韻》云：『箶簏（胡鹿二音），箭室也。』」《集韻》：「韇、戴，《說文》：『弓矢韇也。』今謂之胡鹿，或从皮。」《太白陰經・器械篇》：「長垛箭：弓袋，胡鹿，長弓袋。」唐・段成式《酉陽雜俎》卷 7：「貞元中，有一將軍家出飯食，每說物無不堪喫，惟在火候，善均五味。嘗取敗障泥、胡祿修理食之，其味極佳。」一本作「胡鹿」，一本作「胡盝」，《太平廣記》卷 234 引作「胡盝」，《天中記》卷 46 引作「胡祿」。《酉陽雜俎》卷 17：「異魚，東海漁人言近獲魚長五六尺，腸胃成胡鹿刀槊之狀，或號秦皇魚。」敦煌寫卷 P.2552+P.2567V《雜寫》：「胡祿帶一。」P.2976 劉瑕《駕幸溫泉賦》：「拖挦枷描，掉胡祿側。」吐魯番阿斯塔那 232 號墓出土《唐某府衛士王懷智等軍器簿》：「胡祿箭卅隻。」《新唐書・兵志》：「人具弓一，矢三十，胡祿，橫刀……皆一。」薛宗正以「胡祿橫刀」爲「大橫刀」〔註39〕，臆說也。

字亦作「胡麗」，《通典》卷 152：「取善騎射者，兼令人枕空胡祿臥，有人馬行三十里外，東西南北皆響見於胡祿中，名曰地聽，則先防備。」《御覽》卷 331 引《衛公兵法》略同。《太白陰經・遊奕地聽篇》作「胡麗」，《武經總要》前集卷 6 作「胡鹿」。考《夢溪筆談》卷 19：「古法以牛革爲矢服，臥則以爲枕，取其中虛，附地枕之，數里內有人馬聲，則皆聞之，蓋虛能納聲也。」是「胡鹿（麗）」即「矢服」，亦即「矢箙」，盛矢之器。此即取射者之空矢具作地聽之用也。

字亦作「箶簏」，《龍龕手鑑》：「簏，音鹿，箶簏，箭室也。」元・宋褧《延平葉將軍歌》：「鸊鵜膏兮兩刃明，箶簏橐箭雙帶輕。」

字亦作「鞲鞑」，宋・周應合《景定建康志》卷 38：「弓鞲鞑九百四十二箇。」宋・史彌堅、盧憲《嘉定鎮江志》卷 10：「弩箭、鞲鞑三百五十七箇。」

字亦作「鞲韇」，《金史・儀衛志上》：「統軍六人，花腳幞頭、紫繡抹額、孔雀袍、革帶、橫刀、鞲韇、器仗、珂馬。」「胡簏」之義爲箭室，確鑿無疑，各種異寫，皆同音借用耳。關於其語源，岑仲勉曰：「胡祿，盛矢之器，突厥

〔註38〕蔣禮鴻《義府續貂》，收入《蔣禮鴻集》卷 2，浙江教育出版社 2001 年版，第 165 頁。

〔註39〕薛宗正《安西與北庭——唐代西陲邊政研究》，黑龍江教育出版社 1998 年版，第 354 頁。

語作 qurluqr。」〔註 40〕張永言曰:「『胡䩮』及其各種異寫在漢語理據不明,可能是個譯音的外來詞。據近人之說,『胡祿(䩮)』當是突厥語 qurluqr(盛箭之器)的對音……《音譜》為北齊李槩(字季節)所撰,可見這個詞在南北朝時就已經傳入漢語了。」〔註 41〕岑、張二氏這個說法很危險,漢語詞理據一時未能考明,不能全都歸於譯音詞。從外語中找個音義相近的詞,未必就真是它的語源。考察漢語詞的語源,還得從漢語本身入手。「胡祿」是「胡盧」的音轉,合音即為「壺」,箭室圓形,故因以名焉。顧炎武曰:「壺,今人謂之胡盧,《北史‧后妃傳》作瓠蘆,瓠蘆正切壺字。」〔註 42〕馬劍東曰:「胡簏即壺的緩言,平原君所負者,箭壺也。」〔註 43〕《集韻》:「箶,箭室。」元‧梁益《詩傳旁通》卷 3:「箭箙,今謂之箶簏,簏亦作祿。」〔註 44〕是「箶簏」就是「箭箙」,亦稱作「箭壺」。「箶」俗作「筒」,亦取圓形為義而命名其物,正同一理也。

又音轉為「滴溜」,元‧李好古《張生煮海》第 2 折:「明滴溜冰輪出海角,光燦爛紅日轉山崖。」《水滸傳》第 61 回:「那隻船滴溜溜在水面上轉。」今吳方言尚有「滴溜溜圓」、「滴溜溜轉」之語。

3.3. 此節以「穹隆」一詞為中心詞,系連其同源詞。

「穹隆」或作「穹崇」,《史記‧司馬相如傳》《上林賦》:「穹隆雲撓。」《索隱》本作「穹崇」。《文選》張銑注:「穹崇,水石如隴起也。」是張本亦作「穹崇」。王先謙曰:「穹隆言水勢起伏,乍穹然而上隆。」〔註 45〕《釋名》:「宮,穹也,屋見於垣上穹隆然也。」《御覽》卷 173 引作「穹窿」,《初學記》卷 24、《爾雅》宋‧邢昺疏引並作「穹崇」。《釋名》:「弓,穹也,張之穹隆然

〔註 40〕 岑仲勉《隋唐史》(上冊),中華書局 1982 年版,第 222 頁。
〔註 41〕 張永言《漢語外來詞雜談》,《語言教學與研究》1989 年第 2 期;又收入《語文學論集》,語文出版社 1992 年版,第 239 頁。張氏在第 244 頁的注釋中注明「近人之說」是指岑仲勉說。張氏補訂稿發表於《漢語史學報》第 7 輯,上海教育出版社 2008 年版,第 5 頁。杜朝暉全襲岑仲勉說,亦昧於其語源。杜朝暉《從「胡祿」說起》,《中國典籍與文化》2007 年第 4 期,第 90 頁。
〔註 42〕 顧炎武《音論》卷下,收入景印文淵閣《四庫全書》第 241 冊,臺灣商務印書館 1986 年初版,第 29 頁。
〔註 43〕 馬劍東《晉陽古誼》,《太原文史資料》第 28 輯,太原市政協文史資料委員會編,2003 年版,第 48 頁。
〔註 44〕 梁益《詩傳旁通》卷 3,收入景印文淵閣《四庫全書》第 76 冊,臺灣商務印書館 1986 年初版,第 824 頁。
〔註 45〕 王先謙《漢書補注》,書目文獻出版社 1995 年版,第 1159 頁。

也。」《初學記》卷 22、《書鈔》卷 125 引並作「穹崇」〔註46〕。《文選·長門賦》：「正殿塊以造天兮，鬱並起而穹崇。」李善注：「穹崇，高貌。」王念孫曰：「按岣嶁猶穹隆也，語之轉也，若車枸簍或謂之穹隆矣。」〔註47〕

音轉又作「簹籠」，《方言》卷 9：「車枸簍，宋魏陳楚間謂之簹籠。」《廣韻》：「簹，簹籠。」又「籠，簹籠，竹車拳。」《說文》：「轒，淮陽名車穹隆轒。」錢繹曰：「簹籠猶枸簍，語之轉耳。『穹隆』與『簹籠』同。」〔註48〕

音轉又作「穹窿」、「窮隆」、「穹窿」、「穹窿」、「岑窿」、「穹籠」，《廣韻》：「窿，穹窿，天勢。」又「窿，穹窿，天勢，俗加穴。」《集韻》：「窿，穹窿，天勢，通作隆。」《漢書·揚雄傳》《甘泉賦》：「香芬茀以窮隆兮。」《文選》李善本作「穹隆」，劉良註：「穹崇，盛也。」是劉本作「穹崇」也。《文選·西京賦》：「於是鈎陳之外，閣道穹隆。」李善注：「穹隆，長曲貌。」《水經注》卷 19、《古今事文類聚》續集卷 1、《玉海》卷 156 引作「穹窿」。《越絕書》卷 2：「由鍾窮隆山者，古赤松子所取赤石脂也。」《文苑英華》卷 192 梁簡文帝《京洛篇》：「重門遠照曜，天閣復穹窿。」《樂府詩集》卷 39 作「穹隆」，《古詩紀》卷 77 作「穹窿」。重言則作「穹穹窿窿」，《祖庭事苑》卷 3：「蒼蒼青青天之色，穹穹窿窿天之形。」《抱朴子·喻蔽》：「若如雅論，貴少賤多，則穹窿無取乎宏燾，而旁魄不貴於厚載也。」《文苑英華》卷 141 唐·李遠《蟬蛻賦》：「已而踧踖拳形，窮隆奮質。」注：「窮，疑作穹。」唐·李商隱《李肱所遺畫松詩》：「又如洞房冷，翠被張穹籠。」明·王鏊《東望樓記》：「西望則岑窿，長沙隱現出沒，若與波升降。」

音轉又作「嶇嶐」，《集韻》：「嶇，嶇嶐，山形。嶐、嶐：山形，或从窮。」尋《龍龕手鑑》：「磈，虎多反。」《字彙補》：「磈，義闕。」「磈」同「嶇」，據此可補其義。

音轉又作「崆嵌」、「崆巃」、「硿礲」、「空巃」、「箜籠」、「箜礲」，《廣韻》：「嵌，盧紅切，崆嵌，山皃。」《集韻》：「崆，崆巃，山高。」又「箜，箜籠，澗谷空貌。」又「崆，崆嵌，山高峻貌。」晉·陸機《感時賦》：「山崆巃以

〔註46〕《廣韻》、《五音集韻》「弓」字條、《希麟音義》卷 3「弓矢」條、又卷 8「彎弓」條、《通鑑》卷 14 胡三省註、《古今合璧事類備要》外集卷 56 引並作「穹穹」，與「穹窿」同義。

〔註47〕王念孫《廣雅疏證》，收入徐復主編《廣雅詁林》，江蘇古籍出版社 1998 年版，第 787 頁。

〔註48〕錢繹《方言箋疏》，上海古籍出版社 1984 年版，第 517 頁。

含瘁，川蜿蛇而抱涸。」《宋書・謝靈運傳》《山居賦》：「桀壁對跱，硿礱於西霤。」〔註49〕梁・江淹《橫吹賦》：「石硿礱而成象，山沓合而爲一。」梁・裴子野《遊華林園賦》：「經增城而斜趣，有空巃之石室。」明・劉基《題群龍圖》：「浪破魚鱗沓硿礱，日車块扎天無風。」

音轉又作「硿隆」、「硿礱」、「硿礱」、「空洞」，《廣韻》：「硿，硿隆，石落也。」《集韻》：「硿，硿礱，石聲。」又「硿，硿礱，石落聲。」《類篇》：「硿，硿礱，石聲。硿或作硿。」唐・韓愈《征蜀聯句》：「投奇鬧硿礱，填隍儷僟僖。」《封氏聞見記》卷5：「須臾，穹窿砰磕，雷鼓之音；忽復震駭，聲如辟歷。」唐・曹唐《小遊仙詩》：「誰遊八海門前過，空洞一聲風雨中。」今吳語猶謂石落聲爲硿礱〔註50〕，音轉則爲「轟隆」。或單言毃，《說文》：「毃，擊空聲也。」《繫傳》：「毃，謂器外無隙內空擊之其聲毃然。」字或作訖、颵、䚈、聇，《廣韻》：「毃，擊空聲。」又「颵，大風。」謂大風之聲。《集韻》：「䚈，大聲，或作哅。」又「聇，耳有聲。」亦單言鼞，《說文》：「鼞，鼓聲也。」字或作鼙、鼟，《廣韻》：「鼙，鼓聲。」《集韻》：「鼞、鼙、鼟：或从多，亦作鼟。」胡文英曰：「硿礱，夵（炮）聲也。吳中形夵聲曰硿礱。」〔註51〕

音轉又作「儱侗」、「蘢衕」、「儱侗」、「襱裍」、「儱侗」、「籠侗」、「儱統」、「儱統」、「籠統」、「籠桶」、「攏統」，《廣韻》：「儱，儱侗，未成器也。」《集韻》：「蘢，蘢衕，身不端。」又「儱，儱侗，直行。侗，儱侗，直行。」《類篇》：「袴之兩股曰襱裍。」《龍龕手鑑》：「儱侗：未成器也。下又直也，一曰長大。又音通，大也。」《祖庭事苑》卷1：「儱統，當作儱侗。」又卷4：「儱侗：未成器也。又直也，一曰長大也。」明・陳士元《俗用雜字》：「直行曰蘢衕，未成器曰儱侗，身不端曰蘢衕，衣寬曰襱裍。俱音籠桶。」〔註52〕焦竑《俗書刊誤》卷11、方以智《通雅》卷49說同陳氏，方氏又云：「按儱侗字，唐禪師嘗用之，知是唐諺。」〔註53〕考《論語・泰伯》：「侗而不愿。」

〔註49〕《會稽志》卷20誤作「磋礱」。

〔註50〕參見許寶華、宮田一郎《漢語方言大詞典》，中華書局1999年版，第6450頁。

〔註51〕胡文英《吳下方言考》卷1，收入《續修四庫全書》第195冊，上海古籍出版社2002年版，第17頁。

〔註52〕陳士元《俗用雜字》，附於《古俗字略》卷7，收入《歸雲別集》卷25，《四庫存目叢書・經部》第190冊，齊魯書社1997年版，第160頁。

〔註53〕焦竑《俗書刊誤》卷11《俗用雜字》，收入景印文淵閣《四庫全書》第228冊，臺灣商務印書館1986年版，第578頁。方以智《通雅》卷49，收入《方

梁・皇侃疏：「侗謂籠侗未成器之人也。」「儱侗」即「籠侗」，方氏謂唐諺，則失考矣。光緒八年《寶山縣志》：「儱侗，音籠統，俗謂凡物散漫。」1935年《蕭山縣志稿》：「物直而胖大者曰儱侗。」〔註54〕今吳語猶有「不成儱侗」之語，即指未成器者。《三國志・鍾會傳》裴松之注引孫盛曰：「況（王）弼以附會之辨，而欲籠統玄旨者乎？」《圓悟佛果禪師語錄》卷11：「瞞瞞頇頇，儱儱侗侗。」《古尊宿語錄》卷31作「儱儱統統」，《增集續傳燈錄》卷1作「懴懴侗侗」。《石田法薰禪師語錄》卷3：「有般漢，一向杜撰捏合，籠籠統統，只作一句會。」《大慧普覺禪師語錄》卷3：「不可顢頇佛性，儱侗眞如。」《證道歌註》卷1作「籠統」，《萬松老人評唱天童覺和尚頌古從容庵錄》卷3作「籠桶」。《釋門正統》卷7：「乃大瞞頇籠統也。」《禪門鍛鍊說》卷1：「但儱統而稱禪。」《續古尊宿語要》卷3：「若作一團，則儱侗。」《明儒言行錄》卷7：「辨王氏渾淪籠侗之非。」明・徐學謨《齋語》：「各執一籠侗套子。」《二刻拍案驚奇》卷16：「雖然零碎支動了些，攏統算著，還該有二千緡錢多在那裏。」胡文英曰：「籠統，不切實、不見分明也。吳中謂不切實曰籠統。」〔註55〕《虛堂和尚語錄》卷10：「堪笑多瓜長儱侗，翻成瓠子曲彎彎。」《五燈會元》卷17：「冬瓜直儱侗，瓠子曲彎彎。」《林間錄》卷1：「肚裏直儱侗，不愛人取奉。」《禪林僧寶傳》卷19作「儱侗」，《吳山淨端禪師語錄》卷2作「籠侗」，《禪苑蒙求瑤林》卷1作「籠統」。以上諸例，皆渾淪、含混、糊塗、不明晰之義，由圓大、笨累之義引申而來。

音轉又作「籠總」，《論衡・書虛》：「顯文露書，是非易見，籠總並傳，非實事，用精不專，無思於事也。」

音轉又作「礐硿」、「岏硿」、「礲硿」、「礱硿」、「籠空」、「儱倥」，《玉篇》：「硿，礐硿。」《原本玉篇殘卷》引《字書》：「硿，礐硿，石聲也。」胡吉宣曰：「礐硿疊韻狀聲，倒言之爲硿礐，《切韻》：『硿礐，石落聲。』硿一作硿。」〔註56〕《六書故》：「礱硿，谷中虛也，亦單作籠空。」宋・馮時行《探韻得江字》：「月到客亦到，不隔山岏硿。」明・宋濂《葉治中歷官記》：「侯既歸，寤寐亦不忘去時麗水之礐硿，青田之廬茨。」明・瞿汝稷《指月錄》卷9：「英

以智全書》第1冊，上海古籍出版社1988年版，第1465頁。
〔註54〕轉引自許寶華、宮田一郎《漢語方言大詞典》，中華書局1999年版，第2724頁。
〔註55〕胡文英《吳下方言考》卷7，收入《續修四庫全書》第195冊，上海古籍出版社2002年版，第55頁。
〔註56〕胡吉宣《玉篇校釋》，上海古籍出版社1989年版，第4324頁。

云：『一場儱侗。』《法昌倚遇禪師語錄》卷 1 作「儱侗」。

　　音轉又作「籠鬆」、「儱鬆」，《六書故》：「大槃籠之爲器空疏，故因之爲靈籠、籠葱、籠鬆。」宋・王安石《即事》：「一樹籠鬆玉刻成，遊蜂多思正經營。」《五燈會元》卷 17：「又問：『儱儱鬆鬆，兩人共一椀，汝作麼生會？』」

　　「穹隆」本義爲彎曲，與「圓」義相因，古人認爲天爲圓形，猶如「穹隆」〔註57〕，故稱天爲「穹隆」。天形高大，故「穹隆」引伸有高大之義，復引伸有盛貌之義，又稱聲大亦爲「穹隆」，製專字爲「碕礲」。

　　音轉又作「空桐」、「空同」、「倥侗」、「崆峒」、「空侗」、「涳洞」、「空峒」、「悾侗」，《廣韻》：「崆，崆峒。」又「倥，倥侗。」《集韻》：「倥，倥侗，童蒙也。」又「崆，崆峒，山深兒。」《爾雅》：「北戴斗極爲空桐。」《太平寰宇記》卷 8 引作「崆峒」，《皇王大紀》卷 1 同。《莊子・在宥篇》：「黃帝立爲天子十九年，令行天下，聞廣成子在於空同之上，故往見之。」《釋文》引《爾雅》作「空同」。《宋書・謝靈運傳》《山居賦》自註引作「崆峒」，《文選・七啓》、《永明九年策秀才文》李善註、《類聚》卷 78、《書鈔》卷 85、《御覽》卷 79、372、624、《事類賦注》卷 7 引亦同，《路史》卷 14 引作「空桐」，《類聚》卷 36 引魏隷《高士傳》亦作「崆峒」。《慧琳音義》卷 85：「崆峒：上音空，下音同。廣成子所隱處，黃帝問道也。」《史記・五帝紀》：「余嘗西至空峒。」唐・李華《木蘭賦》：「韻眾蘙之空峒，澹微雲之滅没。」《史記・孝武紀》：「西登空桐。」又《封禪書》作「崆峒」。《山海經・海內東經》：「温水出崆峒山。」《御覽》卷 71 引作「空峒」。《漢書・武帝紀》：「遂蹄隴登空同。」《御覽》卷 527、《通鑑》卷 20 引作「崆峒」，《通志》卷 92 作「空桐」。《法言・序》：「天降生民，倥侗顓蒙。」李軌註：「倥侗，無知也。」吳祕註：「倥侗，未有所成。」北周・庾信《秦州天水郡麥積崖佛龕銘》：「水聲幽咽，山勢崆峒。」高步瀛曰：「隴西有崆峒山，然此但以狀山之高。《集韻》曰：『崆籠，山高。』則『崆峒』亦同。」〔註58〕按「崆峒」本狀山高，因以名山焉。唐・柳宗元《貞符》：「孰稱古初樸蒙倥侗而無爭？」《新唐書・柳宗元傳》作「空侗」。唐・徐晦《海上生明月賦》：「渝淪涳洞，雪飜烟弄。」《楞伽師資

〔註57〕 《宋書・天文志》虞聳《穹天論》：「天形穹隆如雞子，幕其際周，接四海之表，浮乎元氣之上。《晉書・天文志》同。《御覽》卷 2 引虞昺《穹天論》：「天之形穹隆如笠，而冒地之表，浮元氣之上。」又卷 595 引葛洪《抱朴子》《穹天論》：「天形窮隆，如笠冒地。」「窮隆」同「穹隆」。並持此説。
〔註58〕 高步瀛《南北朝文舉要》，中華書局 1998 年版，第 723 頁。

記》卷 1：「道性悾恫而無際。」宋・劉一止《無言兄以銀壺作粥糜》：「上蓋下豐腹胍肶，空恫可置升米餘。」元・郝經《中夜誦書有感》：「曠蕩五車書，悾恫一幅巾。」明・程敏政《二交頌》：「嗟嗟小子，悾恫顓蒙。」

3.4. 此節以「骨磔」一詞爲中心詞，系連其同源詞〔註59〕。

骨磔，滾轉貌，亦作「磆磔」。唐・劉恂《嶺表錄異》卷中：「澗中有石鱗次，水流其間……或有乘牛過者，牛皆促歛四蹄，跳躍而過。或失，則隨流而下。見者皆以爲笑。彼人嗒曰：『跳石牛骨磔，好笑好笑。』」《御覽》卷 900 引作「跳石牛骨磔，好笑又好哭」。「骨磔」狀其牛滾跌也。《元曲選・同樂院燕青博魚》第二折：「〔正末唱〕呀呀呀，我則見五箇鏝兒乞丟磕塔穩，更和一箇字兒急留骨磔滾。誑的我咬定下唇，掐定指紋。」〔註60〕《金瓶梅》51 回：「（玳安）走向前，一個潑腳撇翻倒，兩個就磆磔成一塊了。」清・錢德蒼《綴白裘》第 7 集 1 卷：「小棗兒本在樹上結，青枝並綠葉。磆磔的兩頭尖，相思兩下結。」「一骨磔」、「一磆磔」狀滾動而爬起貌，《金瓶梅》79 回：「聽見來了，連忙一骨磔扒起來，向前替他接衣服。」《官場現形記》2 回：「一磆磔忙從牀上跳下，大衣也不及穿。」一本作「一骨磔」。字或作「一骨魯」、「一轂轆」，《西遊記》16 回：「他就一骨魯跳起。」又 21 回：「呆子忽然抬頭見沒了人家，慌得一轂轆爬將起來。」又用爲擬聲詞，狀滾動之聲。明・毛晉《幽閨記》第 22 齣：「你這酒保只依我就罷了，有這許多更變。〔丑〕你兩個只管咭力骨磔，骨磔咭力。」〔註61〕今吳語猶謂圓曰「骨磔圓」〔註62〕。孫錦標《南通方言疏證》：「（南）通俗以大雨流簷下之聲謂之濩漉濩漉。」〔註63〕今吳語亦同。吳語又謂物體快速滾動之聲爲「豁磔磔」。「濩漉」、「豁磔」亦「骨磔」音轉。

俗字又作「鉤鵅」、「鉤格」、「各哥」，即「轂轆」之音轉。據《本草綱目》卷 49，「鴟鵂」一名「鉤鵅」，蜀人呼爲「轂轆鷹」，李時珍云：「鉤鵅、轂轆，

〔註59〕 參見蕭旭《敦煌寫本〈王梵志詩〉校補（上）》，《敦煌學研究》2008 年第 2 期，總第 6 輯，2009 年 12 月出版；又收入《群書校補》，廣陵書社 2011 年版，第 1272～1275 頁。

〔註60〕 「急留」即《木蘭歌》「唧唧何力力」之「唧力」，擬聲詞。

〔註61〕 「咭力」亦即《木蘭歌》「唧唧何力力」之「唧力」，擬聲詞。

〔註62〕 參見許寶華、宮田一郎《漢語方言大詞典》，中華書局 1999 年版，第 4182 頁。友人郭萬青告知魯西北方言謂「圓」爲「圓轂倫敦」，亦云「骨磔圓」。

〔註63〕 轉引自許寶華、宮田一郎《漢語方言大詞典》，中華書局 1999 年版，第 7290 頁。

皆其聲似也。蜀人又訛鉤格爲鬼各哥。」又引陳藏器曰：「鵂鶹……鳴則後竅應之，其聲連囀如云『休留休留』，故名曰鵂鶹。」此鳥以其聲圓轉而名之也。

俗字又作「咯硦」，形容其聲圓轉也。《何典》第 3 回：「若只管這等落水要命，上岸要錢的鬼咯硦相罵，連我也跼蹐不安了。」今吳方言尚有「咯硦咯硦」之語。

俗字又作「唂喥」，《綴白裘》第 5 集第 2 卷《鳴鳳記‧吃茶》：「只消把嘴來在嚴府面前活動活動，管教你這忠臣頭唂喥唂喥滾將下來。」

又音轉作「泪爐」，《漢書‧禮樂志》《郊祀歌》：「卉泪爐析奚遺。」顏師古曰：「卉泪，疾意也。爐，陳也。析，分也。奚，何也。言速自陳列分散，而歸無所留也。泪音于筆反。」胡文英曰：「泪爐，音骨蘆。案：卉，指椒蘭芳馨之類。泪爐，風聲也。神欲驤而泪爐然爲風吹去，分析無遺也。吳諺謂風緊曰泪爐，風卷物亦曰泪爐。」〔註64〕今從胡說。

又音轉作「骨盧」、「骨魯」、「谷都」，明‧沈榜《宛署雜記‧經費上》：「骨盧槌二十個，銀二錢四分。」《古今圖書集成》卷 267《餅部彙考‧遵生八牋》：「燒餅：每麵一斤，入油兩半，炒鹽一錢，冷水和溲，骨魯槌研開，鏊上煿，待硬，緩火內燒，熟用，極脆美。」〔註65〕此以「骨盧」、「骨魯」命名滾圓之擀麵杖。今冀魯官話猶稱擀麵杖爲「骨硦兒」〔註66〕，今冀魯官話、吳語名扁圓之器具爲「骨鹿」、「骨硦」〔註67〕。《金瓶梅詞話》第 29 回：「秋菊把嘴谷都看。」此例指嘴巴撅起來的圓形〔註68〕。重言曰「骨硦硦」，元‧尚仲賢《氣英布》第三折：「諕得項王在坐上骨硦硦滾將下來。」又重言曰「骨轆轆」，金‧董解元《西廂記諸宮調》卷 3：「癢如如把心不定，肚皮兒裏骨轆轆地雷鳴。」此例用爲象聲詞，指滾轉之聲。今中原官話謂圓曰「圓骨轆轆」〔註69〕。又重言曰「滑硦硦」，《醒世恒言》卷 1：「豈知人有百算，天只有一算。你心下想得滑硦硦的一條路，天未必隨你走哩。」《廣韻》

〔註64〕胡文英《吳下方言考》卷 3，收入《續修四庫全書》第 195 冊，上海古籍出版社 2002 年版，第 28 頁。

〔註65〕《類書集成》《居家必用事類全集》（明隆慶二年飛來山人刻本）庚集《飲食類》作「骨魯擂研開」。

〔註66〕參見許寶華、宮田一郎《漢語方言大詞典》，中華書局 1999 年版，第 4182 頁。

〔註67〕參見許寶華、宮田一郎《漢語方言大詞典》，中華書局 1999 年版，第 4179 頁。

〔註68〕參見闞緒良《評〈近代方俗詞叢考〉》，《南京師範大學文學院學報》2009 年第 3 期。

〔註69〕參見許寶華、宮田一郎《漢語方言大詞典》，中華書局 1999 年版，第 4856 頁。

「滑」、「骨」同音古忽切（gǔ）。又重言曰「骨魯魯」、「骨嚕嚕」、「骨漻漻」〔註70〕；又重言曰「古魯魯」、「古鹿鹿」、「谷磟磟」〔註71〕；又重言曰「轂磟磟」、「汩磟磟」、「郭磟磟」、「咕磟磟」〔註72〕，皆一聲之轉也。

又音轉作「骨鹿」、「轆轤」，《匡謬正俗》卷8：「問曰：『俗謂鶻爲骨鹿，此語有何典故？』答曰：『……今人云骨鹿者，是鶻鹿耳，以鹿配鶻者，蓋象其鳴聲以呼之。』」《廣韻》「鶻」音古活切，「骨」音古忽切，音頗近。《六書故》：「（鶻）今人謂之竹鶺，毛角貍首睅目，夜則飛鳴，其聲若鶹，其和聲骨鹿云，故又名骨鹿。」此以「骨鹿」擬其圓滾之聲而名之。《御覽》卷567引唐・段安節《樂府雜錄》：「舞有骨鹿舞、胡旋〔舞〕，俱於一小圓毬子上舞，縱橫騰擲，兩足終不離於毬上，其妙皆若夷舞也。」〔註73〕此以「骨鹿」命名圓溜之舞。清・翟灝曰：「以其旋轉之捷，因以名之也。一作『骨磟』。」〔註74〕《中華古今注》卷上：「舊儀，轆轤三仗首袜額紅，謂之橐鞬三仗也。」《續資治通鑑長編》卷297：「四品以下用轆轤車。」

又音轉作「骨雷」、「忽雷」，《太平廣記》卷464引唐・鄭常《洽聞記》：「鰐魚別號忽雷，熊能制之，握其觜至岸，裂擘食之，一名骨雷。」此以命名滾圓之鰐魚〔註75〕。

又音轉作「雺雷」，《龍龕手鑑》：「雺，雺雷也。」此爲擬聲詞，狀雷響也。

又音轉作「角鹿」，《荀子・議兵》：「案角鹿埵隴種東籠而退耳。」楊倞註：「其義未詳。蓋皆摧敗披靡之貌。或曰：鹿埵，垂下之貌，如禾實垂下然。

〔註70〕參見《漢語大詞典》（縮印本），漢語大詞典出版社1997年版，第7286頁。

〔註71〕參見顧學頡、王學奇《元曲釋詞（二）》，中國社會科學出版社1984年版，第667～668頁。

〔註72〕參見汪維懋《漢語重言詞詞典》，軍事誼文出版社1999年版，第608頁。

〔註73〕宋・曾慥《類說》卷16形誤作「骨塵舞」。

〔註74〕翟灝《通俗編》卷34，影印清乾隆十六年翟氏無不宜齋刻本，收入《續修四庫全書》第194冊，上海古籍出版社1995年版，第616頁。

〔註75〕《太平廣記》卷393引《廣異記》：「唐歐陽忽雷者，本名紹。」此以「忽雷」名人，字或作「忽峏」，《舊唐書・張士貴傳》：「張士貴者，虢州盧氏人也，本名忽峏。善騎射，膂力過人，大業末，聚眾爲盜，攻剽城邑，遠近患之，號爲『忽峏』。」宋・趙崇絢《雞肋》引《樂府雜錄》：「文宗朝，内庫琵琶號大忽雷、小忽雷。」此以「忽雷」名琵琶。唐・段成式《酉陽雜俎》卷12：「秦叔寶所乘馬號『忽雷駁』，常飲以酒，每於月明中試，能竪越三領黑氈。」此以「忽雷」名馬。諸命名皆取其聲，用意一也。

隴種，遺失貌，如隴之種物然。或曰即〔龍〕鍾也。『涑籠』與『涷隴』同，沾濕貌，如衣服之沾濕然。《新序》作『隴鍾而退』，無『鹿埵』字。」〔註76〕《新序》見《雜事三》，今本作「觸之者隴種而退耳」。案，猶乃也。當「角鹿」爲詞。楊註當作「角鹿，垂下之貌」，「埵」字即涉「垂」而誤衍。劉台拱謂「角」字衍〔註77〕，非也。角鹿，形容兵敗跌跌滾滾、滾滾爬爬之狀。「涑籠」即「隴種」之倒言，與「郎當」一音之轉，狀頹敗貌〔註78〕。

又音轉作「舳艫」、「購艫」、「谷鹿」、「購樓」，《玉篇》：「舳，舳艫，舟名。」《集韻》：「舳，《博雅》：『舳艫，舟也。』或从菁。」《書鈔》卷138：「購艫舟，豫章購艫洲在城之西南，去城百餘里，作購艫大編之處。」《水經注》卷39作「谷鹿洲」。王念孫曰：「竝字異而義同。」〔註79〕徐復曰：「谷字即由購、舳變音而來。」〔註80〕明・楊愼《祭王舜卿文》：「聯購樓於潞水，揭嘷嚱而相叩。」此以命名滾圓之大舟。

又音轉作「榖鷎（鶅）」、「榖鷄」、「榖束」、「鶻鷎」、「鶻艫」、「鳲鼳」，《慧琳音義》卷35：「鶻艫，上音骨，下音鹿。隨陽鳥也。」敦煌寫卷P.2187《破魔變》：「身胮項縮，恰似害凍老鴟；腰曲腳長，一似過秋榖（鶻）鷎。」S.3491V作「榖鷄」。《朝野僉載》卷4：「李昭德罵之爲『中霜榖束』。」項楚曰：「『中霜榖束』應即此處之『過秋榖鷎』。」〔註81〕黃征、張涌泉曰：「榖，通『鶻』。鷎，即『鶅』字。《龍龕手鑑》：『鶻，鶻鷎，隨陽鳥也。』」〔註82〕《抱朴子外篇・廣譬》：「蛟集鷹首，則鳲鼳不敢啄。鼠住虎側，則狸犬不敢議。」「鳲」

〔註76〕盧文弨曰：「舊脫『龍』字。『龍鍾』乃當時常語，今補。」所補是也。但盧氏又改「涷隴」爲「涷瀧」，云：「舊誤作『涷瀧』，今改正。」則殊無必要。盧文弨《荀子校》，收入《諸子百家叢書》，上海古籍出版社影印浙江書局本1989年版，第83頁。

〔註77〕劉台拱《荀子補注》，收入《劉氏遺書》，《叢書集成續編》第15冊，新文豐出版公司1991年版，第481頁。

〔註78〕另參見蕭旭《「郎當」考》，《中國語學研究・開篇》第29卷，2010年9月日本好文出版，第59～64頁。

〔註79〕王念孫《廣雅疏證》，收入徐復主編《廣雅詁林》，江蘇古籍出版社1998年版，第798頁。

〔註80〕徐復《變音疊韻字纂例》，收入《徐復語言文字學叢稿》，江蘇古籍出版社1990年版，第119頁。沈炳巽《水經注集釋訂訛》卷39：「《廣雅》：『舳艫，船也。』此作『谷鹿』未詳。」則失考。

〔註81〕項楚《敦煌變文選注》，中華書局2006年版，第630頁。

〔註82〕黃征、張涌泉《敦煌變文校注》，中華書局1997年版，第549頁。

同「雇」，音戶，又音顧。

又音轉作「兀雷」、「兀磈」，敦煌寫卷 P.3211 王梵志詩《道人頭兀雷》：「道人頭兀雷，例頭肥特肚。」P.3833《男婚藉嘉偶》：「何須禿兀磈，然始學薰修。」項楚曰：「『兀雷』即是『兀磈』，雷、磈一聲之轉。形容僧徒頭顱滾圓之貌。疑即『渾淪』、『囫圇』之聲轉。」〔註83〕朱鳳玉曰：「磈兀，或作『兀磈』、『兀雷』，意謂光滑滾圓。」〔註84〕項、朱二氏所釋近是，然非「渾淪」、「囫圇」之聲轉。郭在貽曰：「『兀雷』即『兀磈』之聲轉，『兀磈』有突兀義。」〔註85〕張錫厚曰：「兀雷，疑指道冠突兀貌。」〔註86〕所釋皆未確。兀磈，滾圓轉動貌。

亦音轉作「矹磈」，宋·歐陽修《廬山高》：「自非青雲白石有深趣，其氣兀磈何由降？」宋《環溪詩話》引作「矹磈」。《漢語大詞典》釋爲「突兀高亢」，未得。宋·衛宗武《冬留紫芝庵即事》：「明朝過東山，千尋更矹磈。」1929 年《雄縣志》：「矹磈，音兀六。呂坤《四禮翼》：『硯不穩，而磨之有聲。』」〔註87〕

亦音轉作「岏峍」，宋·李昭玘《眞樂堂記》：「盤礴岏峍。」

亦音轉作「屹峍」、「崛峍」，宋·薛季宣《擬祭海神英烈忠亮李公文》：「屹峍祠房，爰都爰宅。」宋·歐陽修《釋祕演詩集序》：「聞東南多山水，其巔崖崛峍，江濤洶湧，甚可壯也。」

亦音轉作「忽磈」、「胡磈」、「鶻磈」，敦煌寫卷 S.214《鷰子賦》：「鷰子忽磈出頭，曲躬分疏。」白居易《東南行》：「論笑杓胡磈，談憐鞏囁嚅。」唐駢《劇談錄》卷上：「京國豪士潘將軍，住光德坊。」原注：「忘其名，時人呼爲潘鶻磈。」上三例，項楚釋爲「形容敢作敢爲不怕事的樣子」〔註88〕，未允。三例實乃圓溜義，「忽磈出頭」，亦狀其頭兀雷也。《全唐文》卷 268《于君請移置唐興寺碑》：「時夏縣威神寺法師，俗姓張，法名忽磈。」「忽磈」、「胡

〔註83〕 項楚《王梵志詩校注》，上海古籍出版社 1991 年版，第 106 頁。

〔註84〕 朱鳳玉《論敦煌本〈碎金〉與唐五代詞彙》，《敦煌學特刊》，文津出版有限公司 1996 年版，第 577 頁。

〔註85〕 郭在貽《王梵志詩校釋拾補》、《敦煌寫本王梵志詩匯校》，並收入《郭在貽文集》卷 3，第 108、136 頁。

〔註86〕 張錫厚《王梵志詩校輯》，中華書局 1983 年版，第 21 頁。

〔註87〕 轉引自許寶華、宮田一郎《漢語方言大詞典》，中華書局 1999 年版，第 3177 頁。

〔註88〕 項楚《敦煌變文選注》，中華書局 2006 年版，第 508 頁。

硨」、「鶻硨」，用爲人名。伏俊璉謂「『胡硨』、『鶻硨』、『忽硨』、『忽雷』皆一音之轉」〔註89〕，極是；釋義則誤同項氏。蔣禮鴻將「忽硨」、「胡硨」列入《待質錄》〔註90〕。江藍生曰：「忽硨，象聲詞。凡物之聲疾曰『忽硨』，字又作『忽剌』、『或六』。」〔註91〕黃征、張涌泉曰：「『硨矹』爲屈曲貌。『忽硨』當即『硨矹』之倒寫。」〔註92〕江說近是，黃、張二家釋義未得，但謂「忽硨」即「硨矹」之倒寫則是也。熊飛曰：「『兀硨』在此切『頹』，也就是『兀雷』，均記的是『頹』的反切。」〔註93〕未確。

4. 黃侃曰：「雙聲疊韻連語，倒言與正言同。」〔註94〕

4.1. 「痀僂」或倒作「瘻痀」、「僂佝」，《廣韻》：「瘻，瘻痀，曲瘠（脊）。」〔註95〕又「僂，僂佝，短醜皃。」又「佝，僂佝。」《集韻》：「瘻，瘻痀，傴脊也。」趙少咸、余迺永乙作「痀瘻」〔註96〕，未得。

音轉又作「僂傴」，《廣韻》：「僂，僂傴，疾也。」《白帖》卷 29：「忘僂傴之恭，肆偃蹇之傲。」《漢書・蔡義傳》：「行步俛僂。」顏師古注：「俛即俯字也。」《御覽》卷 204 引「俛僂」作「傴僂」，又卷 382 引作「僂傴」。

音轉又作「螻蛄」、「螻姑」、「蟝蛄」，《說文》：「蛄，螻蛄。」《廣雅》：「蛞螻，螻姑也。」《埤雅》卷 11 引《廣志小學篇》：「螻蛄，會稽謂之蟝蛄。」《御覽》卷 948 引《本草經》：「一名蟝蛄，一名天螻。」

音轉又作「僂句」、「鏤句」，《左傳・昭公二十五》：「臧會竊其寶龜僂句。」

〔註89〕伏俊璉《敦煌賦校注》，甘肅人民出版社 1994 年版，第 441 頁。

〔註90〕蔣禮鴻《變文字義待質錄》，收入《敦煌變文字義通釋》附錄一，《蔣禮鴻集》卷 1，浙江教育出版社 2001 年版，第 546 頁。

〔註91〕轉引自黃征、張涌泉《敦煌變文校注》，中華書局 1997 年版，第 393 頁。江說本明・顧起元《客座贅語》卷 1《方言》：「凡物之聲急疾曰『忽剌』，又大曰『硤磅』，曰『飋颭』、『忽律』，曰『颭飋』、『或六』。」明萬曆四十六年刻本。「忽律」、「或六」亦「骨碌」之聲轉。

〔註92〕黃征、張涌泉《敦煌變文校注》，中華書局 1997 年版，第 393 頁。

〔註93〕熊飛《王梵志詩校注拾零》，《黃淮學刊》1991 年第 3 期。

〔註94〕黃焯《訓詁學筆記》，收入黃侃《黃侃國學講義錄》，中華書局 2006 年版，第 279 頁。

〔註95〕「瘠」字據趙少咸、周祖謨、余迺永說校爲「脊」。趙少咸《廣韻疏證》，巴蜀書社 2010 年版，第 516 頁。周祖謨《廣韻校本（下）》，中華書局 2004 年版，第 77 頁。余迺永《新校互注宋本廣韻》，上海辭書出版社 2000 年版，第 77 頁。

〔註96〕趙少咸《廣韻疏證》，巴蜀書社 2010 年版，第 516 頁。余迺永《新校互注宋本廣韻》，上海辭書出版社 2000 年版，第 77 頁。

《白帖》卷 98：「僂句，寶龜名。」《六書故》：「鏤句，大龜名。」

黃生《義府》卷下：「僂佝，俯身向前也，此背曲之病。《莊子‧列禦寇篇》作『痀僂』，又字書『僂』、『佝』當即一義。又《左傳‧昭公二十五》：『臧會竊其寶龜僂句。』此亦以其形名之。又《史記》：『甌窶滿篝，污邪滿車。』污邪，下地。則『甌窶』為高地可知；此亦以其形名之。」〔註 97〕吳秋輝曰：「『僂句』正謂龜之背隆起，如人之駝背者，然乃因其形以名之。」「句」同「勾」，俗語「僂句」音轉作「羅過」、「羅鍋」〔註 98〕，《古今圖書集成》《職方典》卷 294《太原府府志》有「羅鍋山」，又卷 597《保寧府疆域考》有「羅鍋槽」。「羅鍋」即「鍋鑼」之倒言。杜注：「僂句，龜所出，地名。」失之。字或作「癃痌」，《金瓶梅詞話》第 24 回：「昨日險些兒子腰累癃痌了哩。」「羅鍋」的語源，蕭璋指出「今北平方言以 luokuo（羅鍋）二音形容人之駝背者，皆與『傴僂』、『痀僂』等之語同源而倒言之也」〔註 99〕，吳連生指出應為「佝僂」〔註 100〕，孫伯君、任繼昉指出應為「僂佝」〔註 101〕，甚確。蔣禮鴻謂「『癃痌』大概是疲痛的意思」，汪維輝已指出蔣說不確，應即北方話的「羅鍋」〔註 102〕。

音轉又作「攣拘」，《史記‧鄒陽傳》：「以其能越攣拘之語，馳域外之議。」《漢書》、《新序‧雜事三》同，《文選‧於獄上書自明》作「拘攣」。呂向注：「拘攣，淺近。」

音轉又作「胅圈」、「欒卷」、「欒卷」、「壇卷」、「攣拳」、「曲拳」、「攣捲」、「攣癝」、「攣卷」，《楚辭‧九歎》：「龍卬胅圈，繚戾宛轉。」洪興祖注：「胅，音欒。」《莊子‧在宥》：「乃始臠卷傖囊而亂天下也。」《釋文》：「臠，崔本作欒。司馬云：『欒卷，不申舒之狀也。』」林希逸注：「臠卷，局束之貌。」

〔註 97〕黃生、黃承吉《字詁義府合按》，中華書局 1954 年版，第 211 頁。

〔註 98〕參見吳秋輝《齊魯方言存古》，收入《侘傺軒文存》，齊魯書社 1997 年版，第 217 頁。

〔註 99〕蕭璋《「考老」解》，《說文月刊》第 4 卷合刊本，1944 年版；又收入《文字訓詁論集》，語文出版社 1994 年版，第 200～201 頁。

〔註 100〕吳連生《也說「羅鍋」》，《咬文嚼字》1996 年第 8 期。

〔註 101〕孫伯君《「羅鍋兒」、「橐駝」語源考》，《瀋陽教育學院學報》1998 年第 4 期；又《民族語文》2002 年第 3 期。任繼昉《「羅鍋」理據考》，《辭書研究》2002 年第 2 期。

〔註 102〕蔣禮鴻《〈金瓶梅詞話〉語詞札記》，汪維輝《〈金瓶梅詞話語詞札記〉補正三則》，並收入蔣禮鴻《蔣禮鴻集》卷 3，浙江教育出版社 2001 年版，第 536、539 頁。

《莊子・人間世》：「擎跽曲拳，人臣之禮也。」「曲拳」即下文「拳曲」之倒。馬敘倫曰：「拳借爲卷。」〔註103〕王叔岷曰：「拳與卷通。」〔註104〕《淮南子・要略篇》：「辭雖壇卷連漫，絞紛遠援。」《釋名》：「欒，攣也，其體上曲，攣拳然也。」《文選・西京賦》薛綜注引作「欒，柱上曲拳也」。《御覽》卷46引《郡國志》：「餘杭大辟山，本名餘杭山，一名曲拳，高峻爲辠，旁有曲拳村，出藤紙。」《福力太子因緣經》卷3：「手指攣拳體不完，語言人多不信順。」重言作「攣攣拳拳」，《禪宗頌古聯珠通集》卷38：「放行也百醜千拙，收來也攣攣拳拳。」南朝宋・晁道元《與天公牋》「申脚則足出，攣捲則拳露。」《法苑珠林》卷74：「鳥栖鹿宿，赤露瘑癬。」宋、元、明、宮本作「攣捲」，《諸經要集》卷14作「攣捲」，宋、元、明本作「攣瘑」，宮本作「攣卷」。朱起鳳曰：「欒、攣同音通用。攣、壇聲相近。攣、胎古通，『攣割』亦作『胎割』，是其證也。圈從卷聲，故卷亦可作圈。」〔註105〕

4.2. 「獨鹿」或倒作「鹿獨」，音轉又作「鹿盧」、「轆轤」、「鹿蜀」、「驪騧」、「錄獨」、「鼞嘍」、「鹿盧」、「鹿櫨」、「麤盧」、「攎櫨」、「韇轤」、「轆轤」、「橪轤」、「橪櫨」、「輼轤」〔註106〕。

音轉又作「壘落」、「磊落」、「磔落」、「礌落」、「礌硌」、「磔硌」、「磊硌」、「礜硌」、「晶落」、「礌落」、「磊犖」，上文已引《漢書・揚雄傳》蕭該《音義》：「輼轤，韋昭音壘落。」《類聚》卷36晉・孫綽《聘士徐君墓頌》：「墳塋壘落，松竹蕭森。」《文心雕龍・練字》：「善酌字者，參伍單復，磊落如珠矣。」以如珠形容之，是磊落即圓滾貌也。《文選・閒居賦》：「石榴蒲陶之珍，磊落蔓衍乎其側。」李善注：「磊落，實貌。蔓衍，長也。」呂延濟注：「磊落、蔓衍，眾多貌。」「磊落」狀石榴蒲陶，亦取圓滾之義。《隸釋》卷10《漢幽州刺史朱龜碑》：「建弘遠之議，磔落煥炳。」洪适曰：「碑以磔落爲磊落。」〔註107〕《廣韻》「磔」同「磊」。《隸釋》卷9《魯峻碑》：「巍巍山岳，礌落彰較。」《文選・琴賦》：「參發並趣，上下累應，蹀踔磔硌，美聲將興。」李善

〔註103〕馬敘倫《莊子義證》卷4，收入《民國叢書》第5編，據商務印書館中華民國19年版影印，第6頁。

〔註104〕王叔岷《莊子校詮》，中華書局2007年版，第129頁。「卷」原誤作「巷」，手民之誤，徑正。又1988年「中央」研究院歷史語言研究所專刊之八十八版第129頁亦誤。

〔註105〕朱起鳳《辭通》，上海古籍出版社1982年版，第670頁。

〔註106〕參見蕭旭《「鹿車」命義考》。

〔註107〕洪适《隸釋》，中華書局1986年版，第122頁。

注：「礧硌，壯大貌。礧與磊同。」《山海經·西山經》：「而多硌石。」郭璞注：「硌，磊硌，大石貌也。」《文選·魯靈光殿賦》李善注引作「礌硌，大石也。」《太平廣記》卷 57 引晉·葛洪《神仙傳》：「觀九陔之礧硌，望弱水而東流。」敦煌寫卷 P.2292《維摩詰經菩薩品變文》：「光嚴整行之次，忽見維摩，道貌凜然，儀形磊落。」黃征、張涌泉曰：「磊落，同『磊落』。」〔註 108〕宋·張耒《贈蔡彥規》：「坐令簞瓢室，磊犖堆璠璵。」宋·汪應辰《黃君墓誌》：「公自幼礌落不凡。」重言作「礌礌落落」，《晉書·石勒載記下》：「大丈夫行事，當礌礌落落，如日月皎然。」《韻府群玉》卷 19：「礌落：上亦作磊。」莊履豐、莊鼎鉉曰：「礌落：磊落。」〔註 109〕

音轉又作「磊砢」、「礧砢」、「礌砢」、「礧砢」、「礌碕」、「礧砢」，《世說新語·賞譽》：「庾子嵩目和嶠：『森森如千丈松，雖磊砢有節目，施之大廈，有棟梁之用。』」《晉書·和嶠傳》、《御覽》卷 953 引王隱《晉書》作「礧砢」〔註 110〕，又《庾敳傳》作「礌砢」。《世說新語·言語》：「其人磊砢而英多。」《御覽》卷 390 引作「礌砢」。唐·陸龜蒙《太湖石》：「或裁基棟宇，礌砢成廣殿。」又《怪松圖贊序》：「身大數圍而高不四五尺，礌碕然，蹙縮然，榦不暇枝，枝不暇葉，有老龍攣虎跛，壯士囚縛之狀。」唐·杜甫《朝獻太清宮賦》：「浩刦礧砢，萬仙颺麗。」

音轉又作「間砢」、「闠礰」，《史記·司馬相如列傳》《上林賦》：「阢衡閒砢。」《索隱》引郭璞曰：「揭孽傾攲貌。」《漢書》顏師古注：「閒砢，相扶持也。」《文選》劉良注：「謂木之重疊累積盤結傾攲貌。」方以智曰：「閒砢，一作『闠礰』。相如《賦》：『抗衡閒砢。』言顆砢也。韓次公用『闠礰』，其聲本于『磊砢』。《選》賦用之，此皆『磊落』之轉音也。遂有磊硌字。」〔註 111〕

音轉又作「磟碡」、「碌碡」、「陸軸」、「轆軸」、「碌軸」，用以壓平田地之滾石，吳語又稱爲「石滾（碌）子」，其得名正取義於「圓」。《玉篇》：「磟，力竹切，磟碡，田器。碡，徒篤切，又音逐。」《廣韻》：「磟，磟碡，又音六

〔註 108〕黃征、張涌泉《敦煌變文校注》，中華書局 1997 年版，第 878 頁。
〔註 109〕莊履豐、莊鼎鉉《古音駢字續編》卷 5，收入景印文淵閣《四庫全書》第 228 冊，臺灣商務印書館 1986 年初版，第 529 頁。
〔註 110〕此據景宋本《御覽》，四庫本引誤作「礫砢」。
〔註 111〕方以智《通雅》卷 8，收入《方以智全書》第 1 冊，上海古籍出版社 1988 年版，第 323 頁。

逐。」又「磟，碌磟，田器，又音祿獨。」《六書故》：「碌，碌磟，田器，用
以摩平也。通作鹿、轆、陸、祿、娽，又作磟、碌。」《集韻》：「磟、礃、礦，
碌磟，田器，或從蜀，亦作礦。」《齊民要術》卷 2：「先放水，十日後曳陸軸
十遍。」《農桑輯要》卷 2 引作「轆軸」，《王氏農書》卷 7 引作「碌磟」。元·
盧摯《折桂令》曲：「小二哥昔涎刺塔，碌軸上滂著個琵琶。」胡文英曰：「案：
陸軸，圓石如軸，吳中鄉人謂之滾場陸軸。」〔註112〕

　　音轉又作「鹿鉻」、「鹿角」，《方言》卷 5：「鉤，宋、楚、陳、魏之間謂
之鹿鉻。」郭注：「或呼『鹿角』。」「鹿角」即「骨鹿」之倒言。鉤形圓，故
以「鹿角」命名也。

　　音轉又作「沐禿」、「翆禿」，《廣韻》沐、翆並音莫卜切。《韻府群玉》卷
17：「翆禿，上音木。」《釋名》：「沐，禿也。沐者髮下垂，禿者無髮。皆無
上貌之稱也。」又「禿，無髮沐禿也。」《北史·楊愔傳》：「童謠曰：『白羊
頭翆禿，殺羺頭生角。』」〔註113〕胡文英曰：「案：翆禿，上音鹿，無毛貌。
吳諺謂頭無毛曰『光翆禿』。」〔註114〕今吳方言尚有「光翆禿」之語，「翆禿」
取義於圓。俗作「光鹿禿」，褚人獲《堅瓠集》乙集卷 4《嘲禿指》：「幼時曾
聞俚句云：『十指磊墶光鹿禿，有時爬背同轂轆。』」自注：「磊墶，音雷堆。
搔背爬名轂轆子。」〔註115〕褚氏長洲（今蘇州）人，所聞固吳語也。

　　音轉又作「瓡盧」、「扈魯」、「菰蘆」、「葫蘆」、「瓠蘆」、「胡盧」、「壺蘆」、
「壺盧」、「瓠壺」、「瓠瓤」、「壺樓」、「蒲盧」、「忽魯」、「兀魯」等形。《漢
書·司馬相如傳》《子虛賦》：「蓮藕瓡盧。」張晏注：「瓡盧，扈魯也。」《史
記》作「菰蘆」。《古今注》卷下：「壺蘆，瓠之無柄者也。」《埤雅》卷 16、
《爾雅翼》卷 8、《雲麓漫抄》卷 2 引作「壺盧」。《三國志·張裔傳》：「張
府君如瓠壺，外雖澤而內實麤。」《世說新語·簡傲》：「（劉道真）唯問：『東
吳有長柄壺盧，卿得種來不？』」《御覽》卷 979 引作「壺盧」，《御覽》卷
389 引《郭子》作「胡盧」，《齊民要術·種瓠》引《郭子》作「壺樓」。《西

〔註112〕胡文英《吳下方言考》卷10，收入《續修四庫全書》第 195 冊，上海古籍出
　　　　版社 2002 年版，第 88 頁。
〔註113〕《北齊書》誤作「尾禿」。
〔註114〕胡文英《吳下方言考》卷10，收入《續修四庫全書》第 195 冊，上海古籍出
　　　　版社 2002 年版，第 89 頁。
〔註115〕褚人獲《堅瓠集》乙集，收入《續修四庫全書》第 1260 冊，上海古籍出版社
　　　　2002 年版，第 558 頁。

陽雜俎》卷 16：「椰子爲越王頭，壺樓爲杜宇項。」唐・杜甫《草堂》：「鄰裏喜我歸，沽酒攜胡蘆。」《本草綱目》卷 28：「長瓠、懸瓠、壺盧、匏包、蒲盧，名狀不一，其實一類各色也。」方以智曰：「智以瓠盧即菰蘆，今《史記》本作菰蘆矣……古人壺、匏、瓠皆通。《南史》：『文伯留瓠瓤。』《扁鵲鏡經》：『瓠瓤，瓢也。』陶隱居作瓠瓟……音轉蒲盧。蒲盧，土蜂也，其腰約，故象之。」〔註 116〕朱謀㙔曰：「扈魯，瓠盧也。」〔註 117〕吳玉搢曰：「蓋瓠菰音同，偶相借耳。」〔註 118〕焦循曰：「張耒《明道雜志》記錢穆語云：『安能霹靂手，僅免葫蘆蹄。』謂葫音忽。按今人稱葫蘆正作忽蘆。《元史》有『禿忽魯』……『忽魯』即『葫蘆』。」〔註 119〕《元史》卷 210 又作「兀魯」，亦即「忽魯」。「葫蘆」圓形，故因以名焉。「葫蘆」合音則作「壺」字，顧炎武曰：「壺，今人謂之胡盧，《北史・后妃傳》作瓠蘆，瓠蘆正切壺字。」〔註 120〕

　　頭骨圓形，亦名爲「壺盧」，《御覽》卷 754 引《秦記》：「戲弄羅什，或共碁博，及殺子，云：『斫壺盧頭。』」音轉或作「頭顱」、「髑髏」、「髐顱」、「骷髏」，《廣雅》：「頭顱謂之髑髏。」王念孫曰：「此疊韻之轉也，急言之則曰頭，徐言之則曰髑髏，轉之則曰頭顱。《說文》：『頭顱，首骨也。』或但謂之顱。《秦策》云：『頭顱僵仆，相望於境。』船頭謂之艫，義亦同也。《說文》：『髑髏，頂也。』」〔註 121〕《玉篇》：「髗，髗顱也，謂髑髏也。艫，頭髗也。」《御覽》卷 399 引《述異記》：「骷髏草生眼中。」《御覽》卷 479、《太平廣記》卷 276、《古今事文類聚》後集卷 20 引作「髑髏」。「髑髏」合音則作「頭」字，《六書故》：「頭顱，頭骨也，又作髑髏，亦稱頭盧，髑髏之急言爲頭，皆一聲之轉也。」顱字亦作髗，《廣韻》：「顱，頭髗。髗，上

〔註 116〕方以智《通雅》卷 44，收入《方以智全書》第 1 冊，上海古籍出版社 1988 年版，第 1328 頁。

〔註 117〕朱謀㙔《駢雅》卷 6，收入景印文淵閣《四庫全書》第 222 冊，臺灣商務印書館 1986 年初版，第 539 頁。

〔註 118〕吳玉搢《別雅》卷 1，收入景印文淵閣《四庫全書》第 222 冊，臺灣商務印書館 1986 年初版，第 627 頁。

〔註 119〕焦循《易餘籥錄》卷 18，收入《叢書集成續編》第 29 冊，臺灣新文豐出版公司 1988 年版，第 392 頁。

〔註 120〕顧炎武《音論》卷下，收入景印文淵閣《四庫全書》第 241 冊，臺灣商務印書館 1986 年初版，第 29 頁。

〔註 121〕王念孫《廣雅疏證》，收入徐復主編《廣雅詁林》，江蘇古籍出版社 1998 年版，第 509～510 頁。

同。」今吳方言謂首骨爲「骷髏頭」，疊詞也。沈兼士曰：「盧聲字多有黑義……其他如頭顱之顱，鬢鬆之鬆，皆指毛髮之色而言。」〔註122〕以「頭顱」取義於髮黑，未得語源。

音轉又作「都盧」、「都慮」，《漢書・地理志》：「有夫甘、都盧國。」顏師古注：「都盧國人勁捷善緣高。」又《西域傳》：「作巴俞、都盧、海中、碭極、漫衍、魚龍、角抵之戲以觀視之。」晉灼曰：「都盧，國名也。」李奇曰：「都盧，體輕善緣者也。」「都盧」言緣高杆之端旋轉以爲戲也，其國人善此技，故國名即爲都盧也，亦取「圓轉」、「滾動」之義。《水經注》卷6引司馬彪《後漢郡國志》：「自都慮至羊腸倉。」《御覽》卷64引作「都盧」。俗言「嘟嚕」、「都婁」者，即「都盧」之俗寫也。方以智曰：「唐人以撮口不快爲都盧。」〔註123〕撮口則爲圓形，此亦取義於圓也。

音轉又作「扶盧」、「扶簬」、「扶廬」，《國語・晉語四》：「侏儒扶盧。」《說文》、《集韻》引作「扶簬」，《周禮・冬官・考工記》賈疏、《禮記・王制》孔疏引作「扶廬」。韋昭注：「扶，緣也。盧，矛戟之柲，緣之以爲戲。」「扶盧」即「都盧」之音轉，亦言緣高杆之端旋轉以爲戲也。韋注失之。王汝璧曰：「韋注是也……蓋侏儒形質很弱，不能入卒伍，故令其扶植建兵之柲耳。」〔註124〕亦非是。方以智曰：「凡圓者謂之盧……戈戟之柄圓，故謂之盧，不必引攢竹爲柲也。」〔註125〕方氏解爲「圓」，是也；但謂「柄圓」，則非也。

音轉又作「都盧」、「都慮」、「都來」，表總括之詞。《釋名》：「盧在柱端，都盧負屋之重也。」《道行般若經》卷1：「是事都盧不可計。」又卷2：「於四部弟子中說時，其心都盧無所難。」又卷10：「都盧是過去、當來、今現在佛天中天所施教。」《佛說大安般守意經》卷2：「墮法，都盧不過是四事也。」五例皆後漢用例。唐・白居易《贈鄰里往還》：「骨肉都盧無十口，糧儲依約有三年。」張相曰：「都盧，猶云統統也，不過也。與『都來』略同。」

〔註122〕沈兼士《「盧」之字族與義類》，收入《沈兼士學術論文集》，中華書局1986年版，第307～309頁。

〔註123〕方以智《通雅》卷18，收入《方以智全書》第1冊，上海古籍出版社1988年版，第634頁。

〔註124〕王汝璧《芸麓偶存》卷1，收入《續修四庫全書》第1462冊，上海古籍出版社2002年版，第73頁。

〔註125〕方以智《通雅》卷4，收入《方以智全書》第1冊，上海古籍出版社1988年版，第190頁。

〔註 126〕「都盧」指渾圓一體，故引伸有「統統」、「總共」之義，猶吳語謂「團推估估」也。《妙法蓮華經文句》卷 4：「若未聞法而能破無明者，都盧無有障，是義云何。」《圓覺經道場修證儀》卷 11：「呵嫌莫便惑心神，此五得之無所益；狗躭枯骨血沾脣，此五都盧無實物。」《五燈會元》卷 15：「會與不會，都盧是錯。」《鎮州臨濟慧照禪師語錄》卷 1、《五家語錄》卷 1 作「都來」。敦煌寫卷 P.2931《佛說阿彌陀經講經文》：「經說比丘之眾；其數都來多少？」

音轉又作「無慮」、「亡慮」，亦表總括之詞。《廣雅》：「無慮，都凡也。」《周髀算經》卷下：「無慮後天十三度十九分度之七，未有定。」趙爽注：「無慮者，粗計也。」《史記・平準書》：「天下大抵無慮皆鑄金錢矣。」《漢書・食貨志》作「大氐無慮」。《索隱》：「案大抵無慮者，謂言大略歸於鑄錢，更無他事從慮也。」顏注：「大氐，猶言大凡也。無慮亦謂大率無小計慮耳。」《漢書・馮奉世傳》：「今反虜無慮三萬人，法當信用六萬人。」顏注：「無慮，舉凡之言也。無小思慮而大計也。」又《趙充國傳》：「亡慮萬二千人。」顏注：「亡慮，大計也。」解爲「大計」、「舉凡」是也，而言「無他事從慮」、「無小思慮而大計」、「無小計慮」則非也。

音轉又作「胡盧」，倒言作「盧胡」，笑聲。《孔叢子・抗志》：「衛君乃胡盧大笑。」《後漢書・應劭傳》：「夫覩之者掩口盧胡而笑。」李賢注引《闞子》：「客見之，俛而掩口，盧胡而笑曰：『此燕石也，與瓦甓不殊。』」〔註 127〕《事類賦注》卷 9、《記纂淵海》卷 42 引作「胡盧」。敦煌寫卷 P.2564《齖䶗新婦文》：「嗔似水牛料鬥，笑似轆轤作聲。」「笑似轆轤作聲」即「盧胡而笑」之注腳，指笑聲似轆轤轉動時發出的聲音也，擬其音則爲「嘎嘎嘎嘎」。方以智曰：「盧胡，笑在喉閒聲也。按：胡，喉也。『盧胡』正狀其掩口之聲。又曰掩口，則笑不出聲，非哄然大笑矣。」〔註 128〕郝懿行曰：「蓋胡盧笑在喉間聲，今時俗語猶謂咽喉作聲曰胡盧也。胡盧疑即胡嚨字，聲轉爲胡盧耳。胡嚨又即喉嚨字，古人讀喉爲胡也。」〔註 129〕二氏謂「胡盧」即喉嚨，非也。胡文

〔註 126〕張相《詩詞曲語辭匯釋》，中華書局 1979 年版，第 396 頁。

〔註 127〕闞子，《類聚》卷 6、《文選・百一詩》李善注、《御覽》卷 51、《記纂淵海》卷 62 引作「闞子」；《類聚》無「盧胡」二字。

〔註 128〕方以智《通雅》卷 4，收入《方以智全書》第 1 冊，上海古籍出版社 1988 年版，第 202 頁。

〔註 129〕郝懿行《證俗文》卷 6，收入《續修四庫全書》第 192 冊，上海古籍出版社 2002 年版，第 496 頁。

英曰：「胡盧，笑不出口聲。今人意欲大笑而強忍之者則胡盧然聲也。」〔註130〕胡氏謂指聲，是也。

音轉又作「綠竹」、「菉竹」、「綠簿」、「菉蓐」、「鹿蓐」，《爾雅》：「菉，王芻。」郭注：「菉蓐也。」《詩‧淇澳》：「綠竹猗猗。」《禮記‧大學》、《說文》、《御覽》卷 64 引作「菉竹」，《釋文》引《韓詩》、《漢石經》「竹」作「簿」，《釋文》：「一云即菉蓐草也。」孔疏引某氏云：「菉，鹿蓐也。」程瑤田曰：「余謂『屬鏤』短劍也，即所謂『鹿盧之劍』也。」……又轉之為田器之『磟碡』，為野馬之『驢驪』。《詩》『綠竹』，韓嬰詩作『綠蓐』，『竹』、『蓐』相轉，猶『蟳』、『蠋』之相轉也。又轉之為汲水之『轆轤』，亦曰井上『轆轤』也（鄭注《檀弓》作『鹿盧』），又轉之為『滴露』，野荣根如小葫蘆然。又轉之為『轉轆』，為『輼轆不絕』……『蒲盧』又轉之為『瓠爐』，為『箶簏』箭室也。……又轉之為『都盧尋橦』……『扶盧』猶『都盧』也。以『都盧』為尋橦者之名，蓋名之以其能。」〔註131〕胥得之矣。「滴露」即「滴溜」。

音轉又作「胡盧」、「葫蘆」、「鶻露」、「鶻鷺」、「鶻突」、「鶻鴣」、「糊突」、「糊塗」，不分曉之意。宋‧吳曾《能改齋漫錄》卷 5：「張右史《明道雜志》云：『錢內翰穆父知開封府，斷一大事，或語之曰：「可謂霹靂手。」錢答曰：「僅免胡盧提。」』蓋俗語也。然余見王樂道記輕薄者改張鄧公《罷政詩》云：『赭案當衙並命時，與君兩箇沒操持。如今我得休官去，一任夫君鶻露蹄。』乃作『鶻露蹄』，何耶？更俟識者。」宋‧程大昌《演繁露》卷 2 引《師友談紀》作「鶻鷺蹄」。顧學頡、王學奇曰：「『提』是語尾詞，今江浙一帶方言，還有這個說法。」〔註132〕龍潛庵曰：「『葫蘆提』應是『葫蘆倒提』之略語。」〔註133〕劉瑞明曰：「今按詞源應是『提葫蘆』，鳥名，古稱為『鶇鴠鳥』……唐宋詩詞中多見以提葫鳥來興酒。酒醉則糊塗，這才是詞義的由來。『提』即提著，在詞義中的『提』字已虛，本可不用。」〔註134〕傅定淼曰：「『葫蘆提』其實是『糊塗』的反切語，『葫蘆』切音即『糊（胡）』，

〔註130〕胡文英《吳下方言考》卷 3，收入《續修四庫全書》第 195 冊，上海古籍出版社 2002 年版，第 24 頁。

〔註131〕程瑤田《果贏轉語記》，收入《續修四庫全書》第 191 冊，上海古籍出版社 2002 年版，第 518～522 頁。

〔註132〕顧學頡、王學奇《元曲釋詞（二）》，中國社會科學出版社 1984 年版，第 59 頁。

〔註133〕龍潛庵《宋元語言詞典》，上海辭書出版社 1985 年版，第 879 頁。

〔註134〕劉瑞明《〈元曲釋詞〉第二冊失誤評述》，《古漢語研究》1994 年第 3 期。

『提蘆』切音即『塗』。『鶻鷺蹄』切作去聲應是宋代方言之異。」〔註 135〕元曲中也作「胡盧蹄」、「葫蘆蹄」、「葫蘆題」、「葫蘆啼」、「葫蘆提」，例略。四氏皆未得其語源。「提」、「蹄」讀作題，評判也。胡盧題，指糊裏糊塗地評判。以與「霹靂手」相對舉，故易作「蹄」字。重言作「胡胡盧盧」，《醒世恒言》卷 21：「急忙裏用力去推那些醉漢……有木頭般不答應的，也有胡胡盧盧說困話的。」此「胡胡盧盧」狀醉漢之態糊糊塗塗。唐・孟郊《邊城吟》：「何處鶻突夢，歸思寄仰眠。」宋・吳曾《能改齋漫錄》卷 2：「鶻突二字，當同『糊塗』，蓋以糊塗之義，取其不分曉也。按呂原明《家塾記》云：『太宗欲相呂正惠公，左右或曰：『呂端之爲人糊塗（自注：「讀爲鶻突。」）。』帝曰：『端小事糊塗，大事不糊塗。』決意相之。」元・胡祇遹《巡按即事口號》：「煩文虛檢姦頑吏，錯判喬批糊突官。」元・陶宗儀《輟耕錄》卷 8：「用描處糊突其筆，謂之有墨；水筆不動描法，謂之有筆。」元・王實甫《西廂記》第 3 本第 1 折：「一箇價愁糊突了胸中錦繡，一箇價淚搵濕了臉上胭脂。」宋・程大昌《演繁露》卷 2：「鶻突者，胡塗之反也……則謂愚無分別名爲『鶻突』，由來古矣。」方以智曰：「餛飩，本渾沌之轉；鶻突，亦混沌之轉。近時又名鶻突。《釋稗》曰：『鶻者渾之入，突者暾之入，皆聲轉也。』凡渾沌、餛飩、糊塗、鶻突、榾柮，皆聲轉。」〔註 136〕沈榜曰：「事之依違曰鶻鶬。」〔註 137〕譚獻曰：「閱《通鑒》。溫序有『無令血污土』語，注：『土，音杜，污土，血模糊之狀。』然則俗所傳『糊塗』字正當作『污土』，『胡突』、『鶻突』猶後世方言也。」〔註 138〕《通鑒》見卷 42，出《東觀漢記》卷 16、《後漢紀》卷 5、《後漢書・溫序傳》，並作「無令鬚污土」，《類聚》卷 20、《御覽》卷 681 引《東觀漢記》作「污血」，《御覽》卷 417 引《後漢書》同。「污血」、「污土」，言血、土污其鬚也，譚說失之。倒言則作「突胡」、「鶬胡」、「鶬鶃」，《爾雅》：「鶬鶃鳥。」《釋文》：「鶬，本亦作突。鶃字或作胡。」《玉篇》：「鶬，鶬胡鳥。」蓋其鳥身體扁圓，因以名焉。

　　4.3.　「穹隆」或倒作「隆窮」、「隆穹」、「隆屈」、「隆崛（崒）」、「隆窟」，

〔註 135〕傅定淼《諧音析字補議》，《黔南民族師院學報》2003 年第 4 期，第 42 頁。
〔註 136〕方以智《通雅》卷 39，收入《方以智全書》第 1 冊，上海古籍出版社 1988年版，第 1186～1187 頁。
〔註 137〕沈榜《宛署雜記》卷 17《民風二・方言》，北京古籍出版社 1980 版，第 194頁。
〔註 138〕譚獻《復堂日記》卷 4，河北教育出版社 2001 年版，第 80 頁。

《方言》卷 9：「車枸簍，宋魏陳楚之閒或謂之筱籠，秦晉之閒自關而西謂之枸簍，南楚之外或謂之隆屈。」《漢書・司馬相如傳》《大人賦》：「詘折隆窮。」顏師古注引張揖曰：「隆窮，舉髻也。」王先謙曰：「『隆窮』即『隆穹』，窮、穹字通。蓋詘折而隆起之狀。一曰長曲貌也。不當作『舉髻』解。」〔註 139〕《後漢書・馬融傳》《廣成頌》：「隆穹槃回，岧峣錯崔。」《說文》：「轒，淮陽名車穹隆轒。」《集韻》、《類篇》引並作「隆穹」。《漢書・季布傳》：「置廣柳車中。」顏師古注引李奇曰：「廣柳，大隆穹也。」《白帖》卷 5 引山謙之《丹陽記》：「蔣山獨隆穹峻異，其形像龍。」〔註 140〕《文選・西京賦》：「隆崛崔崒，隱轔鬱律。」五臣本作「隆窟」，《類聚》卷 61 引同。薛綜注：「隆崛之類，皆山形容也。」呂延濟注：「隆窟，猶特起。」又《魯靈光殿賦》：「屹山峙以紆欝隆崛。」張載注引《西京賦》作「隆屈」。晉・郭璞《登百尺樓賦》：「瞻禹臺之隆崛，奇巫咸之孤峙。」王念孫曰：「隆屈，猶僂句也。筱籠，《說文》作『穹隆』，倒言之則曰『隆穹』。」〔註 141〕

音轉又作「隆崇」，《文選・西京賦》：「處甘泉之爽塏，乃隆崇而弘敷。」薛綜注：「隆崇，高也。」又《子虛賦》：「焉其山則盤紆茀鬱隆崇崒崒。」郭璞注：「隆崇，竦起也。」又《琴賦》：「邈隆崇以極壯，崛巍巍而特秀。」張銑注：「隆崇，高大貌。」符定一曰：「隆窮，轉為『隆穹』、『隆崇』。」〔註 142〕

音轉又作「隆強」，《釋名》：「隆強，言體隆而強也。或曰車弓，似弓曲也。」劉氏「體隆而強」，未得語源。徐復曰：「隆屈，亦聲轉為『隆強』，強、屈亦聲轉為『隆穹』。」〔註 143〕

4.4.「兀硉」或倒作「硉兀」，形容滾轉，故又有不穩、轉動之義。敦煌寫卷 P.3906《碎金》：「硉兀：力骨反，五骨反。」《六書故》：「硉，硉兀，不平也。別作崒。」杜甫《鹿頭山》：「悠然想楊馬，繼起名硉兀。」又《瘦馬行》：「東郊瘦馬使我傷，骨骼硉兀如堵牆。」

〔註 139〕王先謙《漢書補注》，書目文獻出版社 1995 年版，第 1181 頁。
〔註 140〕《御覽》卷 41 引誤作「崖崑」，《類聚》卷 7 引作「隆崑」。
〔註 141〕王念孫《廣雅疏證》，收入徐復主編《廣雅詁林》，江蘇古籍出版社 1998 年版，第 610 頁。
〔註 142〕符定一《聯緜字典》，中華書局 1954 年版，戌集第 137 頁。
〔註 143〕徐復《變音疊韻詞纂例》，收入徐復《語言文字學叢稿》，江蘇古籍出版社 1990 年版，第 129 頁。

或倒作「崒兀」，宋・孫覿《寄題莫謙仲》：「超然塵外躅，崒兀見砥柱。」

或倒作「硨砯」，《玉篇》：「砯，硨砯。硨，硨砯，危石。」敦煌寫卷P.3694V《箋注本切韻》：「砯，硨砯，不平貌。」P.2011 王仁昫《刊謬補缺切韻》：「硨，硨砯。」《廣韻》：「砯，硨砯，不穩兒。」《龍龕手鑑》：「硨砯，不穩貌也。」《文選・江賦》：「巨石硨砯以前卻。」李善註：「硨砯，沙石隨水之貌。」呂向註：「硨砯，石轉動貌。」《廣弘明集》卷29梁・蕭子雲《玄圃園講賦》：「硨砯巨石。」朱起鳳曰：「硨砯，石崖危峻貌。」〔註144〕郭在貽從之〔註145〕，未確。

或倒作「崒屼」，《梁書・沈約傳》：「其爲狀也，則巍峩崇崒，喬枝拂日，巉巖岑嶺，墜石堆星，岑崟崒屼。」《慧琳音義》卷99：「硨砯：《考聲》：『硨砯，大石兒也。』或從山作崒屼。」

音轉又作「磈砯」、「崒砯」、「敱攲（攲）」、「磈砐」，P.2011 王仁昫《刊謬補缺切韻》：「敱，敱攲，不利。」《廣韻》：「磈，磈砯，崖狀。敱，敱攲，不穩。」《集韻》：「磈，磈砐，山厓也，或作硨、崒。敱，敱攲，一曰物不安兒。」〔註146〕

音轉又作「嶒屼」，《玉篇》：「嶒，嶒屼。」《廣韻》：「嶒，嶒屼，禿山貌。」《集韻》：「屼，一曰嶒屼，童山。」

音轉又作「鹿苦」、「鹿谷」，《淮南子・地形篇》高注：「發包山，一名鹿苦山。」《說文》「漳」字條作「鹿谷山」，此以命名滾圓之大山。

〔註144〕朱起鳳《辭通》，上海古籍出版社1982年版，第2399頁。

〔註145〕郭在貽《訓詁學》，收入《郭在貽文集》卷1，中華書局2002年版，第537頁。

〔註146〕另參見《通雅》卷6：「觬觟，一作『臬兀』、『槷剠』、『跀危』、『峗屼』、『揑扤』、『梲杌』、『倪仉』，轉作『杌揑』、『槷黜』、『嶹嵲』、『塝霓』、『硨砯』。」上海古籍出版社1988年版，第266～267頁。

「狼抗」轉語記

1. 劉曉明謂「狼抗」、「躴軇」異源，「『狼抗』一詞源自對狼立舉前爪動作的描寫，以形容狼狠強張狂的性情」〔註1〕，望文生訓，已爲王敏紅所駁〔註2〕。王氏論文並未考出詞源，且所論尚未完備，本文試作全面考察，並隨文辨正古今訓詁家之誤說。少數詞語語源雖明，而詞義得不到合理解釋，且付闕如，待訪博雅。

2. 「狼抗」本字當作「宨康」。《說文》：「宨，康〔宨〕也。」〔註3〕又「康，屋康宨也。」朱駿聲曰：「按：宨之言良也，猶安居也。」又曰：「按：（康）猶安宅也。求安莫重于居處，故康、安、寧字皆從宀。」〔註4〕朱說並失之。《玉篇》：「宨，空虛也。」又「康，虛也，空也。」《集韻》：「宨，空也。」又「康、窾：《說文》：『屋窾宨也。』謂屋閑。或从穴。」「宨康」同義連文，空虛高大之義。此義尚可徵之各地方言。桂馥曰：「虛弱曰宨康。」〔註5〕范寅曰：「宨康：『郎康』，謂積雨初霽時。」〔註6〕蓋謂天氣空明也。孫錦標曰：「俗謂屋大而什物少者爲宨康，或大器而盛小物者亦爲宨康。」

〔註1〕 劉曉明《「狼抗」與「躴軇」證古》，《江西社會科學》2002年第8期。
〔註2〕 王敏紅《「狼抗」考源》，《語文研究》2008年第3期。
〔註3〕 段玉裁補「宨」字，《說文解字注》，上海古籍出版社1981年版，第339頁。《集韻》、《類篇》引《說文》無「宨」字。
〔註4〕 朱駿聲《說文通訓定聲》，武漢市古籍書店1983年版，第913、925頁。
〔註5〕 桂馥《札樸》卷9《鄉言正字》，中華書局1992年版，第390頁。許寶華、宮田一郎《漢語方言大詞典》記作「榔康」，中華書局1999年版，第5900頁。
〔註6〕 范寅《越諺》卷中（侯友蘭等點注），人民出版社2006年版，第124頁。「郎康」爲「宨康」之直音。許寶華、宮田一郎《漢語方言大詞典》記作「朗炕」，中華書局1999年版，第5198頁。

〔註7〕楊樹達曰：「今湘俗言物之大而空者曰宷康。」〔註8〕

從「康」之字有「空虛」之義。《方言》卷13：「漮，空也。」郭璞注：「康窠（宷），空貌。康或作『歉虛』字也。」戴震曰：「案：康各本作漮，注內康宷各本訛作漮窠，今訂正。康、康古通用，別作漮，亦作歉。《說文》云：『康，屋康宷也。漮，水虛也。歉，飢虛也。』康宷俗又作窾窞，《詩·小雅》：『酌彼康爵。』鄭箋云：『康，虛也。』《爾雅·釋詁》：『漮，虛也。』郭璞注云：『《方言》云：「漮之言空也。」《釋文》云：『《方言》作窾。』《疏》引《方言》：『漮窞，空貌。』司馬相如《長門賦》：『委參差以槺梁。』李善注云：『《方言》曰：「窾，虛也。」窾與槺同。』此所引改空爲虛，蓋誤憶耳。」〔註9〕《爾雅》《釋文》又云：「漮字又作歉，同。」章太炎曰：「江、淮間謂蘆菔受凍中虛曰康。鄧廷楨說。通語謂罄盡爲光，亦康之音變也。」〔註10〕

3.「宷康」或作「躴軁」、「窾窞」，《玉篇》：「躴，躴軁，身長皃。」明·焦竑《俗書刊誤》卷11《俗用雜字》：「空室、空山曰窾窞，呼長人曰躴軁。」岳元聲曰：「物大而內空虛謂之窾窞。」〔註11〕桂馥曰：「身體肥長曰躴軁。」〔註12〕張愼儀曰：「體長曰躴軁。」〔註13〕姜亮夫曰：「窞，《廣韻》：『《說文》：「屋窞宷也。」』謂空而閑，昭人有此語，音與『孔籠』相同，又言人瘦長曰窾宷，字又作躴軁，從身，指人言，山左亦有之，或曰躴長，或曰躴軁軁，皆虛弱之貌。」〔註14〕

字或作「躴軅」，《玉篇》：「軅，《字書》云：『躴軅，體長皃。』」《集韻》：「軅，躴軅，身長皃。」姜亮夫曰：「言身長者尙有躴軅軅，音孩，《廣韻》

〔註7〕 轉引自許寶華、宮田一郎《漢語方言大詞典》，中華書局1999年版，第5164頁。

〔註8〕 楊樹達《長沙方言考》，收入《積微居小學金石論叢》，上海古籍出版社2007年版，第246頁。

〔註9〕 戴震《方言疏證》，收入《戴震全集（5）》，清華大學出版社1997年版，第2469～2470頁。

〔註10〕 章太炎《新方言》，收入《章太炎全集（七）》，上海人民出版社1980年版，第30頁。

〔註11〕 岳元聲《方言據》，收入《續修四庫全書》第193冊，上海古籍出版社1995年版，第406頁。

〔註12〕 桂馥《札樸》卷9《鄉言正字》，中華書局1992年版，第390頁。

〔註13〕 張愼儀《蜀方言》（張永言點校），四川人民出版社1987年版，第276頁。

〔註14〕 姜亮夫《昭通方言疏證》，收入《姜亮夫全集》卷16，雲南人民出版社2002年版，第201頁。

言『戶來切』，按𥅆當讀成喉音，與康近，雖可轉為匣母而語源不一矣，舊注皆誤。」〔註15〕

字或作「硊硊」，《玉篇》：「硊，硊硊也。」《六書故》：「硊，硊硊、硊磕，石聲貌。」蓋謂中空之聲也。古從亢從康之字多通用〔註16〕。

字或作「哴吭」，《廣韻》：「哴，哴吭，吹兒。」蓋形容風聲空大也。

字或作「歔欻」，《玉篇》：「歔，歔欻，貪貌。」朱謀㙔曰：「歔欻，貪婪也。」〔註17〕由「虛大」引申，「歔欻」蓋謂貪欲之大。北京官話謂貪吃、貪多為「狼犺」、「躴軦」〔註18〕，專字當即「歔欻」。姜亮夫曰：「狼抗，又人性之狠戾者……字又作『歔欻』，《廣韻》：『歔欻，貪貌。』貪亦狠戾義，音小變近狼虎。」〔註19〕

字或作「狼伉」，《通鑑》卷 278：「馮、朱患從榮狼伉。」史炤《釋文》卷 29：「狼伉，謂狠戾也。」「狠戾」同「很戾」，「自大」之引申義。

字或作「狼犺」，《集韻》：「狼，狼犺，獸名，似猴。」此蓋以貪吃之義，命名此獸也。倒言則作「犺狼」，《集韻》：「犺，犺狼，獸名。」《西遊記》第 24、61、67 回，並言「身子狼犺」或「身體狼犺」，此則空大之義。

字或作「閬伉」，宋・蘇舜欽《及第後與同年宴李丞相宅》：「狂歌互喧傳，醉舞迭閬伉。」疏狂貌，亦取空大之義。

字或作「朗伉」，明・顧起元《客座贅語》卷 1《方言》：「南都方言……不雅馴曰蘁苴、曰朗伉、曰磊砢、曰孟浪。」〔註20〕《江南志書・江寧縣》：「不雅訓曰蘁苴，曰朗伉。」〔註21〕

字或作「郎伉」、「郎亢」，《西遊記》第 47 回：「真個變過頭來，就也像

〔註15〕姜亮夫《昭通方言疏證》，收入《姜亮夫全集》卷 16，雲南人民出版社 2002 年版，第 201 頁。

〔註16〕參見張儒、劉毓慶《漢字通用聲素研究》，山西古籍出版社 2002 年版，第 473 頁。

〔註17〕朱謀㙔《駢雅》卷 2，收入《叢書集成新編》第 38 冊，新文豐出版公司 1985 年版，第 338 頁。

〔註18〕參見許寶華、宮田一郎《漢語方言大詞典》，中華書局 1999 年版，第 4982、6865 頁。

〔註19〕姜亮夫《昭通方言疏證》，收入《姜亮夫全集》卷 16，雲南人民出版社 2002 年版，第 131 頁。

〔註20〕顧起元《客座贅語》卷 1《方言》，收入《叢書集成新編》第 88 冊，新文豐出版公司 1985 年印行，第 437 頁。

〔註21〕收入《古今圖書集成》《字學典》卷 145，中華書局民國影本。

女孩兒面目；只是肚子胖大，郎亢不像。」清・金人瑞《癸未秋興》：「蚊子秋來大如蜂，衣裳郎亢冠鬙鬙。」

字或作「寠犺」，《醒世姻緣傳》第 36 回：「卷了細軟東西，留下些寠犺物件，自己守著新夫團圓快活。」又 41 回：「宎康的物件。」則正作本字形。

字或作「狼亢」，清・呂堅《江行漫興》：「臥篙木馬最狼亢，倒爬不爬頭尾扛。」此例為本義「大而不堪」。清・夏燮《中西紀事・粵民義師》：「自相國去後，英人自恃其積年之狼亢，見後至者，以為土室儒夫，易而侮之。」此例為引申義「自大」。

又音轉為「俍偒」，《楚辭・九辯》：「然潢洋而不遇兮。」王逸注：「俍偒後時，無所逮也。」

又音轉為「梁昌」、「梁倡」、「良倡」，《楚辭・九思・疾世》：「遠梁昌兮幾迷。」舊注：「梁昌，陷據（一作蹜懅）失所也。」《三國志・毌丘儉傳》裴松之注引文欽《與郭淮書》：「孤軍梁昌，進退失所。」梁・江淹《被黜為吳興令辭建平王牋》：「淹乃梁昌，自投東極。」《抱朴子外篇・行品》：「居己梁倡。」楊明照曰：「『梁倡』與『梁昌』同，疊韻聯綿字也。」〔註22〕又《酒誡》：「或顛蹶良倡。」《治要》卷 50 引作「梁倡」。楊明照曰：「『良倡』與『梁倡』同。」〔註23〕

又音轉為「踉蹡」、「踉蹌」、「浪蹌」、「狼搶」，《廣韻》：「踉，踉蹡，行不迅也。蹡，踉蹡，行不正兒。」《江南志書・江寧縣》：「行不端徐曰踉蹌。」〔註24〕《文選・射雉賦》：「蹇微罝以長眺，已踉蹡而徐來。」徐爰注：「踉蹡，乍行乍止，不迅疾之貌。」李善註：「踉蹡，欲行也。」《類聚》卷 44 引晉・陶融妻陳氏《箏賦》：「獸連軒而率舞，鳳踉蹌而集庭。」又卷 41 引梁簡文帝《妾薄命行》：「毛嬙貌本絕，踉蹌入氈帷。」胡鳴玉曰：「俗以亂走為踉蹌，讀郎倉，非，蹌音鏘。」〔註25〕《水滸傳》第 37 回：「浪蹌一交，顛翻在地。」重言作「浪浪蹌蹌」，《水滸傳》第 39 回：「（宋江）再飲過數杯，不覺沉醉……浪浪蹌蹌，取路回營裏來。」清・平步青《霞外攟屑・時事・鬥衱》：「狼搶遁去。」

又音轉為「踉蹡」、「俍傍」、「踉傍」、「狼蹡」、「狼傍」、「狼傍」，《玉篇》：

〔註22〕楊明照《抱朴子外篇校箋（上）》，中華書局 1991 年出版，第 553 頁。
〔註23〕楊明照《抱朴子外篇校箋（上）》，中華書局 1991 年出版，第 573 頁。
〔註24〕收入《古今圖書集成》《字學典》卷 145，中華書局民國影本。
〔註25〕胡鳴玉《訂訛雜錄》卷 2，商務印書館中華民國 25 年版，第 23 頁。

「跟，跟跭，欲行皃。跭，跟跭。」敦煌寫卷 P.2011 王仁昫《刊謬補缺切韻》：「跟，跟跭。」〔註 26〕《廣韻》：「跟，跟跭，行皃。跭，跟跭，急行。」《集韻》：「跭，跟跭，行遽皃。」《類聚》卷 79 引漢・王延壽《夢賦》：「爾乃三三四四，相隨跟跭而歷僻。」《古文苑》卷 6 作「俍傍」，章樵注：「俍音浪，俍傍，行不正貌。」〔註 27〕《大方便佛報恩經》卷 3：「中有第一大力士，跟跭顛蹶，以足蹴地。」明本作「跟傍」。《佛說佛名經》卷 26：「舉身自撾，跟跭宛轉，悲啼號叫，而不肯前。」又卷 29：「罪人狼跭，步步而倒。」《類聚》卷 7 晉・潘尼《惡道賦》：「馬則頓躓狼傍，虺頹玄黃；牛則體疲力竭，損食喪膚。」《太平廣記》卷 255 引《御史臺記》：「狼傍索傳馬，傯動出安徽。」敦煌寫卷北 8300 號《佛說孝順子修行成佛經》：「其黃門送犢子心肝往至宮裏，二后聞之，甚大歡喜，狼傍皆起。」又「太子遙見其母，狼傍下地，走抱母頭，捉臂齧指，稱天大哭。」翟灝曰：「跟蹣，《廣韻》作『跟跭』。」〔註 28〕朱起鳳曰：「跭、蹣疊韻。」〔註 29〕符定一曰：「俍倡，猶跟蹣也。轉為『俍傍』，韻同。」〔註 30〕蓋腳步空大虛浮，即為急行、行不正貌，此亦取空大之引申義。

又音轉為「央蹌」，《醒世姻緣傳》第 66 回：「叫人攛了打毀存剩的器皿，央央蹌蹌的同智姐走了回去。」

又音轉為「狼䀣」、「狼䁾」、「琅䀣」、「狼荒」，《廣韻》：「䀣，目不明。又狼䀣，南蠻國名，人能夜市金。」又「䁾，狼䁾，南蠻國名。」《集韻》：「䀣，目不明也。一曰狼䀣，夷國名，人能夜市金。或作䁾。」《五音集韻》：「䀣，目不明。又琅䀣，南夷國名，人能夜市金。」蓋以視力空虛命名之也。《文選・吳都賦》李善註引《異物志》：「狼䁾人夜覛金，知其良。」狼䁾人視力不明，而能覛金，知其好惡。唐・柳宗元《南省轉牒欲具江國圖令盡通風俗故事》：「聖代提封盡海壖，狼荒猶得紀山川。」唐・陳子昂《為義興公求拜掃表》：「狼荒之鬼，永悲長逝。」童宗注：「狼荒，荒遠之地。」明・楊慎《大理春

〔註 26〕敦煌寫卷 P.2011 王仁昫《刊謬補缺切韻》，張涌泉《敦煌經部文獻合集》第 6 冊，中華書局 2008 年版，第 2758 頁。

〔註 27〕《御定歷代賦彙》外集卷 18 作「跟跭」，元・陳仁子《文選補遺》卷 32 作「俍傍」，注：「俍，戶懇切，戾也，本作很。」並誤。

〔註 28〕翟灝《通俗編》卷 34，收入《續修四庫全書》第 194 冊，上海古籍出版社 1995 年版，第 614 頁。

〔註 29〕朱起鳳《辭通》，上海古籍出版社 1982 年版，第 2121 頁。

〔註 30〕符定一《聯緜字典》子集，中華書局 1954 年版，第 244 頁。

市因憶李仁甫》：「狼荒金莫辨，鮫宮珠暗投。」

又音轉爲「秧穰」，《說文》：「秧，禾若秧穰也。」〔註31〕《玉篇》：「秧，禾苗秧穰也。」《廣韻》：「秧，秧穰，禾稠也，又音央。」《類篇》：「秧，秧穰，禾密兒。」《集韻》：「秧，一曰秧穰，禾下葉多。」

又音轉爲「泱瀼」、「坱壤」、「泱瀼」，《廣韻》：「瀼，泱瀼，濁。」又「瀼，泱瀼，水不淨，見《海賦》。」又「壤，坱壤，塵也。」《文選・海賦》：「涓流泱瀼，莫不來注。」李善註：「泱瀼，淳淤也。」李周翰注：「泱瀼，流貌。」當取《廣韻》訓水濁，二李說失之。明・楊士奇《河清賦》：「淨纖塵之泱瀼也。」明・劉基《郁離子》：「蟾蜍游於泱瀼之澤。」

又音轉爲「央亡」，《方言》卷10：「央亡、嚜尿，婚獪也。江湘之閒或謂之無賴，或謂之獥，凡小兒多詐而獪謂之央亡。」《廣雅》：「鞅罔，無賴也。」戴震曰：「央亡，亦作『鞅罔』。」〔註32〕王念孫、錢大昭、朱駿聲說並同〔註33〕。

又音轉爲「映曄」、「泱漭」、「泱莽」、「泱葬」、「泱茫」，《玉篇》：「映，於朗切，映曄，不明也。」《廣韻》：「映，烏朗切，映曄，不明。」《楚辭・九懷》：「泱莽莽兮究志。」王逸注：「周望率土，遠廣大也。」《史記・司馬相如傳》《子虛賦》：「徑乎桂林之中，過乎泱莽之野。」《漢書》同，《文選》作「泱漭」，《玉海》卷20、98引作「泱葬」，李善註引如淳曰：「大貌也。」王先謙曰：「莽，漭同。《文選・海賦》：『泱漭澹濘。』注：『泱漭，廣大也。』此言廣大之壄耳。」〔註34〕《文選・七啓》：「於是鏡機子聞而將往說焉，駕超野之駟，乘追風之輿，入乎泱漭之野，遂屆玄微。」張銑註：「泱漭，廣大也。」「泱漭之野」即《淮南子・道應篇》「岡㝠之野」、《吳都賦》「莽

〔註31〕 方以智曰：「莖葉皆名若，檞若、杜若、禾若、丹若是也。」段玉裁曰：「若者，擇菜也。擇菜者，必去其邊皮，因之凡可去之皮曰若。竹皮亦曰箬。」「禾若」即「禾葉」，《說文》：「穌，把取禾若也。」《六書故》：「徐鍇曰：『若即竹若也。』」亦同。方以智《通雅》卷43，收入《方以智全書》第1冊，上海古籍出版社1988年版，第1294頁。段玉裁《說文解字注》，上海古籍出版社1981年版，第326頁。
〔註32〕 戴震《方言疏證》，收入《戴震全集（5）》，清華大學出版社1997年版，第2416頁。
〔註33〕 王念孫《廣雅疏證》，錢大昭《廣雅疏義》，並收入徐復主編《廣雅詁林》，江蘇古籍出版社1998年版，第496頁。朱駿聲《說文通訓定聲》，武漢市古籍書店1983年版，第886頁。
〔註34〕 王先謙《漢書補注》，書目文獻出版社1995年版，第1158頁。

罥之野」也，「泱漭」爲「岡罠」、「莽罠」之倒言。《文選・京路夜發》：「曉
星正寥落，晨光復泱漭。」李善注：「《字書》曰：『泱漭，不明之貌。』」《文
選・西京賦》：「山谷原隰，泱漭無疆。」薛綜注：「泱漭，無限域之貌，言
其多，無境限也。」唐・元結《引極》：「天曠漭兮杳泱茫，氣浩浩兮色蒼蒼。」
宋・崔敦禮《九序》：「下視九州兮塵泱茫。」倒言則作「莽洋」、「莽瀁」，
另詳。

又音轉爲「映瞇」，《玉篇》：「瞇，映瞇，目皃。映，目不明。」《廣韻》：
「映，映瞇，目皃。」《廣韻》「瞇」字條誤作「映瞇」〔註 35〕，四部備要本
《集韻》誤作「暎瞇」。

又音轉爲「潢漭」、「潢漭」，漢・嚴遵《道德指歸論》卷 3：「潢漭慌忽，
渾沌無端。」後秦・僧肇《肇論》卷 1：「潢漭惚恍，若存若往。」宋・遵式
《注肇論疏》卷 5：「積水曰潢，水大曰漭。今但語其深廣。」以字詁之，未
得。

又音轉爲「旎旎」，《玉篇》：「旎，旎旎，無色。」《廣韻》：「旎，旎旎，
無色狀。」《集韻》：「旎，旎旎，色晴也。」

又音轉爲「晾晄」，《廣韻》：「晄，晾晄，目病也。」蓋謂目中空之病，
亦即目不明也。

俗亦作「賮抗」、「賮康」、「郎康」、「榔樃」〔註 36〕。

吳語謂說話或作事不著邊際、不誠實爲「郎扛」，冀魯官話謂粗陋爲「郎
康」，贛語謂臃腫爲「郎康」〔註 37〕，皆取空大之義。

4.「賮康」或倒作「康賮」，《說文》：「康，屋康賮也。」《玉篇》：「賮，
屋康賮也。」《廣韻》：「賮，康賮，宮室空皃。」又「賮，康賮，空虛。」宋・
李誡《營造法式》卷 1 引《義訓》：「空室謂之康賮。上音康，下音郎。」

或倒作「漮賮」、「窾賮」、「窾賮」、「漮賮」，《方言》卷 13：「漮，空也。」
郭璞注：「漮賮，空貌。康或作歁。」《集韻》：「賮，窾賮，空也。」又「康、
窾：《說文》：『屋窾賮也。』謂屋閑。或从穴。」《爾雅・釋詁》邢昺疏引《方
言》：「漮賮，空貌。」

〔註 35〕周祖謨、蔡夢麒謂當據《玉篇》校改，是也。周祖謨《廣韻校本（下）》，中
　　　　華書局 2004 年版，第 178 頁。蔡夢麒《廣韻校釋》，嶽麓書社 2007 年版，第
　　　　378 頁。
〔註 36〕參見劉曉明《「狼抗」與「躴軅」證古》，《江西社會科學》2002 年第 8 期。
〔註 37〕參見許寶華、宮田一郎《漢語方言大詞典》，中華書局 1999 年版，第 3730 頁。

　　或倒作「阬閬」，睡虎地秦簡《語書》：「阬閬強阬（伉）以示強。」整理者注：「阬閬，高大的樣子。」〔註38〕

　　或倒作「康梁」、「楝梁」、「糠梁」，《淮南子・要略》：「紂爲天子，賦歛無度，戮殺無止，康梁沉湎，宮中成市。」許注：「康梁，耽樂也。」《文選・長門賦》：『委參差以楝梁。」宋・李誡《營造法式》卷 1 引作「糠梁」，《說文繫傳》「康」字條引作「康㝠」，徐鍇按語云：「㝠，屋虛大也。㝠與梁義同。」李善註：「委積參差以承虛梁。《方言》曰：『竂，虛也。』竂與楝同，音康。」方以智曰：「注：『楝與康同。』則楝梁即是康㝠。」〔註39〕王念孫曰：「楝梁，疊韻也。楝梁者，中空之貌。『康㝠』與『楝梁』同。」〔註40〕桂馥曰：「康㝠，高空之義，《賦》借『穅梁』字，不得解作屋梁。」〔註41〕古從良從梁之字多通用〔註42〕。三氏說是，李善解爲「虛梁」，失之。朱駿聲曰：「按：楝，安也。」〔註43〕亦失之。《廣韻》：「楝，楝梁，虛梁也。」誤承李善說。蔡夢麒刪「虛梁」之「梁」字〔註44〕，未是。

　　或倒作「杭梁」，《御覽》卷 961 引《異物志》：「有木洪直，厥名杭梁。」

　　或倒作「沆碭」，《漢書・禮樂志》：「西顥沆碭，秋氣肅殺。」顏師古注：「沆碭，白氣之貌也。」

　　或倒作「䮳䮫」，《廣韻》：「䮳，䮳䮫，身長。」《類篇》：「䮳，長身謂之䮳䮫。」《龍龕手鑑》：「䮳，䮳䮫，身長也。」

　　或倒作「蟆蜋」，《廣韻》：「蟆，蟆蜋，蜻蜓。」此蓋以長大之義，命名蜻蜓也〔註45〕。

　　或倒作「康崀」、「嶂峎」，《廣韻》：「崀，康崀，山空。」《集韻》：「崀，康崀，山虛。」方以智曰：「嶂峎，山空兒。」〔註46〕《集韻》：「嶂，嶂峎，

〔註38〕　《睡虎地秦墓竹簡》，文物出版社 1990 年版，第 16 頁。
〔註39〕　方以智《通雅》卷 8，收入《方以智全書》第 1 冊，上海古籍出版社 1988 年版，第 323 頁。
〔註40〕　王念孫《讀書雜志・餘編下》，中國書店 1985 年版，第 88 頁。
〔註41〕　桂馥《札樸》，中華書局 1992 年版，第 292 頁。
〔註42〕　參見張儒、劉毓慶《漢字通用聲素研究》，山西古籍出版社 2002 年版，第 470 頁。
〔註43〕　朱駿聲《說文通訓定聲》，武漢市古籍書店 1983 年版，第 925 頁。
〔註44〕　蔡夢麒《廣韻校釋》，嶽麓書社 2007 年版，第 378 頁。
〔註45〕　「蜻蜓」的語源即「徑挺」、「逕庭」，亦表示「身長」之義。余另作《〈莊子〉「逕庭」正詁》。
〔註46〕　方以智《通雅》卷首一，收入《方以智全書》第 1 冊，上海古籍出版社 1988

山名。」此以空大之義，命名山曰「嶙峒」也。

或倒作「康狼」、「康浪」，《水經注》卷28：「夷水導源中廬縣界康狼山，山與荊山相鄰。」又卷26：「又東北合康浪水，水發縣西南嵫山。」《御覽》卷59引《三齊略記》：「康浪水在齊城西南十五里。」

或倒作「伉閬」、「閌閬」，《說文》：「伉，閬也。閬，門高也。」《玉篇》：「閌，閌閬，高門貌。本亦作伉。」《廣韻》：「閌，閌閬，門高。」重言曰「閌閬閬」，《漢書・揚雄傳》《甘泉賦》：「閌閬閬其寥廓兮。」顏師古注：「閌，高門貌。閬閬，空虛也。」今吳語猶有「高閌閬」、「長閌閬」、「空閌閬」、「大閌閬」之語。

或倒作「磃硠」、「礚硠」、「磅硠」、「碉硠」、「砯宕」、「砯圄」、「砯固」，《廣韻》：「磃，磃硠，石聲。」《集韻》：「磃，磃硠，石聲。」又「圄、固：砯圄，石聲，或省。」明・焦竑《俗書刊誤》卷9：「礚硠，石聲。」《後漢書・張衡傳》《思玄賦》：「伐河鼓之磅硠。」李賢注：「磅硠，聲也。」《文選》李善註同。《文選・嘯賦》：「碉硠震隱，訇磕嘈嘈。」呂向注：「皆聲也。」蓋謂空大之聲也。今吳方言猶有此語。或重言作「磃硠磃硠」。《文選・吳都賦》：「汩乘流以砯宕，翼颿風之颼颼。」劉淵林注：「砯宕，舟擊水貌。」呂向注：「砯宕，急也。」翟灝曰：「『滂（磅）硠』、『砯宕』因語輕重異字也。《集韻》『砎（磃）硠』、『砯固』皆訓石聲。」〔註47〕又音轉為「哐啷」，俗寫。

或倒作「抗浪」、「抗朗」、「亢朗」，唐・張彥遠《法書要錄》卷2引梁・袁昂《古今書評》：「殷鈞書如高麗，使人抗浪，甚有意氣滋韻，終乏精味。」〔註48〕明・金幼孜《武德將軍千戶匡福墓表》：「公資性抗朗，志氣超卓。」明・顧起元《客座贅語・建康俗尚》：「生人之性亢朗沖夷，重義而薄利。」

或倒作「曠朗」、「曠朗」、「儻朗」、「爌朗」、「爌朗」、「爌烺」、「儻閬」，《廣韻》：「爌，爌朗，火光寬明。」又「爌，爌朗，寬明也。」《集韻》：「烺，爌烺，火皃。」《慧琳音義》卷99：「曠朗：《古今正字》：『曠莽，不明貌也。』」梁・蕭統《七召》：「地不寒而蕭瑟，日無雲而曠朗。」又收入梁・何遜《何水部集》，作「曠朗」。《廣弘明集》卷29蕭子雲《玄圃園講賦》：「朝曠朗而

年版，第25頁。
〔註47〕翟灝《通俗編》卷35，收入《續修四庫全書》第194冊，上海古籍出版社1995年版，第623頁。翟氏引文有誤，逕據原書改正。
〔註48〕《御覽》卷748引同。

戒旦，雲依霏而卷簾。」《文選·射雉賦》：「忌上風之饕切，畏映日之儻朗。」徐爰注：「儻朗，不明之狀。」徐文靖曰：「（朗）以明朗爲義。」〔註49〕未是。唐·張鷟《遊仙窟》：「入穹崇之室宇，步步心驚；見儻閬之門庭，看看眼矃。」

或倒作「沆浪」，唐·元結《懷潛君》：「思假鱗兮鯤龍，激沆浪兮奔從。」

或倒作「抗浪」、「康郎」，宋·楊萬里《悶歌行》序：「阻風泊湖心康郎山旁，小舟三宿，作《悶歌行》」明·李賢《明一統志》卷 50：「康郎山，在餘干縣西北八十里濱鄱陽湖，相傳有姓康者居之，因名。一名抗浪山，謂能與風濤抗也，訛曰康郎。」「抗浪」、「康郎」當取空大之義，《一統志》二說皆傅會耳。明·胡世安《異魚圖贊補》卷上：「《一統志》：『澂江府河陽縣出舶鮮魚，一名康郎魚。』一作漮寯，注：『漮寯，空貌。』今此魚亦乾而中空。」〔註50〕明·楊慎《升菴集》卷 81：「今澂江有魚，滇人呼爲漮寯魚，其魚亦乾而中空。」《字彙》同。

或倒作「伉朗」、「伉浪」、「伉俍」，元·王惲《易齋詩序》：「儀觀秀偉，襟量伉朗。」清·魏裔介《田髯淵遊燕詩草序》：「田子紅鶴軒詩，清逸幽雋，庾子山、江文通之流也；迨遊燕以後，則沈鬱伉朗，駸駸乎少陵空同之席矣。」明·王世貞《弇山堂別集》卷 29《史乘考誤十》：「且焦公之見瑾，佞辭泉湧；今則伉浪，若前後輩。」又卷 148《藝苑卮言五》：「馮汝行如幽州馬行客，雖見伉俍，殊乏都雅。」率直豪放貌，亦取空大之義。

晉語謂中空爲「空殼郎」，中原官話謂中空爲「空殼唧子」，皆記其音，正字當作「空康寯」〔註51〕。

又音轉爲「哴唴」、「哴哴」、「蜋蜋」、「哴蜋」，《方言》卷 1：「自關而西，秦、晉之閒凡大人少兒泣而不止謂之哴，哭極音絕亦謂之哴，平原謂啼極無聲謂之哴唴。」郭注：「唴音亮，今關西語亦然。」《玉篇》：「唴，啼極無聲謂之哴唴也。」《廣雅》：「哴哴，悲也。」戴震曰：「唴與哴古通用。」〔註52〕《集韻》：「唴，哴唴，啼極無聲也，或作哴。」又考《廣雅》：「愴

〔註49〕徐文靖《管城碩記》卷 23，中華書局 1998 年版，第 418 頁。

〔註50〕所引見《明一統志》卷 86。

〔註51〕參見許寶華、宮田一郎《漢語方言大詞典》，中華書局 1999 年版，第 3698、3700 頁。

〔註52〕戴震《方言疏證》，收入《戴震全集（5）》，清華大學出版社 1997 年版，第 2308

愴、悢悢，悲也。」「嘵嘵」即「愴悢」也。泣而不止，其聲中虛，故謂之「嘵嘵」，因而亦即悲也。《爾雅》：「蛣蜣，蜣蜋。」《玉篇》：「蜣，蜣蜋，啖糞蟲也。」《普濟方》卷 271《禁蟲毒文》：「若是咀味嘵蜋，還汝本鄉。」《古今注》卷中：「蜣蜋，能以土苞糞推轉成丸，圓正無斜角。」蓋亦取土丸中空之義。《本草綱目》卷 41：「其蟲深目高鼻，狀如羌胡，背負黑甲，狀如武士，故有蜣蜋將軍之稱。」恐附會之說。

又音轉為「滄浪」、「倉浪」、「蒼浪」、「倉琅」、「蒼琅」、「蒼狼」、「蒼筤」、「筹筤」，《孟子·離婁上》：「有孺子歌曰：『滄浪之水清兮，可以濯我纓；滄浪之水濁兮，可以濯我足。』」朱熹註：「滄浪，水名。」「滄浪」形容水廣大貌，故以名焉。水廣大則色青，故又為青色，並非滄讀為蒼。《文選·塘上行》：「發藻玉臺下，垂影滄浪泉。」李善注：「《孟子》曰：『滄浪之水清。』滄浪，水色也。」魏·曹丕《大牆上蒿行》：「上有倉浪之天，今我難得久來視。」《宋書·樂志三》《東門行》：「共餔糜，上用倉浪天故，下為黃口小兒。」又《古豔歌何嘗行》：「上慙滄浪之夫（天），下顧黃口小兒。」《史記·夏本紀》：「又東為蒼浪之水。」《類聚》卷 61 晉·庾闡《揚都賦》：「蒼浪之竿，東南之箭。」唐·白居易《浩歌行》：「鬢髮蒼浪牙齒踈，不覺身年四十七。」《漢書·五行志》：「木門倉琅根，謂宮門銅鍰。」顏師古注：「銅色青，故曰倉琅之根。」《漢紀》卷 26 作「蒼琅」。《宋高僧傳》卷 26：「見東南有山蒼琅獨秀。」《易·說卦》：「為蒼筤竹。」李鼎祚《集解》引《九家易》曰：「蒼筤，青也。」《呂氏春秋·審時》：「後時者，弱苗而穗蒼狼，薄色而美芒。」畢沅曰：「蒼狼，青色也。在竹曰『蒼筤』，在天曰『倉浪』，在水曰『滄浪』，字異而義皆同。」〔註 53〕盧文弨說略同〔註 54〕。唐·崔融《瓦松賦》：「竹筹筤而眾色，樹連理而相加。」

又音轉為「傖囊」、「愴囊」、「獊囊」、「槍攘」、「戕囊」、「搶攘」、「傖攘」、「傖儾」、「搶壤」、「槍碭」、「蹌踉」，《集韻》：「傖，傖囊，亂兒。」《莊子·在宥》：「乃始臠卷傖囊而亂天下也。」一本作「愴囊」、「獊囊」，《古今事文類聚》別集卷 6 引作「傖儾」。成疏：「傖囊，恩遽之貌也。」《釋文》：「傖，

頁。
〔註 53〕轉引自陳奇猷《呂氏春秋新校釋》，上海古籍出版社 2002 年版，第 1815 頁。
〔註 54〕盧文弨《鍾山札記》，收入《叢書集成新編》第 13 冊，新文豐出版公司 1985
　　　　年版，第 530 頁。

音倉，崔本作牂。崔云：『牂囊，猶搶攘。』朱謀㙔曰：「愴囊，錯雜也。」
〔註55〕《漢書・賈誼傳》：「國制搶攘。」顏師古注引晉灼曰：「搶，音傖。吳
人罵楚人曰傖。傖攘，亂貌也。」《說文》：「搶，一曰搶攘也。」元・郝經《恒
齋記》：「搶壤突蕩，爲鬼爲蜮。」《隸釋》卷 4 漢・楊孟文《石門頌》：「臨危
搶碭，履尾心寒。」《古文苑》卷 5 漢・馬融《圍棋賦》：「攻寬擊虛兮，蹌踤
內房。」朱起鳳曰：「搶字作愴與搶，或作蹌，並形之訛。囊、碭、踤三字，
並與攘音相近。」〔註56〕前說誤，後說是也。

又音轉爲「儴躟」、「距躟」、「怔攘」、「怔懹」、「劻勷」、「框懹」、「怔攘」、
「徎攘」、「怔勷」、「趌躟」、「枉攘」、「方攘」、「狂攘」、「狂勷」、「狂勷」、「怔
懷」、「徎儴」、「抂攘」、「狂獡」、「徎躟」、「匡攘」、「髻鬙」、「髳鬙」，《廣雅》：
「儴躟，惶劇也。」《玉篇》：「距，距躟，行遽。」又「髳，髳鬙，亂髮也。」
P.2011 王仁昫《刊謬補缺切韻》：「劻，劻勷，迫兒。」《廣韻》：「髻，髻鬙。」
又「鬙，髳鬙，亂毛。」又「鬙，髳鬙，亂髮貌。」《集韻》：「劻，劻勷，遽
也，或作狂。」又「懹，怔懹，狋遽也。」又「距、趌，距躟，行遽，或從
走。」又「徎，徎儴，惶遽也。」又「抂，抂攘，亂兒。」又「髻，髻鬙，
髮亂。」《玄應音義》卷 7：「怔攘：《說文》：『怔攘，煩擾也。』謂煩恐惶遽
也。經文從心作懹。懹，憚也，難也。懹非此義。正作劻勷。」《慧琳》卷 28
作「怔懹」。徐時儀曰：「懹，據文意似當作『攘』。」〔註57〕按不煩校改。此
條爲《正法華經》卷 2《音義》，檢經文作「框槇懷憀」，宋、宮本作「框懹」，
元、明本作「劻勷」。「槇」爲「懹」誤字。《慧琳》卷 34：「怔攘：《說文》：『恐
惶遽也。』」《可洪音義》卷 7：「狂攘：亂也。正作攘、勷二形也，上宜作劻，
音匡。」《楚辭・九辨》：「逢此世之徎攘。」《補注》：「徎攘，一作『怔勷』，
一作『趌躟』。」《玄應》卷 13「怔攘」條引《楚辭》作「怔攘」。《楚辭・哀
時命》：「撦塵垢之枉攘兮。」王逸注：「枉攘，亂貌。」《補注》：「一作『狂
攘』。」《漢書・揚雄傳》《甘泉賦》：「猋駭雲訊，奮以方攘。」顏師古注：「晉
灼曰：『方攘，半散也。』」宋祁曰：「韋昭曰：『方攘，《周禮》：『方相氏。』」
《文選》張銑註：「方攘，分散貌。」朱謀㙔曰：「方攘，泮散也。」〔註58〕

〔註55〕 朱謀㙔《駢雅》卷 1，收入《叢書集成新編》第 38 冊，新文豐出版公司 1985
年版，第 336 頁。

〔註56〕 朱起鳳《辭通》，上海古籍出版社 1982 年版，第 888 頁。

〔註57〕 徐時儀《一切經音義三種校本合刊》，上海古籍出版社 2008 年版，第 1010 頁。

〔註58〕 朱謀㙔《駢雅》卷 1，收入《叢書集成新編》第 38 冊，新文豐出版公司 1985
年版，第 337 頁。

《古文苑》卷 5 漢・馬融《圍棋賦》：「狂攘相救兮，先後并沒。」唐・梁肅《述初賦》：「遭匡攘以遷逝，遵河右以蟬蛻。」唐・韓愈《征蜀聯句》：「渾奔肆狂勷。」明・何喬新《祭程襄毅公文》：「烏獰狂獷，擾我南疆。」明・盧柟《滄溟賦》：「沫滇滇之高揭兮，互踰追而徙躍。」胡鳴玉曰：「故距躍爲行遽，鬒鬈爲髮亂，皆以匡音爲正。」〔註59〕諸詞亦取義於「大」，大則多而亂，故爲亂貌、散貌。

又音轉爲「蒼唐」、「蒼黃」、「蒼皇」、「蒼惶」、「蒼遑」、「蒼徨」、「倉黃」、「倉皇」、「倉惶」、「倉遑」、「倉徨」，《說文》：「倉，穀藏也。倉黃取而臧之，故謂之倉。段玉裁改作「蒼黃」，云：「蒼，舊作倉，今正。蒼黃者，匆遽之意。刈穫貴速也。」〔註60〕段氏釋義是也，而改字則專輒。《楚辭・九思・哀歲》：「北風兮潦烈，草木兮蒼唐。」洪興祖《補注》：「唐，一作黃。」《說文》：「倉，穀藏也，倉黃取而藏之，故謂之倉。」《六書故》：「狂，犬蒼皇吠走也。」《通鑑》卷 284：「既下馬，蒼皇不能復上。」唐・杜甫《破船》：「蒼惶避亂兵，緬邈懷舊邱。」《唐國史補》卷上：「溫問：『何此蒼遑？』」宋・劉弇《和仲武苦雨見寄》：「漢殿戟縹緲，梵天幢蒼徨。」《朝野僉載》卷 6：「倉皇不及。」《舊唐書・田承嗣傳》：「詔下，承嗣懼，而麾下大將復多攜貳，倉黃失圖。」又《王涯傳》：「涯等倉惶步出。」《太平廣記》卷 242 引《乾䐶子》：「便謂客將曰：『某自別有名客，將見，日晚倉遑，遽將名入。』」《唐會要》卷 17：「主司宗祐迫以倉徨，移蹕鳳翔，未敢陳奏。」

又音轉爲「倉兄」、「倉況」、「愴怳」、「愴況」、「滄況」，《詩・桑柔》「不殄心憂，倉兄塡兮。」《釋文》：「兄，音況，滋也，本亦作況。」毛傳：「倉，喪也。兄，滋也。」鄭箋：「喪亡之道滋久長。」傳、箋並失之。宋・范處義《詩補傳》卷 30：「借倉爲愴，借兄爲怳。」朱子《集傳》：「『倉兄』與『愴怳』同，悲閔之意也。」《楚辭・九辯》：「愴怳懭悢兮，去故而就新。」《說文》：「況，寒水也。」《繫傳》：「愴況，寒涼兒。」《六書故》：「況，水寒滄況也，今作『愴怳』。」

又音轉爲「愴悢」、「滄悢」、「滄涼」、「愴涼」、「蒼涼（凉）」，《廣雅》：「愴愴、悢悢，悲也。」曹大家《東征賦》：「遂去故而就新兮，志愴悢而懷悲。」《列子・湯問》：「日初出滄滄涼涼。」《釋文》作「愴涼」，云：「愴，

〔註59〕胡鳴玉《訂訛雜錄》卷 1，商務印書館，中華民國 25 年版，第 2 頁。
〔註60〕段玉裁《說文解字注》，上海古籍出版社 1981 年版，第 223 頁。

－2333－

本又作滄。桓譚《新論》亦述此事，作『愴涼』。」《御覽》卷3引作「蒼蒼涼涼」，又卷385引作「蒼蒼涼涼」。姜亮夫曰：「『滄涼』亦『倉兄』音變也，『愴涼』即『愴悢』。」〔註61〕

又音轉為「惝怳」、「懀怳」、「敞怳」、「懀□」、「敞芞」、「惝恍」、「敞罔」、「懀惘」、「悵怳」、「悵恍」，《玉篇》：「惝，惝怳，失志不悦皃。懀，懀怳，驚皃。芞，懀芞。」《廣韻》：「怳，懀怳，驚皃。」《集韻》：「懀、惝：懀怳，驚皃，或省。」《楚辭·遠遊》：「聽惝怳而無聞。」《史記·司馬相如傳》《大人賦》：「聽惝恍而無聞。」《漢書》、《類聚》卷78作「敞怳」。《史記·司馬相如傳》《難蜀父老文》：「敞罔靡徙。」《索隱》：「廠罔，失容也。」《文選》劉良注：「敞罔，驚視貌。」《漢書·外戚傳》：「寖滛敞芞，寂兮無音。」顏師古注：「芞，古怳字。」《後漢書·張衡傳》《思玄賦》：「魂懀惘而無疇。」李賢注：「懀惘，猶敞怳也。」《類聚》卷35魏·曹植《愁思賦》：「遥思惝怳兮若有遺。」《御覽》卷25作「惝恍」。《文選·悼亡詩》：「悵怳如或存，周遑忡驚惕。」《古今事文類聚》後集卷15作「悵恍」，《玉臺新詠》卷2誤作「帳幌」。劉良註：「悵怳，失志也。」方以智曰：「敞罔，一作『惝恍』、『懀惘』，轉為『愴怳』、『滄況』、『倉兄』、『敞芞』。」〔註62〕

又音轉為「懭慌」、「黨荒」、「朦朧」、「攩提」、「曭晃」、「曭晃」「攩擴」、「儻恍」，《玉篇》：「懭，懭慌，無思皃。慌，懭慌，亦慌忽。」《廣韻》：「懭，懭慌，失意。」又「朣，朣朦，月不明貌。」又「攩，攩提，搥打。」《龍龕手鑑》：「攩，攩擴，搥打也。」蓋謂眾打也〔註63〕。《楚辭·九歎》：「心懭慌而不我與兮。」王逸注：「懭慌，無思慮貌」又「耳聊啾而懭慌。」王逸注：「懭慌，憂愁也。……意中憂愁而懭慌，無所依歸也。一作『黨荒』。」蓋亦無所據依貌，故為無思慮貌、憂愁貌。宋·釋覺範《慈覺見訪》：「黃沙橫吹意儻恍，江色摸胡迷背向。」宋·曹勛《怨遥夜》：「六龍滅景兮疾如馳，結隣曭瞱兮沉海涯。」宋·王之道《春雪和袁望回》：「晨開才曭晃，暮集復交加。」宋·吳處厚《青箱雜記》卷4：「人之心相外見於目……曭晃者，憨人

〔註61〕姜亮夫《詩騷聯綿字考》，收入《姜亮夫全集》卷17，雲南人民出版社2002年版，第305頁。

〔註62〕方以智《通雅》卷6，收入《方以智全書》第1冊，上海古籍出版社1988年版，第245頁。姜亮夫《詩騷聯綿字考》說略同，第305頁。

〔註63〕北京故宮博物院藏唐·吳彩鸞書《王仁煦刊謬補缺切韻》：「攩，搥打，又黃浪反，又都朗反，眾攩。」

也。」吳玉搢《別雅》卷3:「敞罔、敞怳、懭慌、憿惘,怳恍也。」

又音轉爲「矌莽」、「矌莽」、「矌矒」、「矌矒」、「儻莽」、「儻漭」、「矌矒」、「瀇漭」、「朧膿」,《慧琳音義》卷99「矌朗」條引《古今正字》:「矌莽,不明貌也。」《廣韻》:「矌,矌矒,目無睛。」又「瀇,瀇漭,水皃。」又「朧,朧膿,月不明也。」《集韻》:「矒,矌矒,不明也。」又「瀇,瀇漭,水皃。」《龍龕手鑑》:「矌,矌矒,目無精也。矒,矌矒也。」《楚辭·遠遊》:「時晻曃其矌莽兮。」《附釋文互註禮部韻》「矌」字條引作「矌矒」。姜亮夫曰:「莽字當爲語尾,古收複輔音之聯綿字,下一字多爲上一字音尾之延續,故矌莽實黨收鼻音之引長耳。……莽字無義,以疊韻之雙鼻音而增者。」〔註64〕蔣禮鴻曰:「『矌莽』爲不明之意,與『童蒙』同。」〔註65〕二氏說並失之。《文選·洞簫賦》:「彌望儻莽,聯延曠盪。」李善注:「儻莽、曠盪,寬廣之貌。」《莊子·天地》:「儻乎若行而失其道也。」成疏:「行李迷途,神儻莽而無所據。」《類聚》卷8引晉·庾闡《海賦》:「驚浪巍峨,聊漫澗汩,瀇漭潺湲,浮天沃日。」唐·李白《明堂賦》:「撒華蓋以儻漭,仰太微之參差。」元·祝堯《古賦辯體》卷7作「瀇漭」。王琦注:「儻漭即矌漭,廣大之貌。」明·盧柟《秋賦》:「爾其爲容也,澹淡晻曃,皓曶矌矒。」

又音轉爲「傖荒」,《宋書·劉勔傳》:「傖荒遠人,多干國議。」又《杜驥傳》:「晚渡北人,朝廷常以傖荒遇之。」《通鑑》卷124同,胡三省註:「傖,南人呼北人爲傖。荒,言其自荒外來也。」唐·司空圖《送草書僧歸越》:「傖荒之俗,尤惡伎於文墨者。華民流寓而至,則遽發其橐,焚棄簡牘之類以快。」《世說·雅量篇》:「昨有一傖父來寄亭中。」劉孝標注引《晉陽秋》:「吳人以中州人爲傖。」所以名「傖」者,章太炎曰:「尋《方言》壯、將皆訓大。將、倉聲通,是傖人猶言壯夫耳。昔陸機謂左思爲傖父,蓋謂其粗勇也。今自鎮江而下至於海濱,無賴相呼曰老傖。」〔註66〕余嘉錫駁之,引《漢書·賈誼傳》「國制搶攘」顏師古注引晉灼曰:「搶音傖,吳人罵楚人曰傖。傖攘,亂貌也。」謂得名於「傖攘」〔註67〕。今吳方言罵人老相、傲慢曰「老傖」,

〔註64〕姜亮夫《楚辭通故(四)》,收入《姜亮夫全集》卷4,雲南人民出版社2002年版,第500頁。

〔註65〕蔣禮鴻《義府續貂》,收入《蔣禮鴻集》卷2,浙江教育出版社2001年版,第54頁。「童蒙」即「懵懂」、「酩酊」之倒,另參見蕭旭《「酩酊」考》。

〔註66〕章太炎《新方言》卷2,收入《章太炎全集(七)》,上海人民出版社1999年版,第42頁。

〔註67〕余嘉錫《世說新語箋疏》,上海古籍出版社1993年版,第360~361頁。

傖音倉，又音倉去聲。胡文英曰：「傖，麤蠢也，鄙陋也。吳俗謂蠢陋者爲傖。俗作『村』，誤。」〔註68〕《正字通》：「傖，鄙賤之稱也。」《宋書・王玄謨傳》：「孝武狎侮群臣，隨其狀貌，各有比類，多須者謂之羊。顏師伯缺齒，號之曰齴。劉秀之儉吝，呼爲老慳……柳元景、垣護之並北人，而玄謨獨受『老傖』之目。」已有此稱。吳人罵北人、楚人曰「傖」，當取「傖荒」、「鄙遠」義〔註69〕。

又音轉爲「蒼莽」、「蒼茫」、「滄茫」、「蒼忙」、「倉忙」、「倉茫」、「滄溟」、「蒼溟」、「蒼芒」、「滄莽」，《廣韻》：「茫，滄茫。」《韓詩外傳》卷4：「管仲曰：『所謂天，非蒼莽之天也，王者以百姓爲天。』」《說苑・建本》重言作「蒼蒼莽莽」。晉・潘岳《哀永逝文》：「視天日兮蒼茫，面邑裏兮蕭散。」梁・沈約《夕行聞夜鶴》：「海上多雲霧，蒼茫失洲嶼。」《金樓子》卷6：「恍惚蒼茫，遂致失局。」晉・王嘉《拾遺記》卷1：「經歷窮桑滄茫之浦。」唐・張彥遠《歷代名畫記》卷10：「家人見畫在幀，蒼忙掣落。」《太平廣記》卷252引《玉堂閒話》：「趙倉忙索驢。」宋・金君卿《夜泊竹篠港》：「江陰滄溟雲，四垂風蘋雨。」宋・李曾伯《丁亥紀蜀百韻》：「倉茫星火急，飄忽風雨速。」宋・程俱《懷居賦》：「仰浮雲之蒼溟兮。」宋・晁以道《寄昭德兄弟》：「甬東羈旅情何託，江北蒼芒恨不收。」明・黃道周《辭約》：「橫流滄莽。」

又音轉爲「沆茫」、「沆溟」，《增韻》：「溟，沆溟，水大。」《漢書・揚雄傳》《羽獵賦》：「鴻濛沆茫，碣以崇山。」顏師古注：「鴻濛、沆茫，廣大貌。」《後漢書・馬融傳》《廣成頌》：「瀇瀁沆溟，錯紾榮委。」倒言則作「莽筬」、「溟沆」、「澗沆」，《說文》：「筬，直項莽筬皃。」段玉裁乙作「莽筬，直項貌」〔註70〕。莽筬，亢直貌。《集韻》：「溟，溟沆，水大皃，或作澗。」

又音轉爲「抗髒」、「骯髒」、「肮臟」、「肮瓢」、「喥邦」、「喥磅」，《玉篇》：「骯，骯髒，體盤。」《集韻》：「髒，骯髒，體胖。」又「髒，抗髒，佪立皃，趙壹說。」《後漢書・趙壹傳》《嫉邪賦》：「伊優北堂上，抗髒倚門邊。」《錦繡萬花谷》前集卷38引作「骯髒」。李賢注：「抗髒，高亢婞直之貌也。」宋・孫奕《示兒編》卷22：「骯髒，音亢葬，蓋高抗倖直貌。」《梁書・太祖五王

〔註68〕胡文英《吳下方言考》卷4，收入《續修四庫全書》第195冊，上海古籍出版社2002年版，第34頁。
〔註69〕參見蕭旭《〈世說新語〉吳方言例釋》，收入《群書校補》，廣陵書社2011年版，第1378～1379頁。
〔註70〕段玉裁《說文解字注》，上海古籍出版社1981年版，第497頁。

傳》：「彼士流骯髒，有關輔餘風。」《喻世明言》第 40 回：「忠臣翻受奸臣制，骯臟英雄淚滿襟。」義同「抗髒」。《醒世恒言》第 18 回：「儻是個執性的，氣惱不過，骯臟送了性命，也未可知。」此例指脾氣大、任性。晉語謂心情煩悶爲「骯臟」，閩語謂肥胖爲「骯臟」，吳語謂甜得過分爲「骯瓢」，西南官話謂名聲響亮爲「喭邦」，客話謂臃腫不靈便爲「喭磅」〔註71〕，吳語又謂蠻不講理爲「喭邦」，皆一義之引申也。倒言則作「髒骯」，《篇海類編》：「髒，髒骯，蟠身。」

又音轉爲「鞅掌」，《詩·北山》：「或棲遲偃仰，或王事鞅掌。」毛傳：「鞅掌，失容也。」鄭箋：「鞅，猶何也。掌，謂捧之也。負何捧持以趨走，言促遽也。」孔疏：「傳以鞅掌爲煩勞之狀，故云失容。言事煩鞅掌然，不暇爲容儀也。今俗語以職煩爲鞅掌，其言出於此《傳》也。故鄭以鞅掌爲事煩之實，故言鞅猶荷也。」宋·范處義《詩補傳》：「說者謂鞅也掌也，皆所以拘物，謂爲王事所拘也，義亦通。」鄭、范二氏望文生訓，非也。馬瑞辰曰：「『鞅掌』二字疊韻，即『秧穰』之類。《說文》：『秧，禾若秧穰也。』《集韻》：『禾下葉多也。』禾之葉多曰秧穰，人之事多曰鞅掌，其義一也。《傳》言失容者，亦狀事多之貌。」〔註72〕俞樾曰：「毛傳之義簡略難明，鄭箋則望文生訓，殊非確詁。……『鞅掌』或亦『泱漭』、『坱圠』之比。《抱朴子》書屢用『鞅掌』字……其言『鞅掌』，皆是繁多之意。王事鞅掌，即可以此說之。」〔註73〕馬、俞二氏訓多，甚確。高本漢謂「『秧穰』不見於典籍，馬氏的解說更是無根的猜測」，高氏另列新說曰：「『鞅』的本字大蓋是『快』……『掌』是『惝』的假借字。」〔註74〕「快惝」亦不見於典籍，且不合詩意，高說不足信。《莊子·在宥》：「遊者鞅掌，以觀無妄。」《釋文》：「鞅掌，失容也，今此言自得而正也。」成疏：「鞅掌，眾多也。」林希逸注：「鞅掌，紛汩也。」《莊子·庚桑楚》：「鞅掌之爲使。」郭象注：「鞅掌，〔不〕自得。」〔註75〕《釋文》：「鞅掌，郭云：『鞅掌，〔不〕自得也。』

〔註71〕參見許寶華、宮田一郎《漢語方言大詞典》，中華書局 1999 年版，第 3515、5422 頁。

〔註72〕馬瑞辰《毛詩傳箋通釋》，中華書局 1989 年版，第 691 頁。

〔註73〕俞樾《茶香室經說》卷 3，轉引自劉毓慶等撰《詩義稽考》，學苑出版社 2006 年版，第 2402～2403 頁。

〔註74〕高本漢《詩經注釋》（董同龢譯），中華叢書編審委員會中華民國 49 年版，第 628 頁。

〔註75〕據宋·陳景元本補「不」字。

崔云：『輆掌，不仁意。』向云：『朴纍之謂。』司馬云：『醜貌也。』」林希逸注：「輆掌，猶支離也。」《六書故》：「輆掌，罷曳貌也。」明·朱謀㙔曰：「輆掌，困迫也。」〔註76〕馬其昶曰：「輆掌，紛擾也，猶秩穀。」〔註77〕馬敘倫曰：「『輆掌』乃急遽之義，今人所謂忙也。故《傳》以爲『失容』。」所說是也，但馬氏又謂「借掌爲忘」〔註78〕，則失之。呂惠卿曰：「輆掌，拘系貌。」林獨疑曰：「輆掌，謂制縛。」阮毓崧曰：「意謂國事在身，若馬輆在手，不容放棄也。」〔註79〕王先謙曰：「有輆在掌，言出遊也。」又曰：「輆掌，勞苦奔走之人。」〔註80〕王叔岷取郭注訓「自得」〔註81〕，並非是。陳奐曰：「『輆掌』疊韻連綿字，『輆掌，失容』，猶言倉皇失據耳。……崔譔云『輆掌，不仁意』，司馬彪云『醜貌』，並與『失容』義近。」所說是也，但陳氏謂《在宥》「輆掌」爲「浮游動容」之意〔註82〕，則失之。胡承珙曰：「『不仁』猶言手足不仁。不仁，則手容不能恭，足容不能重，即是失容之意。……郭象注云：『輆掌，自得也。』此則古訓詁多相反爲義。輆掌，不自如之貌，故反之爲自得。」〔註83〕尤不足信。章太炎曰：「《說文》：『黨，不鮮也。』……今人謂污垢曰黨，音如髒，借髒爲之。……抗髒，高亢婞直之貌。非污垢義也。案《說文》：『坱，塵埃也。』今人單言曰黨，重言曰坱黨。坱黨連言，猶輆掌也。世人誤書骯髒，單言黨者亦遂誤書髒矣。」〔註84〕黃侃曰：「黨，與『黭』轉注。今稱不潔曰髒，即《說文》之黨字。」〔註85〕「輆掌」、「骯髒」皆取「大」義，大則多，故事煩謂之輆掌，體胖、高亢婞直謂之骯髒，穢雜亦謂之骯髒，一義向不同方向引申之結果也。成疏「輆掌，眾多也」，最得。章氏判爲二義，亦偶疏矣。疑「輆掌」爲古楚語，故《莊子》用之。今

〔註76〕 朱謀㙔《駢雅》卷2，收入《叢書集成新編》第38冊，新文豐出版公司1985年版，第338頁。

〔註77〕 馬其昶《莊子故》，黃山書社1989年版，第77頁。

〔註78〕 馬敘倫《莊子義證》，收入《民國叢書》第5編，據商務印書館中華民國19年版影印，卷11第11頁。又卷23第1頁。

〔註79〕 上三說轉引自崔大華《莊子歧解》，中州古籍出版社1988年版，第354頁。

〔註80〕 王先謙《莊子集解》，中華書局1987年版，第95、196頁。

〔註81〕 王叔岷《莊子校詮》，中華書局2007年版，第396頁。

〔註82〕 陳奐《詩毛氏傳疏》，中國書店1984年據漱芳齋1851年版影印。

〔註83〕 胡承珙《毛詩後箋》，黃山書社1999年版，第1065頁。

〔註84〕 章太炎《新方言》卷2，收入《章太炎全集（七）》，上海人民出版社1999年版，第36頁。

〔註85〕 黃侃《說文段注小箋》，收入《說文箋識》，中華書局2006年版，第211頁。

安徽壽縣、淮南、鳳台方言尙謂事多煩忙爲「鞅掌」〔註86〕。

又音轉爲「餐屑」、「腤腤」、「媕臢」、「腌臢」、「唵嗜」、「腤臢」、「淹瓚」、「淹濳」、「唵啙」、「腌膌」、「腤膌」、「醃釄」，《玉篇》：「膌，腤膌。」又「膴，肉腤膌。」《集韻》：「膌，腤膌，烹也。」〔註87〕《周禮·冬官·考工記》：「侯用瓚。」鄭注：「瓚讀爲餐屑之屑。」宋·趙叔向《肯綮錄》：「不潔曰腌臢。」明·焦竑《俗書刊誤》卷11《俗用雜字》：「不淨曰媕臢。媕音奄。」《正字通》：「俗呼物不潔爲腌臢，亦書唵嗜，又作腌臢。」翟灝曰：「（『腤膌』、『媕臢』）無可徵求其本字，疑即爲『餐屑』。」〔註88〕朱起鳳說同〔註89〕。章太炎曰：「《說文》：『瓚，污灑也。』今通謂污灑爲瓚，或直謂污曰瓚。俗字作臢。重言曰腌臢，猶坱黲也。」〔註90〕章說非也，「瓚」同「濺」，俗字或作嗘、淺、湔〔註91〕，非「腌臢」義本字。例證參見顧學頡、王學奇《元曲釋詞（一）》〔註92〕。

又音轉爲「鏖糟」、「燠糟」、「庵糟」，《漢書·霍去病傳》：「合短兵鏖皋蘭下。」顏師古注引晉灼曰：「世俗謂盡死殺人爲鏖糟。」《朱子語類》卷72：「某嘗說，須是盡吐瀉出那肚裏許多鏖糟惡濁底見識，方略有進處。」《二程外書》卷11：「鏖糟陂裏叔孫通也。」宋·劉延世《孫公談圃》卷上作「燠糟鄙俚」，《能改齋漫錄》卷10引《談圃》作「燠糟陂裏」。宋·楊萬里《誠齋詩話》：「（米）元章喜，題塔云：『神護衛公塔，天留米老庵。』……蓋今人讀鏖爲庵，讀糟爲子甘切，添注遂成七言兩句云：『神護衛公爺塔颯，天

〔註86〕 參見石雲孫《「鞅掌」古今談》，《淮陰師專學報》2000年第1期；又收入《訓詁得義論》，安徽教育出版社2005年版，第212～216頁。

〔註87〕 「烹」何以謂之「腤膌」，余未知也，待訪博雅。

〔註88〕 翟灝《通俗編》卷34，收入《續修四庫全書》第194冊，上海古籍出版社1995年版，第616頁。

〔註89〕 朱起鳳《辭通》，上海古籍出版社1982年版，第1999頁。

〔註90〕 章太炎《新方言》卷2，收入《章太炎全集（七）》，上海人民出版社1999年版，第36頁。

〔註91〕 《說文》：「瓚，污灑也。一曰水中人。」段注：「《史記·廉藺傳》作濺，楊泉《物理論》作嗘。皆音子旦反。『中』讀去聲。」段玉裁《說文解字注》，上海古籍出版社1981年版，第565頁。《玄應音義》卷7：「唾瓚：又作瓚、嗘二形，同。」又卷14：「澆瓚：江南言瓚，山東言湔。《通俗文》：『傍沾曰湔也。』」又卷17：「澆瓚：又作嗘、濺二形，同。」《集韻》：「瓚，或作淺、湔、濺。」

〔註92〕 顧學頡、王學奇《元曲釋詞（一）》，中國社會科學出版社1983年版，第2～4頁。

留米老孃庵糟。』」元・陶宗儀《輟耕錄》卷 10：「俗語以不潔爲鏖糟。按《霍去病傳》「鏖皋蘭下」注：『以世俗謂盡死殺人爲鏖糟然。』義雖不同，却有所出。」明・岳元聲《方言據》卷上：「鏖糟，謂物之不淨者曰鏖糟。鏖，戰也。糟，酒滓也。《輟耕錄》云：『鏖如鏖戰之鏖，糟如醃物之糟，皆不潔之意。』」《輟耕錄》無此文，蓋岳氏誤記。姜勇仲認爲「鏖糟」是來源於「奧渫」、「爆糟」的複合詞，「奧」、「渫」二字均表濁義，同義連用〔註93〕。岳、姜二氏皆未得其語源。胡文英曰：「案鏖糟，執拗而使人心不適也。吳中謂執拗生氣曰鏖糟。」〔註94〕姜亮夫謂「抗髒」、「骯髒」、「軮掌」字又作「昂藏」、「嫜贓」、「鏖糟」、「骷髒」、「嫜贓」、「腌臢」、「唵嘖」〔註95〕。

又音轉爲「剺斸」，《俗用雜字》：「物未精細曰剺斸，俱去聲。」〔註96〕《越諺》卷中：「剺斸，『勞抄』，物未細淨。」〔註97〕《嘉定縣續志》卷5：「剺斸，俗言什物也。《集韻》：『物未精也。』音勞曹。」〔註98〕

又音轉爲「昂藏」、「岊藏」、「岊巆」，《集韻》：「藏，岊藏，山高貌。岊，岊藏，山高貌。」《五音集韻》：「岊，岊巆，山高貌。」晉・陸機《晉平西將軍孝侯周處碑》：「汪洋廷闕之傍，昂藏寮寀之上。」《水經注》卷9：「石壁崇高，昂藏隱天。」《畿輔通志》卷 116《云爾賦》：「北無垠也，垠以紫塞之岊巆。」倒言作「巆岊」，明・俞安期《衡嶽賦》：「其山也，遠而望之，崔萃嶒屼，崟隋崝嶸，嶒嵾峻嶇，巆岊隱嶙。」

又音轉爲「敖曹」，《搜神記》卷 1 魏成公智瓊贈弦超詩：「飄〔飈〕浮勃逢，敖曹雲石滋。」〔註99〕《北史・高昂傳》：「昂，字敖曹……（其父）

〔註93〕姜勇仲《釋「鏖糟」》，《周口師範學院學報》2008 年第 1 期，第 98～01 頁。柳建鈺《〈類篇〉新收字考辨與研究》，遼寧大學出版社 2011 年版，第 141～142 頁。柳氏誤「岳元聲」爲「魏濬」。

〔註94〕胡文英《吳下方言考》卷 5，收入《續修四庫全書》第 195 冊，上海古籍出版社 2002 年版，第 46 頁。

〔註95〕姜亮夫《昭通方言疏證》，收入《姜亮夫全集》卷 16，雲南人民出版社 2002 年版，第 122～24 頁。

〔註96〕陳士元《俗用雜字》，附於《歸雲別集》卷 25《古俗字略》卷 7，收入《四庫存目叢書・經部》第 190 冊，第 162 頁。焦竑《俗書刊誤》卷 11《俗用雜字》加以轉錄，收入景印文淵閣《四庫全書》第 228 冊，臺灣商務印書館 1986 年版，第 580 頁。

〔註97〕范寅《越諺》（侯友蘭等點注），人民出版社 2006 年版，第 195 頁。范氏以「勞抄」擬其音。

〔註98〕《嘉定縣續志》，民國十九年鉛印本。

〔註99〕《太平廣記》卷 61 引《集仙錄》作「飄飈浮勃逢，敖曹雲石滋」，據補「飈」

以其昂藏敖曹，故以名字之。」「敖曹」亦「昂藏」音轉〔註100〕，高貌。

又音轉爲「嘯嘈」、「嘰嘈」、「嘰嶆」、「膠聰」、「勞曹」、「勞嘈」，《廣韻》：「嘯，嘯嘈，聲也。」《集韻》：「嶆，嘰嶆，山貌。」又「聰，膠聰，耳鳴。」《文選·嘯賦》：「礚礚震隱，訇礚嘯嘈。」五臣本作「嘰嘈」，宋·戴植《鼠璞》卷上、宋·俞德隣《佩韋齋輯聞》卷3引作「勞曹」。李善註：「皆大聲也。嘯音勞，嘈音曹。」俞德隣注：「勞曹，刉怛貌。」戴植曰：「即今之『膠亂勞曹』字。」是宋時猶有「勞曹」之語也。唐·元稹《董逃行》：「董逃董逃董卓逃，揩鏗戈甲聲勞嘈。」明·高啓《夜飲丁二侃宅聽琵琶》：「轉關未奏雙索先，勞嘈咽切斷復連。」

又音轉爲「謑謲」，《廣韻》：「謑，謑謲，高兒。」又「謑，謑謲，麄急兒，又音牢。」

又音轉爲「毫曹」、「豪曹」等形〔註101〕，《越絕外傳記寶劍》：「使取毫曹。」《三國志·郤正傳》裴松之注、《文選·吳都賦》劉淵林注、《文選·七命》李善注、《玉海》卷151引作「豪曹」，《吳越春秋·闔閭內傳》、《博物志》卷6同。

又音轉爲「仿偟」、「彷徨」、「徬徨」、「傍偟」、「傍徨」、「方皇」、「方湟」、「旁皇」、「徬惶」、「祊禈」、「房皇」、「旁違」、「滂湟」、「旁徨」、「傍皇」、「坊皇」，《說文》：「禥，門內祭先祖，所以徬徨。」《玉篇》：「禈，祊禈，祭也。」又「彷，彷徨也，《詩》曰：『彷徨不忍去。』」《集韻》：「徬，徬惶，恐也。」又「禥，或作祊，通作閍。」《六書故》：「祊，宗廟之祭，明日繹於廟門外曰祊，不知神之所，在於彼乎，於此乎，索求之也。」故祭名爲「祊禈」，取義乎「仿偟」也。《廣韻》：「祊，廟門傍祭。」此解失之，未得語源。《國語·吳語》：「王親獨行，屏營仿偟於山林之中。」《御覽》卷707引作「徬徨」，《古今事文類聚》續集卷21引作「彷徨」。《史記·楚世家》：「靈王於是獨傍偟山中，野人莫敢入王。」《戰國策·魏策二》：「楚王登強臺而望崩山，左江而右湖，以臨彷徨，其樂忘死。」《淮南子·道應篇》作「方皇」，許慎注：「方皇，

字。《類聚》卷79、《法苑珠林》卷8引作「飄颻浮勃述，敖曹雲石滋」，「颻」字不脱，「述」則「逢」之譌。
〔註100〕參見郭在貽《魏晉南北朝史書語詞瑣記》，收入《郭在貽文集》卷3，中華書局2002年版，第38頁。
〔註101〕參見蕭旭《越王劍名義考》。

水名也，一曰山名。」《類聚》卷 28 引作「方湟」〔註102〕。《文選・與滿公琰書》李善註引《淮南子》高誘注：「方皇，大澤也。」《漢書・揚雄傳》《甘泉賦》：「溶方皇於西清。」《文選》五臣本作「彷徨」。顏師古曰：「方皇，彷徨也。」《荀子・禮論》：「方皇周挾。」《史記・禮書》作「房皇」。楊倞註：「方皇，讀爲彷徨，猶徘徊也。」《索隱》：「房音旁，旁皇，猶徘徊也。」《漢書・揚雄傳》《甘泉賦》：「近則洪厓旁皇，儲胥弩陛。」《後漢書・劉陶傳》：「見白駒之意，屏營傍徨，不能監寐。」宋・李之儀《與何知縣》：「然與言，每及，必雪涕滂湟而不已。」《路史》卷 14：「而徬徨乎壽宮。」宋・吳儆《勸學文》：「內顧旁遑，無所復有。」宋・李流謙《上樊運使書》：「旁徨四顧，無所依投。」宋・田錫《私試策》：「傍皇震恐，不知所裁。」方以智曰：「徬徨，一作『傍徨』、『徬惶』、『房皇』、『方皇』、『彷徨』，急則爲『張皇』，一作『徨偟（徨）』、『憧惶』，通爲『倉皇』、『蒼皇』。」〔註103〕尹灣漢簡《神烏傳》：「惟此三月，春氣始陽，眾鳥皆昌，執（蟄）蟲坊皇。」虞萬里曰：「坊皇，即方皇、仿偟、彷徨，不自安貌。」〔註104〕

又音轉爲「徬穜」，《說文》：「徬，徬穜，穀名。」《廣雅》：「徬穜，穄也。」《玉篇》同。考宋・蔡卞《毛詩名物解》卷 3：「穄，祭也，所以祭，故謂之穄。」《本草綱目》卷 23：「種穄者，必昜昜進力也。南人承北音，呼穄爲穄，謂其米可供祭也。」則「穄」名徬穜，與「徬徨」同源。《本草》前說謂「昜昜進力」，恐未是。

又音轉爲「彭亨」、「憉悙」、「膨脝」、「殏殏」、「殏殏」、「膨脝」，《玉篇》：「憉，憉悙，自強也。」又「膨，膨脝，脹兒。」又「殏，殏殏也。」《廣

〔註102〕《說苑・正諫》、《後漢書・邊讓傳》《章華賦》、《渚宮舊事》卷 1、2 並作「方淮」，劉文典曰：「皇、淮雙聲，古亦通用。」劉文典《淮南子校補》，收入劉文典《劉文典全集》卷 3，安徽大學出版社、雲南大學出版社 1999 年版，第 395 頁。劉氏謂「皇、淮雙聲通用」非也。《說苑》當作「南望獵山，下臨方〔皇，左江而右〕淮，其樂使人遺老而忘死」，今本脫五字，故以「方淮」連文。當據《戰國策》及《淮南子》補作。邊讓賦、《渚宮舊事》二文，殆據誤本《說苑》也。

〔註103〕方以智《通雅》卷 6，收入《方以智全書》第 1 冊，上海古籍出版社 1988 年版，第 244 頁。

〔註104〕虞萬里《尹灣漢簡〈神烏傳〉箋釋》，《訓詁論叢》第 3 輯，文史哲出版社 1997 年版，第 834 頁；又《學術集林》第 12 卷，上海遠東出版社 1997 年版，第 204 頁；又收入《榆枋齋學術論集》，江蘇古籍出版社 2001 年版，第 606 頁。

韻》：「懡，懡惇，自強。」又「脝，膨脝，脹也。」《集韻》：「彭，一曰彭亨，驕滿皃。」又「㿱，㿱㿱，胖也，或作痭。」又「惇，懡惇，自矜健貌。」又「膨，膨脝，大腹。脝，膨脝，腹滿貌。」又「㿱，㿱㿱，胖也。」又「膖，膨膖，大腹，或作膳。」《六書故》：「彭，借爲彭亨之彭，腹張貌也。」《龍龕手鑑》：「㿱，音彭，㿱㿱，死人脝也。」《詩・蕩》：「女炰烋於中國。」毛傳：「炰烋，猶彭亨也。」鄭箋：「炰烋，自矜氣健之貌。」孔疏：「汝既官不得人，徒彭亨然自矜莊以爲氣健。」《易・大有》《象》曰：「匪其彭。」《釋文》：「彭，子夏作旁。干云：『彭亨，驕滿貌。』姚云：『彭、旁徐音同。』」胡承珙曰：「『炰烋』當爲『咆哮』之借……『咆哮』者，嗥鳴作健之意……《傳》『彭亨』者，『炰烋』之轉，以今語釋古語耳。」〔註105〕馬瑞辰說同〔註106〕。二氏謂「炰烋」即「咆哮」，是也；但謂語轉爲「彭亨」，則非，二者語源不同。毛公謂「炰烋，猶彭亨」，只是語義相近耳。《御覽》卷720引北魏・高湛《養生論》：「尋常飲食，每令得所，多餐令人彭亨短氣，或致暴疾。」唐・韓愈《石鼎聯句》序：「龍頭縮菌蠢，豕腹漲彭亨。」陳啓源曰：「韓雖用毛語，而失其指矣。」〔註107〕陳氏斷爲二橛，不知「自矜氣健貌」即由「腹張貌」引伸而來，未能會通耳。《廣弘明集》卷10周帝宇文邕《周祖廢二教已更立通道觀詔》：「彭亨譎詭，調笑動人。」元、明本作「懡惇」。

又音轉爲「脝肛」、「胮肛」、「膖肛」、「胖肛」、「䏶肛」、「朦仁」、「䏶㬹」、「䇷簧」、「桻雙」、「踌蹐」，《玉篇》：「肛，腫也，脝肛也。」《集韻》：「肛，《埤倉》：『脝肛，腹脹也。』脝，脝肛，腫也，或作膗、痒、胖。」《六書故》：「脝，脝肛，虛張（脹）也。」《廣雅》：「脝肛、脧（膼）膡，腫也。」王念孫曰：「《玉篇》：『膼膡，腫欲潰也。』膼膡猶脝肛，語之轉耳。《大雅・蕩篇》：『女炰烋於中國。』毛傳云：『炰烋，猶彭亨也。』鄭箋云：『自矜氣健之貌。』彭亨之轉爲炰烋，猶脝肛之轉爲膼膡矣。膼各本訛作膧，今訂正。」〔註108〕王氏訂「膼」是也，《玉篇》、《廣韻》正作「膼」字；但王氏謂「炰烋」爲聲轉，亦失之。《廣韻》：「脝，脝肛，脹大貌。」《慧琳音義》

〔註105〕胡承珙《毛詩後箋》，黃山書社1999年版，第1392頁。
〔註106〕馬瑞辰《毛詩傳箋通釋》，中華書局1989年版，第940頁。
〔註107〕陳啓源《毛詩稽古編》卷21，收入阮元《清經解》，鳳凰出版社2005年版，第755頁。
〔註108〕王念孫《廣雅疏證》，收入徐復主編《廣雅詁林》，江蘇古籍出版社1998年版，第148～149頁。

卷 31：「《埤蒼》：『膧肛，腸胅也。』」又卷 60：「《古今正字》云：『膧肛，胅也。』」《慧琳音義》卷 66：「《集訓》云：『膧肛，滿胅大皃也。』《古今正字》作胖，亦作膧，膧肛，腸胅也。」《集韻》：「朦仁，肥大貌。」蔣禮鴻謂「朦仁」與「頹頹」、「沒忽」同源〔註 109〕，非也。宋·范成大《愛雪歌》：「氈衫胖肛束渾脫，絮帽匼匝蒙兜鍪。」故胅大之物亦名爲「膧肛」，疊韻字，「肛」又音變爲「雙」。《廣雅》：「艀舡，舟也。」又「胡豆，蜂蘷也。」《廣韻》：「艀，艀舡，船名。」又「舡，艀舡，船皃。」《集韻》：「艀，艀艭，船也。」又「舡，艀舡，舟名。」又「筡，筡籗，酒篘也。」又「桻，《說文》：『桻雙也。』」又「踤，踤蹀，竦立也。」《五音集韻》：「桻，桻籗，帆未張。」又「踤，踤蹀，堅立也。」各加偏旁以立名，其中心詞義則相同。倒言則作「江降」、「肛降」、「江絳」、「舡䑦」，敦煌寫卷 P.2718《尊人嗔約束》：「尊人嗔約束，共語莫江降。」P.3558 作「肛降」，P.3716 作「江絳」，P.3656 作「舡䑦」。朱鳳玉曰：「『肛膧』即『膧肛』。」〔註 110〕項楚曰：「江降，唐人俗語，形容撅嘴之貌。別本或作『肛降』、『江絳』、『舡䑦』，蓋俗語記音之字，本無定形。其倒文則作『膧肛』，本義爲腫貌。《廣雅》：『膧肛，腫也。』而努唇撅嘴亦如腫之凸出，故亦云『膧肛』，亦即『江降』也。」〔註 111〕

又音轉爲「岡㝠」、「岡浪」、「罔罞」、「岡罞」、「罔㝠」、「罔窴」、「罔閬」，《淮南子·道應篇》：「若我南遊乎岡㝠之野，北息乎沉墨之鄉，西窮窅冥之黨，東開鴻蒙之光。」《論衡·道虛》作「罔浪」，《三國志·郤正傳》裴松之注、《古今事文類聚》前集卷 34、《古今合璧事類備要》前集卷 50、又別集卷 87 引作「罔罞」，《御覽》卷 37 引作「岡罞」，《事類賦注》卷 6、《楚辭·遠遊》洪興祖《補注》引作「罔㝠」，《永樂大典》卷 8845、《天中記》卷 7、《藝彀》卷上引作「罔窴」。《史記·司馬相如傳》《哀二世賦》：「精罔閬而飛揚兮，拾九天而永逝。」

又音轉爲「濶㵂」，《神仙傳》卷 1：「我昔南遊乎洞㵂之野，北息乎沈默之鄉，西窮乎窈冥之室，東貫乎澒洞之光。」「洞㵂」爲「濶㵂」之形訛，《雲笈七籤》卷 109 引正作「濶㵂」。「濶㵂之野」即《淮南子》之「岡㝠之野」

〔註109〕蔣禮鴻《敦煌變文字義通釋》，收入《蔣禮鴻集》卷 1，浙江教育出版社 2001 年版，第 77～78 頁。
〔註110〕朱鳳玉《王梵志詩研究（下）》，臺灣學生書局中華民國 76 年初版，第 278 頁。
〔註111〕項楚《王梵志詩校注》，上海古籍出版社 1991 年版，第 463～464 頁。

也。

又音轉為「罔兩」、「魍魎」、「蜩蠅」、「罔閬」、「罔浪」、「罓兩」、「飀飀」、「魍魎」、「望兩」，《慧琳音義》卷 71：「魍魎：古文蜩蠅，二形同。」《左傳·宣公三年》：「螭魅罔兩，莫能逢之。」杜預注：「罔兩，水神。」《釋文》：「兩，本又作蠅，音同。罔兩，水神也。《說文》云：『山川之精物也。』」今本《說文》作「蜩蠅」。《周禮·春官·宗伯》鄭注引作「螭魅魍魎」。《國語·魯語下》：「木石之怪，夔、蜩蠅。」公序本作「罔兩」，《周禮·方相氏》鄭注、《左傳·宣公三年》孔疏、《後漢書·馬融傳》李賢注、《後漢書·禮儀志》劉昭注、《文選·思玄賦》李善注引並作「罔兩」，《說苑·辨物》亦作「罔兩」；《風俗通義·怔神》引作「魍魎」，《史記·孔子世家》作「罔閬」，《家語·辨物》作「魍魎」。《廣韻》：「蜩，蜩蠅。魍，魍魎，上同。」《諸佛要集經》卷 1：「承事若干，殊異魍魎。」宮本作「罔兩」。《廣弘明集》卷 15：「罔兩神影，餐服至言。」宋、元、明、宮本作「魍魎」。《楚辭·七諫·哀命》：「哀形體之離解兮，神罔兩而無舍。」洪興祖《補注》本作「罓兩」，注：「罓，一作罔。」王逸註：「罔兩，無所據依貌也。」「無所據依貌」亦虛空之義也。《淮南子·覽冥篇》：「浮游不知所求，魍魎不知所往。」〔註112〕《書鈔》卷 15 引作「罔兩」。《莊子·在宥》「浮游不知所求，猖狂不知所往」為《淮南》所本，「猖狂」猶言狂走不知所之也，亦無所據依貌，義同。漢·嚴遵《道德指歸論》卷 2：「蒙蒙不知所求，茫茫不知所之。」「茫茫」義亦同。《莊子·齊物論》：「罔兩問景曰。」郭象注：「罔兩，景外之微陰也。」《釋文》：「崔本作『罔浪』，云：『有無之狀』。」《文選·幽通賦》：「恐魍魎之責景兮，羌未得其云已。」李善注：「（《莊子》）郭象為『罔兩』，司馬彪為『罔浪』。」李周翰注：「魍魎，影外微陰也。」《淮南子·道應篇》：「此罔兩問於景曰：『昭昭者神明也。』」高誘注：「罔兩，水之精物也。」《龍龕手鑑》：「飀飀：上音罔（罔），下音兩。」又「罴、魉：音兩，魍魎也，狀如三歲小兒，黑赤色也。」皆取空虛之義。鍾泰曰：「罔兩，景外微陰，即有二光時，景外別一景也，故曰兩。曰罔者，言其罔罔然若有若無也。」〔註113〕陳煒舜曰：「罔，無也。兩，二也。」〔註114〕胥失之。敦煌寫卷 S.3050：「不先是下界腰（妖）精望兩。」

〔註112〕《書鈔》卷 15 引「求」誤作「來」。

〔註113〕鍾泰《莊子發微》，上海古籍出版社 2002 年版，第 61 頁。

〔註114〕陳煒舜《釋「罔兩」》，《海南師範學院學報》2005 年第 6 期。

　　又音轉爲「方相」、「方良」、「方皇」，《集韻》：「蛧，或作蝄、魍、方。」《六書故》：「木石之怪亦曰罔兩，謂其薄有景象也。亦作『方良』。」又「罔兩，通作『方良』，別作『魍魎』。」蓋以虛空之景象命名鬼物也。《周禮·夏官·方相氏》：「方相氏，掌蒙熊皮，黃金四目，玄衣朱裳，執戈揚盾，帥百隸而時難，以索室敺疫。」《晉書·庾翼傳》：「翼如厠，見一物如方相，俄而疽發背。」《周禮·夏官·方相氏》：「以戈擊四隅，敺方良。」鄭註：「方良，罔兩也。《國語》曰：『木石之怪，夔、罔兩。』」《釋文》：「方良，上音罔，下音兩。」段玉裁曰：「案不言讀爲『罔兩』者，此古語以言相傳，本無正字。」〔註115〕《文選·東京賦》：「斬蝬蛇，腦方良。」李善注：「方良，草澤之神也。」高步瀛曰：「『罔兩』即『蛧蝄』之借字，與『方良』並疊韻，字通。」〔註116〕《莊子·達生》：「水有罔象，野有方皇。」高步瀛曰：「『方皇』與『方良』音亦相近，疑皆一類。」所說是也，但又謂「諸說詭怪不經，莫可究詰」，以「罔象」與「罔兩」爲異〔註117〕，則猶未達一間。諸詞所命名之鬼物雖不同，但語源相同，皆取虛妄之義。

　　又音轉爲「罔象」、「罔像」、「蛧像」、「蛧象」，《說苑·辨物》：「木之怪夔、罔兩，水之怪龍、罔象。」唐·段成式《酉陽雜俎》卷13引《周禮》：「方相氏敺罔象。」是「罔象」即「方良」，亦即「罔兩」也。考《說文》：「蛧，蛧蝄，山川之精物也。淮南王說：蛧蝄狀如三歲小兒，赤黑色，赤目長耳，美髮。」《玉篇》：「魍，魍魎，水神，如三歲小兒，赤黑色。」《莊子·達生》《釋文》：「罔象，司馬本作『無傷』，云狀如小兒，赤黑色，赤爪，大耳長臂，一云水神名。」《搜神記》卷12、《法苑珠林》卷11並引《夏鼎志》：「罔象如三歲兒，赤目黑色，大耳長臂，赤爪，索縛則可得。」所說「蛧蝄」、「罔象」形狀相同，是一物無疑也。《關尹子·四符篇》：「浮游罔象，無所底止。」《文選·東京賦》：「殘夔魖與罔像。」五臣本作「罔象」。《文選·海賦》：「天吳乍見而彷彿，蛧像暫曉而閃屍」《古今事文類聚》前集卷15引作「蛧象」。呂向注：「天吳、蛧像，並海神也。」《文選·洞簫賦》：「薄索合遝，罔象相求。」李善注：「罔象，虛無罔象然也。」亦可單言「象」，《楚辭·遠遊》：「蟲象並出。」倒言則作「象罔」，《莊子·天地》：「遺其玄

〔註115〕段玉裁《周禮漢讀考》，收入阮元《清經解》，鳳凰出版社2005年版，第5021頁。

〔註116〕高步瀛《文選李注義疏》，中華書局1985年版，第705頁。

〔註117〕高步瀛《文選李注義疏》，中華書局1985年版，第705頁。

珠，使知索之而不得，使離朱索之而不得，使喫詬索之而不得也，乃使象罔，象罔得之。」《淮南子·人間篇》作「使忽恍而後能得之」，「忽恍」亦虛無之義。劉瑞明曰：「罔者，亡也，無也。象者，像也。罔象，什麼也不像。」〔註118〕劉說未是。

又音轉爲「無傷」、「亡傷」、「狐祥」、「孤傷」，《莊子·達生》：「水有罔象。」《釋文》：「罔象，如字，司馬本作『無傷』。」《搜神記》卷16：「《尸子》曰：『地中有犬，名曰地狼；有人，名曰無傷。』《夏鼎志》曰：『掘地而得豚，名曰邪；掘地而得人，名曰聚。聚，無傷也。』」睡虎地秦簡《日書》甲《詰咎》：「人恒亡赤子，是水亡傷取之。」劉樂賢曰：「水亡傷即水罔象。」〔註119〕《戰國策·秦策四》：「鬼神狐祥無所食。」《史記·春申君傳》作「孤傷」，《新序·善謀》作「潢洋」。鮑彪註：「狐祥，狐之爲妖者。」鮑氏望文生訓也。姜亮夫曰：「『方相』、『無傷』皆同族矣。」〔註120〕

又音轉爲「潣瀁」、「罔養」，《楚辭·遠遊》：「覽方外之荒忽兮，沛潣瀁而自浮。」朱熹注：「潣瀁，一作罔象。潣瀁，水盛貌。」《後漢書·馬嚴傳》：「於是宰府習爲常俗，更共罔養，以崇虛名。」李賢注：「罔養，猶〔無〕依違也。」〔註121〕方以智曰：「履按：罔養猶之罔象，是亦一義。」〔註122〕朱起鳳曰：「『罔養』是虛無之義，象、養疊韻，古每通叚。『潣瀁』亦作『潣潒』，是其例矣。」〔註123〕

又音轉爲「汪洋」、「汪漾」，《楚辭·九懷·蓄英》：「臨淵兮汪洋，顧林兮忽荒。」王逸注：「瞻望大川，廣無極也。」洪興祖注：「汪洋，晃養二音。」漢·揚雄《蜀都賦》：「於汜則汪汪漾漾，積土崇隄。」元·陳孚《李陵臺約應奉馮昂霄同賦》：「可望不可到，血淚墮汪漾。」姜亮夫曰：「『罔象』一詞本虛無而又似可形之意……『汪洋』亦即『罔象』之聲轉，字又作『罔像』……聲轉爲『罔兩』。」〔註124〕

〔註118〕劉瑞明《確釋「墳羊」及其系列詞語》，《寧夏大學學報》2006年第2期。

〔註119〕劉樂賢《睡虎地秦簡日書〈詰咎篇〉研究》，《考古學報》1993年第4期，第442頁。

〔註120〕姜亮夫《楚辭通故（一）》，收入《姜亮夫全集》卷1，雲南人民出版社2002年版，第219頁。

〔註121〕「無」字據元·陳仁子《文選補遺》卷12引補。

〔註122〕方以智《通雅》卷6，收入《方以智全書》第1冊，上海古籍出版社1988年版，第245頁。

〔註123〕朱起鳳《辭通》，上海古籍出版社1982年版，第1510頁。

〔註124〕姜亮夫《楚辭通故（一）》，收入《姜亮夫全集》卷1，雲南人民出版社2002

又音轉爲「汪郎」、「汪浪」、「汪囊」、「汪瀼」，《釋名》：「羹，汪也，汁汪郎也。」〔註125〕唐·柳宗元《夢歸賦》：「魂恍惚若有亡兮，涕汪浪以隕軾。」舊注：「浪，音郎。」今吳方言形容淚流，猶謂之「汪郎汪郎」。元·陶宗儀《說郛》卷34引呂居仁《軒渠錄》：「天色汪囊，不要喫溫吞蠟託底物事。」自注：「汪，去聲。」翟灝曰：「『汪囊』正當作『汪郎』耳。」〔註126〕明·朱右《震澤賦》：「其澤則汪洋滈汗，洶湧瀹瀰。」《明文海》卷9作「汪瀼」。友人龐光華博士謂「汁汪郎」是一詞，「汪郎」不是疊韻聯綿詞〔註127〕，非也。

又音轉爲「潢洋」、「潢漾」、「潢瀁」，《玄應音義》卷20：「潢瀁，經文作洸洋。」《慧琳音義》卷16「潢瀁，經文作滉漾，亦通也。」《楚辭·九辯》：「然潢洋而不可帶。」《玄應音義》卷8、20、《慧琳音義》卷16引作「潢瀁」。王逸注：「潢洋，猶浩蕩。不著人貌也。」洪興祖注：「潢音晃，戶廣切，水深廣貌。洋音養。滉瀁，水貌。」《楚辭·九歎》：「赴陽侯之潢洋兮。」洪興祖注：「潢洋，水深貌。」《史記·司馬相如傳》《上林賦》：「灝溔潢漾。」《正義》：「晃養二音，郭云：『皆水無涯際也。』」朱謀㙔曰：「潢漾，淼漫也。」〔註128〕

又音轉爲「洸洋」、「洸瀁」、「滉漾」、「滉瀁」、「晃燒」、「瀇瀁」、「瀇洋」、「恍愰」、「曠瀁」、「曠漾」、「愰漾」，《玉篇》：「滉，滉瀁，波也。」《廣韻》：「滉，滉瀁，水皃。」《集韻》：「洸，或作潢。」又「瀁、漾、瀁：滉漾，水皃，或从恙、从象。」又「滉，或作潢、瀇、洸。」又「愰，恍愰，心不定。」《六書故》：「滉，水盛滿滉漾也，或作瀇。」《史記·老莊列傳》：「其言洸洋自恣以適己。」《索隱》：「洸洋，音汪羊二音，又音晃養，亦有本作潢字。」《論衡·案書篇》：「鄒衍之書，瀇洋無涯。」魏·曹植《節遊賦》：「望洪池之滉漾，遂降集乎輕舟。」《曹子建集》卷1作「滉瀁」。曹植《寶

年版，第218～219頁。

〔註125〕「羹」原作「嘆」，據《初學記》卷26、《御覽》卷861引改。「羹」當採《集韻》讀盧當切，《左傳·昭公十一年》《釋文》：「羹，舊音郎。」《漢書·地理志》顏注「羹，音郎。」

〔註126〕翟灝《通俗編》卷34，收入《續修四庫全書》第194冊，上海古籍出版社1995年版，第616頁。

〔註127〕龐光華《論漢語上古音無複輔音聲母》，中國文史出版社2005年版，第506頁。

〔註128〕朱謀㙔《駢雅》卷1，收入《叢書集成新編》第38冊，新文豐出版公司1985年版，第336頁。

刀賦》:「垂華紛之葳蕤，流翠采之溈瀁。」《御覽》卷 346 引作「晃㷍」。晉・
潘尼《東武館賦》:「彌望遠覽，溈瀁夷泰。」《三國志・薛綜傳》:「洪流溈
瀁。」《通鑑》卷 72 同，胡三省註:「溈瀁，水深廣貌。」陳・劉刪《汎宮
亭湖》:「溈瀁疑無際，飄揚似度空。」《六度集經》卷 8:「不覩佛經汪洋無
外。」宋、元、明本作「溈瀁」，《慧琳音義》卷 33「沆瀁」條指出「經文
作洸洋」。唐・韓愈《和崔舍人詠月》:「風臺觀溈瀁，冰砌步青熒。」魏仲
舉注:「溈，一作洸，音晃。」宋・王柏《跋蘇愚翁垂死兩日前分韻詩》:「彼
以偈頌歌詩張皇愰瀁者，是不安于死者之所爲，觀此可以知愧矣。」姜亮夫
曰:「(瀁洋)，以語音求之，則與『潢瀁』、『潢漾』、『潢漾』、『汪洋』皆同
音。」〔註 129〕戴淮清曰:「『漪』yi 轉 ng 則爲『瀁』、『漾』、『泱』、『洋』yang，
以上含 ng 聲諸字轉則爲『潒』、『蕩』dang，再轉 h 則爲『沆』hang 或『溈』、
『潢』huang，再轉 g 則爲『洸』、『瀇』guang，以上含 ng 聲諸字轉 w 爲『汪』
wang，轉 m 則爲『漭』、『茫』mang。」〔註 130〕

又音轉爲「瀇瀁」、「曠瀁」、「曠漾」，《六書故》:「溈，水盛滿溈漾也，
或作瀇。」《淮南子・冥覽篇》:「潦水不泄，瀇瀁極望。」魏・陳琳《神女
賦》:「望陽侯而瀇瀁，覩玄麗之軼靈。」《後漢書・馬融傳》《廣成頌》:「瀇
瀁沆漭。」《文選・長笛賦》:「曠瀁敞罔。」唐・蘇源明《秋夜小洞庭離讌
詩并序》:「遲夷傍徨，眇緬曠漾。」方以智曰:「洸洋，一作『潢洋』、『瀇
瀁』、『潢漾』，通爲『曠漾』、『罔養』。」〔註 131〕吳玉搢曰:「洸洋、潢洋、
瀇瀁、潢漾、沆瀁，溈瀁也。」〔註 132〕

又音轉爲「望洋」、「盳洋」、「望羊」、「望陽」、「望佯」、「亡陽」〔註 133〕，
《集韻》:「盳，盳洋，仰視皃。」《莊子・秋水》:「於是焉河伯始旋其面目，
望洋向若而歎曰。」《釋文》作「盳洋」，云:「盳，莫剛反，又音旁，又音

〔註 129〕姜亮夫《楚辭通故（四）》，收入《姜亮夫全集》卷 4，雲南人民出版社 2002
　　　　年版，第 577 頁。
〔註 130〕戴淮清《漢語音轉學》，中國友誼出版社 1986 年版，第 15 頁。
〔註 131〕方以智《通雅》卷 6，收入《方以智全書》第 1 冊，上海古籍出版社 1988 年
　　　　版，第 245 頁。
〔註 132〕吳玉搢《別雅》卷 3，收入景印文淵閣《四庫全書》第 222 冊，臺灣商務印
　　　　書館 1986 年初版，第 702 頁。
〔註 133〕俞敏曰:「『望洋』是 m－d－根的連綿字，跟它同根的還有『沐禿』、『懵憧』、
　　　　『荼蕩』、『酩酊』……。」俞敏《古代漢語裏的俚俗詞源》，《燕京學報》第
　　　　36 期（1936 年）。「懵憧」、「酩酊」之語源爲「蒙童」，倒言爲「童蒙」，與「望
　　　　洋」語源不同，俞說失之。另參見蕭旭《「酩酊」考》。

望，本亦作望。洋，音羊，司馬、崔云：『盰洋，猶望羊，仰視貌。』」成疏：「望洋，不分明也。」羅勉道曰：「望洋者，目迷茫之貌。」〔註134〕楊柳橋曰：「望洋，與『汪洋』通。」〔註135〕諸義並相因，義根是「大」。鍾泰曰：「望、盰聲通，蓋茫然自失貌……故以『望洋』解作望海者，固非；謂之遠望與仰視者，亦非也。」〔註136〕林定川謂「望洋」不訓仰視貌，乃悵然若失、自愧不如之貌〔註137〕，猶未會通，未達一間也。林希逸注：「洋，海中也。」桂馥曰：「望羊，字又作『洋』，正作『陽』。信案：望陽，言能視太陽。」〔註138〕郭慶藩曰：「洋、羊皆叚借字，其正字當作陽，言望視太陽也。太陽在天，宜仰而觀，故爲仰視。」〔註139〕王國珍曰：「『望羊』釋爲『仰視』，乃望文生訓……『望羊』的義根是『模糊不清』。」〔註140〕黃金貴曰：「望羊，望視之羊。陽當爲羊的同音通假。」〔註141〕胥失之。馬敍倫曰「揚乃美目之稱，揚借爲縢」，亦失之；而馬氏又謂「望洋」爲遠大之義〔註142〕，則得之。《晏子春秋‧諫上》：「杜扃望羊待於朝。」孫星衍曰：「望羊，猶仿佯。」〔註143〕于鬯曰：「或云：『望羊』或轉是人名。」〔註144〕孫說是，于說非也。《樂府詩集》卷57《文王操》：「興我之業，望羊來兮。」望羊亦猶仿佯。徐㷸曰：「望羊，言如羊之望視。」〔註145〕失之。《史記‧孔子世家》：「眼如望羊。」《集解》引王肅曰：「望羊，望羊視也。」《家語‧辯樂解》：「曠如望羊。」王肅注：「望羊，遠視也。」是「望羊」即曠然遠視貌也。《釋名‧釋姿容》：「望佯。佯，陽也。言陽氣在上，舉頭高，似若望之然也。」

〔註134〕轉引自崔大華《莊子歧解》，中州古籍出版社1988年版，第466頁。

〔註135〕楊柳橋《莊子譯詁》，上海古籍出版社1991年版，第311頁。

〔註136〕鍾泰《莊子發微》，上海古籍出版社2002年版，第363頁。

〔註137〕林定川《詞義札記》，《語文研究》1990年第2期。

〔註138〕桂馥《札樸》，中華書局1992年版，第144頁。其「信案」，「信」未知何人。

〔註139〕郭慶藩《莊子集釋》，中華書局1961年版，第562頁。

〔註140〕王國珍《「望羊」考》，《阜陽師範學院學報》2002年第4期。

〔註141〕黃金貴《「望羊」義考》，《辭書研究》2006年第4期。又黃金貴《〈莊子‧秋水〉「望洋」新詁》，《浙江大學學報》2006年第3期。

〔註142〕馬敍倫《莊子義證》，收入《民國叢書》第5編，商務印書館中華民國19年版卷17，第1～2頁。

〔註143〕孫星衍《晏子春秋音義》卷上，收入《諸子百家叢書》，上海古籍出版社影印浙江書局本1989年版，第63頁。

〔註144〕于鬯《香草續校書》，中華書局1963年版，第97頁。

〔註145〕徐㷸《徐氏筆精》卷2，收入《叢書集成續編》第17冊，新文豐出版公司1988年印行，第442頁。

劉說未得語源。畢沅《疏證》：「望羊，本皆作『望佯』，非也。」又引蘇輿曰：「《洪範・五行傳》鄭注：『羊畜之遠視者屬視。』故遠望取義於羊。」〔註146〕連登崗因謂「『仰視』義最初得自於羊的視覺狀態」〔註147〕，亦胥失之。《白虎通・聖人》：「武王望羊。」《論衡・語增》：「武王之相，望羊而已。」《論衡・骨相》作「武王望陽」。《金樓子・興王篇》：「周武王發望羊高視。」是「望羊」正高視貌也。單言作「望」，《左傳・哀公十四年》：「望視。」杜注：「目望陽。」方以智曰：「今曰羊眼人。」〔註148〕今吳語謂之「羊白眼」。《莊子・人間世》：「迷陽迷陽，無傷吾行。」郭注：「迷陽，猶亡陽也。」洪頤煊曰：「亡陽，即望羊，古字通用。」〔註149〕

又音轉爲「芒洋」、「忙祥」、「茫洋」、「芒羊」，漢・嚴遵《道德指歸論》卷3：「芒洋浮游，失其所惡，而獲其所求。」北圖藏敦煌寫卷8437號《八相變》：「顏色忙祥，愁憂不止。」唐・韓愈《雜說》：「茫洋窮乎玄間。」唐・柳宗元《愚溪對》：「吾茫洋乎無知。」唐・劉蛻《山書》：「予於山上著書一十八篇，大不復物意，茫洋乎無窮，自號爲《山書》。」唐・孫樵《罵僮志》：「孫樵既黜於有司，忽悗乎若病醒之未醒，茫洋若癡人之瞑行。」宋・陸游《午睡覺復酣臥至晚戲作》：「枕痕著面眼芒羊，欲起元無抵死忙。蔣禮鴻解「忙祥」三詞爲「迷惘昏眊的樣子」〔註150〕，近之。其中心詞義亦爲廣遠。唐・柳宗元《答問》：「語其德則皆茫洋深閎。」

又音轉爲「莽洋」、「溔洋」、「溔瀁」、「溔蕩」、「莽瀁」、「済瀁」，《楚辭・九辯》：「莽洋洋而無極兮。」《家語・致思》：「賜願使齊、楚合戰於溔瀁之野。」王肅注：「溔瀁，廣大之類（貌—貌）。」《書鈔》卷40、118引作「溔洋」〔註151〕，《御覽》卷308引作「溔蕩」，又卷463引作「莽瀁」，《說苑・指武》亦作「溔洋」。「溔瀁之野」即《淮南子》之「岡宴之野」也。《後漢書・明帝紀》：「溔瀁廣溢，莫測垠岸。」《冊府元龜》卷496作「済瀁」。《宋

〔註146〕畢沅、王先謙《釋名疏證補》，中華書局2008年版，第88頁。
〔註147〕連登崗《〈莊子〉「望洋」釋義辨》，《青海師專學報》2005年第3期。
〔註148〕方以智《通雅》卷14，收入《方以智全書》第1冊，上海古籍出版社1988年版，第634頁。
〔註149〕洪頤煊《莊子叢錄》，收入《讀書叢錄》卷14，《續修四庫全書》第1157冊，上海古籍出版社2002年版，第680頁。
〔註150〕蔣禮鴻《敦煌變文字義通釋》，收入《蔣禮鴻集》卷1，浙江教育出版社2001年版，第319頁。
〔註151〕《書鈔》據孔本，陳本作「溔瀁」。

書·王微傳》：「公孫碎毛髮之文，莊生縱澕瀁之極，終不能舉其契，爲之辭矣。」「澕瀁」即「洸洋」之音轉也。《佛說如來興顯經》卷 3：「盪合澕瀁。」重言作「澕澕蕩蕩」、「莽莽蕩蕩」，敦煌寫卷 P.2104《禪門秘要訣》：「豁達空，撥因果，澕澕蕩蕩招殃禍。」唐·玄覺《永嘉證道歌》卷 1 作「莽莽蕩蕩」。

又音轉爲「沆瀁」，《慧琳音義》卷 33「沆瀁」條引《楚辭》「沆瀁而不可滯」，今本《楚辭》作「潢洋而不可帶」。《文選·吳都賦》：「頹溶沆瀁。」又《海賦》：「沖瀜沆瀁。」李善註：「沖瀜沆瀁，深廣之貌。」又《江賦》：「極望數百，沆瀁皛溔。」李善注：「沆瀁，廣大之貌。」又《雜體詩》：「飄颻可終年，沆瀁安是非。」《古詩紀》卷 86 注：「沆，一作滉。」張銑注：「沆瀁，廣大貌。」

又音轉爲「徜徉」、「倘佯」、「尚羊」、「常羊」、「相羊」、「相徉」、「儴徉」、「儴佯」、「襄羊」、「倡佯」、「常翔」、「相翔」、「彷徉」、「仿佯」、「方佯」〔註 152〕。

字或作「方羊」、「方洋」、「仿洋」、「仿佯」、「滂洋」、「尚陽」、「傍佯」、「儻佯」、「儻徉」、「瀁瀁」，《左傳·哀公十七年》：「衡流而方羊。」《可洪音義》卷 12：「仿佯：上音房，下音羊。徙倚也，謂閒暇遊行貌也。」又「傍佯：上房下羊。」姜亮夫謂「仿佯」音轉爲「傍偟」〔註 153〕。鄭賢章曰：「傍佯，聯縣詞，與『仿佯』同。」〔註 154〕《詩·汝墳》孔疏、《說文繫傳》「裔」字條引作「彷徉」，《後漢書·東平憲王蒼傳》李賢注引作「仿佯」。竹添光鴻曰：「『彷徉』、『仿佯』皆後加偏旁字。」〔註 155〕明·陸粲《左傳附注》卷 3：「方羊，通作『彷徉』。」朱鶴齡《讀左日鈔》卷 12、楊伯峻《春秋左傳注》說並同〔註 156〕。《淮南子·原道篇》：「逍遙于廣澤之中，而仿洋于山峽之旁。」《水經注》卷 33 引作「傍偟」，《玉篇殘卷》引作「仿佯」，《蜀中

〔註 152〕參見方以智《通雅》卷 6，收入《方以智全書》第 1 冊，上海古籍出版社 1988年版，第 244 頁。姜亮夫《詩騷聯綿字考》說略同，收入《姜亮夫全集》卷 17，雲南人民出版社 2002 年版，第 360 頁。

〔註 153〕姜亮夫《詩騷聯綿字考》，收入《姜亮夫全集》卷 17，雲南人民出版社 2002年版，第 332 頁。

〔註 154〕鄭賢章《〈新集藏經音義隨函錄〉研究》，湖南師範大學出版社 2007 年版，第 512 頁。

〔註 155〕竹添光鴻《左氏會箋》，天工書局中華民國 87 年版，第 2002 頁。

〔註 156〕楊伯峻《春秋左傳注》，中華書局 1990 年版，第 1710 頁。

廣記》卷 21 引作「傍皇」,《喻林》卷 43 引作「徜徉」。《漢書・吳王濞傳》:
「方洋天下。」《史記》作「彷徉」。顏師古曰:「方洋,猶翱翔也。」《漢書・
禮樂志》:「神嘉虞,申貳觴。福滂洋,邁延長。」顏師古注:「滂洋,饒廣
也。」《文選・高唐賦》:「滂洋洋而四施兮,蓊湛湛而不止。」《古文苑》卷
6 後漢・黃香《九宮賦》:「聊優游以尚陽。」章樵註:「尚陽,一作徜徉。」
《皇王大紀》卷 13:「將封之,箕子不受,儻佯而去。」宋・張嵲《偶書春
物》:「囚拘愴茲晨,儻佯悲前躅。」字或作「搶佯」、「搶翔」,唐・杜甫《杜
鵑行》:「跳枝竄葉樹木中,搶佯瞥捩雌隨雄。」《文苑英華》卷 345、《古今
事文類聚》後集卷 44 作「搶翔」。仇兆鰲《詳註》引邵注:「搶佯,飛掠有
似倡狂。」明・桑悅《南都賦》:「恍難像兮忽難傳,浮瀁瀁兮棲無邊。」孫
德宣謂「望洋」、「眈洋」、「望羊」、「望陽」、「望佯」與「茫洋」、「滂洋」、「澘
瀁」、「方羊」、「仿佯」、「彷徉」皆一音之轉〔註 157〕,是也;但謂不可分訓
云云,猶拘於成說。

又音轉爲「兂羊」,楚帛書乙 9:「四辰兂羊。」劉信芳曰:「兂羊,猶相
羊。」〔註 158〕

又音轉爲「將陽」,《玉燭寶典》卷 5 引《尚書大傳》:「儀(義)伯之樂,
舞將陽,其歌聲比大謠,名曰《未竿(朱竿)》。」〔註 159〕鄭玄注:「將陽,言
象物之秀賁(實)動搖也。竿,大也。」〔註 160〕朱駿聲曰:「將陽,猶相羊也。」
〔註 161〕裴學海曰:「『將陽』與『相羊』同,『相羊』與『徜徉』同。」〔註 162〕
睡虎地秦簡《法律答問》:「不會,治(笞);未盈卒歲得,以將陽有(又)行
治(笞)。」整理者注:「將陽,係疊韻連語,在此意爲遊蕩。」〔註 163〕又《封
診式》:「以二月丙子將陽亡。」〔註 164〕張家山漢簡《奏讞書》:「其士五(伍)
武曰:將陽亡而不盜傷人。」〔註 165〕《里耶秦簡》:「卅五年遷陵貳春鄉積戶

〔註 157〕孫德宣《釋「望洋」》,收入《楊樹達誕辰百周年紀念集》,湖南教育出版社
       1985 年版,第 61～62 頁。
〔註 158〕劉信芳《楚簡帛通假彙釋》,高等教育出版社 2011 年版,第 133 頁。
〔註 159〕《玉海》卷 103、125 引「儀」作「義」,「未竿」作「朱于」,《說郛》卷 57
       引陶潛《群輔錄》亦同。
〔註 160〕《資治通鑑前編》卷 2 引「賁」作「實」。
〔註 161〕朱駿聲《說文通訓定聲》,武漢市古籍書店 1983 年版,第 901 頁。
〔註 162〕裴學海《評高郵王氏四種》,《河北大學學報》1962 年第 2 期,第 63 頁。
〔註 163〕《睡虎地秦墓竹簡》,文物出版社 1990 年版,第 131 頁。
〔註 164〕《睡虎地秦墓竹簡》,文物出版社 1990 年版,第 163 頁。
〔註 165〕《張家山漢墓竹簡(247 號墓)》(釋文修訂本),文物出版社 2006 年版,第

二萬一千三百☒，毋將陽闌亡乏戶。」〔註166〕

　　又音轉爲「莽黨」、「漭瀁」、「漭盪」、「漭蕩」、「潒蕩」、「潒盪」、「莽蕩」、「瞦眽」、「泱瀁」，《說文》：「曠，目無精直視也。」又「黨，不鮮也。」《繫傳》並曰：「臣鍇曰：莽黨然也。」《六書正譌》：「黨，莽黨不明之意。」《廣韻》：「眽，瞦眽，目疾。」《集韻》：「瀁，漭瀁，水兒。」《水經注》卷9：「巨石碨砢交積，隍澗傾瀾漭盪，勢同雷轉。」一本作「潒蕩」，《御覽》卷64引作「莽蕩」。又卷27：「洪波潒盪，溮浪雲頹。」吳・陸璣《詩疏》卷下、《御覽》卷62、《爾雅翼》卷28引並作「漭盪」，《御覽》卷69引作「奔蕩」。「奔」爲「潒」脫誤。《弘明集》卷13王該《日燭》：「周大虛以遊眺，究漭蕩而無垠。」唐・李白《送王屋山人》：「烟縣橫九疑，漭蕩見五湖。」一作「蕩潒」，一作「潒蕩」。唐・高適《鶻賦》：「野莽蕩而風緊，天崢嶸而日曠。」宋・晁公遡《憫孤賦》：「絕楚澤之泱瀁兮。」

　　又音轉爲「峚𡾤」、「屸𡾤」、「砣碭」、「芒碭」、「碙碭」，《廣韻》：「峚，峚𡾤，山兒。」又「砣，砣碭，山名，《史記》本只作芒。」《集韻》：「峚，峚𡾤，山形。」又「𡾤，屸𡾤，山名。」又「砣、屸、碙：砣碭，山名，或从山从芒，通作芒。」唐・楊炎《承天皇后哀冊文》：「適於碙碭之野，進於閶闔之門。」「碙碭之野」即《淮南子》之「岡㝐之野」也。倒言則作「𡾤峚」、「𡾤嶸」、「嶙嶸」、「唐嶸」，《廣韻》：「𡾤，𡾤峚，山兒。」《集韻》：「嶸、峚：𡾤嶸，山兒，或从芒。」《文選・南都賦》：「其山則崆峒嶱㠍，𡾤峚嶚刺。」五臣作「𡾤嶸」。李善註：「𡾤峚，山石廣大之貌也。」梁・江淹《扇上綵畫賦》：「山乃嶄巖鬱峍，路必嶙嶸崎嶔。」明・盧枏《天目山賦》：「蹶崎石，觸唐嶸。」

　　又音轉爲「旁唐」、「磅唐」、「磅磄」、「嵭嵣」、「傍塘」、「滂溏」，《史記・司馬相如傳》《上林賦》：「瑐玉旁唐。」《索隱》引郭璞云：「旁唐，言盤薄。」《漢書》顏師古注：「唐字本作碭。」《文選・長笛賦》：「酆琅磊落，駢田磅唐。」李善註：「磅唐，廣大盤礴也。宋玉《笛賦》曰：『磅唐千仞。』」李周翰注：「磅唐，聲四布多貌。」《類聚》卷44、《文選・上林賦》李善註引宋玉《笛賦》作「磅磄」，《古文苑》卷2引宋玉《笛賦》作「磅磄」，《古今事文類聚》續集卷23引作「傍塘」。章樵註：「磅磄，言盤礴也。」晉・王嘉《拾

110頁。
〔註166〕《里耶秦簡（壹）》，文物出版社2012年版，第82頁。

遺記》卷 3：「扶桑東五萬里有磅磄山，上有桃樹百圍，其花青黑，萬歲一實。」《御覽》卷 965 引漢・郭子橫《洞冥記》：「嵃嵣細棗出嵃嵣之山。」《文選・江賦》：「長波浹渫。」李善注引魏・張揖《埤蒼》：「浹渫，水滂溏也。」

又音轉為「荒唐」，《莊子・天下》：「莊周聞其風而悅之，以謬悠之說，荒唐之言，無端崖之辭，時恣縱而不儻，不以觭見之也。」《釋文》：「荒唐，謂廣大無域畔者也。」翟灝曰：「按荒與唐皆空之義，或者《莊》又取此。」〔註 167〕戴淮清曰：「『孟浪』menglang 轉 h、t 則為『荒唐』huangtang。」〔註 168〕

又音轉為「漭浪」、「莽浪」、「汒浪」、「茫浪」、「莽䍐」、「莾䍐」，《廣韻》：「漭，漭浪，大野也。」《集韻》：「漭、汒，漭浪，水大皃，或从亡。」《集韻》：「䍐，莽䍐，廣大貌。」「漭」為「漭」俗字。唐・梁肅《刪定止觀》卷 1：「有流於漭浪，不能任者。」《文苑英華》卷 148 唐・蕭穎士《庭莎賦》：「宜夫坐莽浪之野，帶江湖之涘。」注：「莽，《集》作漭。」唐・柳宗元《非國語》：「而其甚者，乃妄取時日莽浪無狀而寓之丹朱。」宋・童宗注：「鹵莽無根源也。」亦即「鹵莽」之音轉。《宋書・傅隆傳》：「蚩鄙茫浪。」《文選・吳都賦》：「相與騰躍乎莽䍐之野。」李善註：「莽䍐，廣大貌。」《古今合璧事類備要》別集卷 1 引作「莾䍐」，「莾」、「莽」正俗字。「莽䍐之野」即《淮南子・道應篇》之「岡㝗之野」也。朱起鳳曰：「漭、莽、罔三字音義同。」〔註 169〕倒言則作「浪莽」，晉・陶潛《歸園田居》：「久去山澤遊，浪莽林野娛。」宋・蘇軾《東坡》：「荒田雖浪莽，高庳各有適。」蔣禮鴻謂「浪莽」即「孟浪」之倒文〔註 170〕，是也。

又音轉為「孟浪」、「盳浪」、「猛浪」、「謬浪」、「猛狼」、「湓浪」，孟古音莽、芒〔註 171〕。《集韻》：「孟，孟浪，不精要皃，或作盳。」《類篇》：「盳，盳浪，不精要皃。」《莊子・齊物論》：「夫子以為孟浪之言，而我以為妙道之行也。」成疏：「孟浪，猶率略也。」《釋文》：「向云：『孟浪，音漫瀾，

〔註 167〕翟灝《通俗編》卷 17，收入《續修四庫全書》第 194 冊，上海古籍出版社 1995 年版，第 444 頁。

〔註 168〕戴淮清《漢語音轉學》，中國友誼出版社 1986 年版，第 324 頁。

〔註 169〕朱起鳳《辭通》，上海古籍出版社 1982 年版，第 2121 頁。

〔註 170〕蔣禮鴻《義府續貂》，收入《蔣禮鴻集》卷 2，浙江教育出版社 2001 年版，第 50～51 頁。

〔註 171〕《集韻》「孟」、「莽」同音「母朗切」。《戰國策・西周策》「孟卯」，鮑彪注：「齊人，即芒卯。」

無所趣舍之謂。』李云：『猶較略也。』崔云：『不精要之貌。』」向氏音漫瀾，音之轉也；其餘三家說同，亦空而大之義引申也。唐・澄觀《大方廣佛華嚴經隨疏演義鈔》卷 25：「孟浪者，率略之言也。」《通鑒》卷 277：「重誨舉措孟浪。」胡三省注：「孟浪，猶言張大而無拘束也。」隋・智顗《四教義》卷 4：「善別內外猛浪之說。」乙本作「孟浪」。唐・玄嶷《甄正論》卷 2：「請少詳之，無爲孟浪。」宮本作「猛浪」，元本形誤作「溢浪」。唐・窺基《說無垢稱經疏》卷 3：「此中論者，乍似猛浪。」甲本作「孟浪」。唐・元康《肇論疏》卷 1：「孟者大也，浪者流浪也。」此說失之。《魏書・袁飜傳》：「管窺所陳，懼多孟浪。」又「識偏學疎，退歉謬浪。」敦煌寫卷 P.2049《維摩經疏》卷 3：「如此釋者，大成猛狼。既云應同，久已捨竟，云何不捨？」《廣弘明集》卷 18：「誠知孟浪之言不足以會理。」《可洪音義》卷 30 作「𤁀浪」，云「正作猛也。」翟灝曰：「按《集韻》謂向秀讀孟爲莽，今吳中方言所云『莽浪』乃即『孟浪』。」〔註 172〕朱起鳳曰：「孟、莽音之弇侈。」又曰：「謬、孟一聲之轉，《袁飜傳》上言『孟浪』，下作『謬浪』，此亦義同字變之例也。」〔註 173〕倒言則作「浪孟」，《文選・笙賦》：「又颯遝而繁沸，罔浪孟以惆悵。」李善註：「罔及浪孟，皆失志之貌。又云：孟浪，虛誕之聲也。」後說是也。張銑注：「罔，無也。浪孟，大聲也。」「孟浪」又音轉爲「無慮」、「勿慮」、「亡慮」、「母量」、「摹略」、「莫絡」、「彌綸」、「滅裂」、「末略」、「枚雷」、「約摸」、「約略」〔註 174〕。黃侃謂「孟浪」即「懵懂」〔註 175〕，二者語源不同，黃說恐失之。

又音轉爲「鹵莽」、「魯莽」、「譄謪」、「惱憹」，倒言則作「浂鹵」、「莽鹵」、「莽魯」、「莽鹵」、「謪譄」、「憹惱」，倒言則作「鹵莽」、「魯莽」，《莊子・則陽》：「君爲政焉，勿鹵莽；治民焉，勿滅裂。」郭象注：「鹵莽滅裂，輕脫粗畧，不盡其分。」《釋文》：「鹵音魯。鹵莽，猶麤粗也。」《弘明集》卷 4 顏

〔註 172〕翟灝《通俗編》卷 15，收入《續修四庫全書》第 194 冊，上海古籍出版社 1995 年版，第 422 頁。

〔註 173〕朱起鳳《辭通》，上海古籍出版社 1982 年版，第 1542 頁。

〔註 174〕參見王念孫《廣雅疏證》、《補正》，收入徐復主編《廣雅詁林》，江蘇古籍出版社 1998 年版，第 498～499 頁。又王引之《經義述聞》卷 31 引王念孫說略同，江蘇古籍出版社 1985 年版，第 729～730 頁。又蔣禮鴻《義府續貂》，收入《蔣禮鴻集》卷 2，浙江教育出版社 2001 年版，第 50～51 頁。

〔註 175〕黃侃《字通》，收入《說文箋識》，中華書局 2006 年版，第 117 頁。關於「懵懂」，另參見蕭旭《「酩酊」考》。

延之《重釋何衡陽》引《莊子》作「莽鹵」。敦煌寫卷北圖河字 12 號《父母恩重經講經文》：「乳哺三年非莽鹵。」Φ96《雙恩記》：「莽鹵人來莫遣知，免遭劫奪違言誓。」P.2305《妙法蓮華經講經文》：「奉事仙人，心不済（莽）鹵，終日新（辛）懃，千秋已度。」《紫柏尊者全集》卷 25：「了此得佛心，未會大莽魯。」《壇溪梓舟船禪師語錄》卷 1：「無魯莽之失。」字亦作「讗讟」、「憐惱」，《集韻》：「讟，讗讟，言不定。」〔註176〕又「惱、懭：憐惱，心惑，或從虜。」又「憐，憐惱，心惑。」《正字通》：「惱憐，並俗字，本作鹵莽。」《通雅》卷 9：「『鹵莽』作『讟讗』，《集韻》所載，皆詞賦家用。」言不精明為讗讟，心不精明為憐惱，皆「莽魯」之後出分化字。陳治文謂字誤，《校注》又謂陳說未確，斯皆執於一偏，未為通達也。《古音駢字續編》卷 3：「讟讗，《集韻》。魯莽，《增韻》。二同『鹵莽』。」又音轉則為「砢麼」、「阿磨」，《匡謬正俗》卷 8：「俗謂輕忽其事不甚精明為砢麼⋯⋯《莊子》郭象注曰：『鹵莽滅裂，輕脫不盡其分也。』今人所云鹵莽，或云滅裂者，義出於此。但流俗訛，故為砢麼耳。」劉曉東曰：「成玄英疏云：『不用心也。』實與『孟浪』、『無慮』、『莫絡』等皆一聲之轉（參《廣雅》「都凡」條土念孫疏證），皆心不精明，輕忽不委細之義也。故後起字或加心旁作『惱憐』⋯⋯蔣禮鴻《通釋》釋為『馬虎，不精明』，云『《燕子賦》：「朕是百鳥主，法令不阿磨。」按阿當作砢，今改正。』下即引師古此條為說，極是。」〔註177〕又急讀音轉為「毛」〔註178〕。「無慮」諸詞之訓都凡，其語源即「孟浪」之較略、不精要之義之引申。所謂「求諸其聲則得，求諸其文則惑矣，聲借之字，非無本字⋯⋯世多謂雙聲疊韻之字無本字，則其所誤者大矣」〔註179〕。

又音轉為「宨㝗」、「㝗㝗」，《玉篇》：「宨，宨㝗也。」《廣韻》：「宨，宨㝗。」《集韻》：「㝗，㝗㝗，空也。」《龍龕手鑑》：「㝗，音朗，宨㝗，空虛也。」又「宨，宨㝗也。」

又音轉為「桄榔」、「桄桹」，《玉篇》：「桄，《廣志》云：『桄榔樹如㯺葉，

〔註176〕《集韻》「讗」字條誤作「心不足」，《類篇》「讗」、「讟」二字條皆誤作「心不足」。

〔註177〕劉曉東《匡謬正俗平議》，山東大學出版社 1999 年版，第 291～292 頁。

〔註178〕章太炎《新方言》卷 2，收入《章太炎全集（七）》，上海人民出版社 1999 年版，第 31 頁。又蔣禮鴻說同，參見《義府續貂》，收入《蔣禮鴻集》卷 2，浙江教育出版社 2001 年版，第 51 頁。

〔註179〕參見黃侃《廣雅疏證箋識》，收入徐復主編《廣雅詁林》，江蘇古籍出版社 1998 年版，第 499 頁。

木中有屑，如麪。」《廣韻》：「桄，桄榔，木名。」蓋以空虛之義命名樹木。《集韻》：「桄，一說桄榔，屑之如麪，可食。」俗作「光浪」、「光郎」。姜亮夫曰：「（科頭）聲轉爲『光頭』，聲衍則爲『光光頭』、『光郎頭』。」又曰：「衣服光郎郎，衣大也。」〔註180〕姜氏謂「科頭聲轉爲光頭」，失之。

又音轉爲「骯髒」，《廣雅》：「骯髒，骫也。」《玉篇》：「骯，骯髒，股骨也。」《廣韻》：「髒，骯髒，股肉。」蓋以粗大之義命名大腿上之骨、肉也。《龍龕手鑑》：「骯髒，骨聲也。」

又音轉爲「懭悢」、「儣俍」、「曠浪」，《集韻》：「悢，懭悢，意不得皃。」又「俍，儣俍，不平。」「不平」即指「意不得」，亦取空大之義。《楚辭·九辯》：「愴怳懭悢兮，去故而就新。」《御覽》卷25引作「曠浪」。呂向注：「愴怳懭悢，皆悲傷也。」「愴怳」、「懭悢」，同詞敷用。

又音轉爲「壙埌」、「曠浪」、「爌朗」、「曠朗」，《玄應音義》卷7「塚壙」條引《通俗文》：「丘塚謂之壙埌。」《慧琳音義》卷1「壙野」條、卷6「涉壙」條、卷11「險壙」條並引《考聲》：「壙埌，原野遠貌也。」《集韻》：「埌，壙埌，原野迥兒。」明·朱謀㙔曰：「壙埌、儻莽，寬廣也。」〔註181〕《莊子·應帝王》：「處壙埌之野。」郭象注：「埌，李音浪。壙埌，崔云：『猶曠蕩也。』」蔣禮鴻曰：「『岡㝩之野』即『壙埌之野』也。字又作康作㡯……今上海、蘇州、嘉興、揚州等處謂首不戴帽若削髮如僧曰光浪頭，即『岡㝩』、『壙埌』、『康㝩』、『㡯㝩』也。長言爲『光浪』，短言爲『光』。」〔註182〕于省吾亦謂「岡㝩」即「壙埌」〔註183〕。二氏說並是，「壙埌之野」亦即《逍遙遊》之「廣莫之野」也。《文選》晉·左思《魏都賦》：「或爌朗而拓落。」李周翰註：「爌朗，光明也。」梁·蕭統《七契》：「執戈於芊眠之野，彎弧於曠浪之陰。」《文選》晉·張協《七命》：「天清泠而無霞，野曠朗而無塵。」「曠朗」即「壙埌」、「曠浪」也。呂延濟注：「曠，遠。朗，明也。」《漢語大詞典》釋爲「開闊明亮」〔註184〕，並失之。倒言則作「浪廣」，《朱子語類》卷33：「仁本切己

〔註180〕姜亮夫《昭通方言疏證》，收入《姜亮夫全集》卷16，雲南人民出版社2002年版，第194、426頁。

〔註181〕朱謀㙔《駢雅》卷1，收入《叢書集成新編》第38冊，新文豐出版公司1985年版，第337頁。

〔註182〕蔣禮鴻《義府續貂》，收入《蔣禮鴻集》卷2，浙江教育出版社2001年版，第96頁。又見《淮南子校記》，收入《蔣禮鴻集》卷4，第224頁。

〔註183〕于省吾《雙劍誃諸子新證》，上海書店1999年版，第420頁。

〔註184〕《漢語大詞典》（縮印本），漢語大詞典出版社1997年版，第3092頁。

事，大小都用得。他問得空，浪廣不切己了，卻成疏闊。」

諸詞並同源，中心詞義爲「空虛」、「空大」。

5.「狼抗」一詞在早期文獻中有以下幾個例子，下面加以辨析。

（1）《世說新語‧方正篇》：「王大將軍當下，時咸謂無緣爾。伯仁曰：
『今主非堯、舜，何能無過？且人臣安得稱兵以向朝廷？處仲
狼抗剛愎，王平子何在？』」

按：《晉書‧周顗傳》作「處仲剛愎強忍，狼抗無上，其意寧有限邪！」《通
鑑》卷92同，胡三省註：「王敦字處仲，狼似犬，銳頭白頰，高前廣
後，貪而敢抗人，故以爲喻。」史炤《釋文》卷10：「狼抗，如犴狼
抗扞也。」《古今說海》卷103引宋‧陳郁《話腴》：「班定遠乃虎頭，
司馬懿狼顧，周嵩乃狼抗，若此者寫之似足矣。」三說並誤，所謂望
文生訓也。朱起鳳釋爲「桀傲」〔註185〕，張永言釋爲「笨拙，不靈便。
引申爲高慢自大，不善處世」〔註186〕，殷正林釋爲「兇殘」〔註187〕，
張振德、宋子然釋爲「傲慢抗上，剛愎自用」〔註188〕，楊勇釋爲「自
大貌」〔註189〕。諸說近之，並爲「空虛」之引申義〔註190〕。劉盼遂
曰：「狼抗，形容貪殘之貌，亦作『歁歖』，《廣韻》：『歁歖，貪貌。』」
〔註191〕「歁歖」訓貪婪，亦由「虛大」引申而來，然非此文之誼。
余嘉錫駁劉說，是也。翟灝曰：「今以『狼抗』爲難容之貌，而出處
乃是言性，《玉篇》有云：『躴䏏，身長貌。』讀若郎康。或今語別本
於彼，亦未可知。」〔註192〕徐震堮引之，謂「此說近之」，又云：「凡
物之長大者，皆可謂之『躴䏏』，物大則難容，故《通俗編》以『難

〔註185〕朱起鳳《辭通》卷20，上海古籍出版社1982年版，第2110頁。
〔註186〕張永言主編《世說新語辭典》，四川人民出版社，1992年版，第251頁。
〔註187〕殷正林《〈世說新語〉中所反映的魏晉時期的新詞和新義》，《語言學論叢》第
12輯，商務印書館1984年版，第141頁。
〔註188〕張振德、宋子然主編《〈世說新語〉語言研究》，巴蜀書社1995年版。
〔註189〕楊勇《世說新語校箋》，中華書局2006年版，第289頁。
〔註190〕石雲孫謂「狼抗，初義爲剛愎自大，引申爲物大難容」，顛矣。石雲孫《魏晉
南北朝習用語》，《古籍研究》總第55～56期，2009年卷‧上下，安徽大學
出版社2006年版，第37頁。
〔註191〕轉引自余嘉錫《世說新語箋疏》，上海古籍出版社1993年版，第312頁。楊
勇《世說新語校箋》引歖誤從元。
〔註192〕翟灝《通俗編》卷34，收入《續修四庫全書》第194冊，上海古籍出版社1995
年版，第613頁。

容之貌』訓之。又大則轉動不易、不靈便⋯⋯以之言性，則此處『狼抗』，乃狂妄自大之意，即從初義引申而得」，並甚確；但徐氏又謂「『狼抗』一詞本有聲無字」〔註 193〕，則失考矣。翟氏不知「難容貌」與「身長貌」乃「空虛」義向不同方向引申之結果，而謂「或今語別本於彼」，亦疏矣。吳秋輝曰：「注以狼抗爲驕抗不馴貌，此殆不識其本義而僅就字面揣測之也。今北俗於于龐大而不規則之物，尙謂之狼抗。注《世說》者多南人，宜其不能識也。」〔註 194〕南人亦有「狼抗」之語，吳氏不識也；且「驕抗不馴貌」是其引申義，並非揣測之言。

（2）《世說新語・識鑒篇》：「嵩性狼抗，亦不容於世。」

按：《海錄碎事》卷 7 引作「狼犺」，《記纂淵海》卷 52 引作「狼抗」，《晉書・烈女傳》「狼抗」作「抗直」。《蒙求集註》卷上：「周嵩狼抗，梁冀跋扈。」「狼抗」爲「狼抗」之誤，「狼犺」同「狼抗」，即「抗髒」之倒言。「抗」當取「康」之「康戾」義，非「伉直」。余嘉錫據《晉書》釋作「抗直貌」〔註 195〕，徐復釋作「暴戾狠毒」〔註 196〕。

（3）《宋書・文九王傳》：「休佑生平，狼抗無賴。吾慮休仁往哭，或生崇禍。」

按：胡文英《吳下方言考》卷 2：「案：狼抗，大而無用，不可容也。今吳諺謂物之大而無處置放者曰狼抗。」〔註 197〕郝懿行《宋瑣語・言詮》：「按今人以浪抗爲不牢固之意，此之所言似謂浪當無檢也。」〔註 198〕郝氏以「浪」爲「浪當」，未得。

汪維輝謂「狼犺」的詞義核心是「大」，「重」只是它的相關義，陸澹安《小說詞語匯釋》釋作「笨重」，《漢語大詞典》釋作「笨拙、笨重」，

〔註 193〕徐震堮《世說新語校箋》，中華書局 1984 年版，第 177 頁。
〔註 194〕吳秋輝《齊魯方言存古》，收入《侘傺軒文存》，齊魯書社 1997 年版，第 225 頁。
〔註 195〕余嘉錫《世說新語箋疏》，上海古籍出版社 1993 年版，第 313 頁。
〔註 196〕徐復《〈晉書〉箋記》，收入《徐復語言文字學晚稿》，江蘇教育出版社 2007 年版，第 229 頁。
〔註 197〕胡文英《吳下方言考》卷 2，收入《續修四庫全書》第 195 冊，上海古籍出版社 2002 年版，第 21 頁。
〔註 198〕轉引自《漢語大詞典》（縮印本），漢語大詞典出版社 1997 年版，第 3278 頁。

不準確〔註 199〕。汪說是也，孫錦標《南通方言疏證》：「俗以物輕而多
者，謂之㦥康貨。」〔註 200〕此以物輕爲㦥康也。今吳方言形容物之大
而不堪爲「狼抗」，如「這捆老棉絮狼抗死勒，沒地方放。」即無「重」
的含義。

〔註 199〕汪維輝《説「狼犺」》，《古籍整理研究學刊》1994 年第 2 期。
〔註 200〕轉引自許寶華、宮田一郎《漢語方言大詞典》，中華書局 1999 年版，第 5164
頁。

「郎當」考

　　黃生曰：「『郎當』之轉口即『籠東』，輕轉即『伶仃』，『籠東』之搭舌即『龍鍾』，『郎當』之仄聲即『落托』，大抵皆失志蹭蹬之意，特古今方言轉口有異耳。」〔註1〕郭在貽曰：「『蘭彈』亦作『蘭彈』……聲轉又為『鬖髿』、『拉塔』……又作『儖儳』、『藍攙』……聲轉又為『郎當』……至於此詞含義，則或為疲弊不振，或為潦倒、頹唐，或為形貌醜陋，當視上下文意而定，未可拘泥。」〔註2〕郭氏又曰：「『蘭彈』有作『蘭彈』者，有作『闌單』者……聲轉又作『鬖髿』、『拉塔』……聲轉又作『郎當』……又有作『潦倒』者……」〔註3〕錢鍾書曰：「『闌單』音轉而為『郎當』。」〔註4〕「郎當」一詞起源甚早，當謂「郎當」音轉為「闌單」，郭、錢二氏儻矣〔註5〕。蔣禮鴻曰：「復有『闌單』、『潦倒』、『郎當』……斯皆聲轉義通，同條共貫者矣。」〔註6〕王鍈曰：「『闌單』與『郎當』聲同韻近，應為一聲之轉。」〔註7〕張

〔註1〕 黃生《字詁》，收入《字詁義府合按》，中華書局1954年版，第71頁。「籠東」、「龍鍾」又音轉作「朧種」、「蹣跚」、「儱偅」、「瀧涷」，參見方以智《通雅》卷6、顧炎武《日知錄》卷27、吳玉搢《別雅》卷1。又音轉作「壠東」、「隴東」，《通鑑》卷158：「籠東軍士。」《記纂淵海》卷60引作「壠東」，又卷61引作「隴東」。

〔註2〕 郭在貽《唐代俗語詞雜釋》，收入《郭在貽文集》卷1，中華書局2002年版，第105～106頁。

〔註3〕 郭在貽《唐詩與俗語詞》，收入《郭在貽文集》卷3，中華書局2002年版，第69～71頁。又見郭氏《〈荀子〉札記》、《魏晉南北朝史書語詞瑣記》，並收入《郭在貽文集》卷3，第8～10、26～27頁。

〔註4〕 錢鍾書《管錐編》，中華書局1986年版，第699頁。

〔註5〕 參見范崇峰《也說「銀鐺」、「獨鹿」》，《洛陽師範學院學報》2003年第6期。

〔註6〕 蔣禮鴻《義府續貂》，收入《蔣禮鴻集》卷2，浙江教育出版社2001年版，第

曉華謂「郎當」與「零丁」同源，東漢寫作「琅當」、「鋃鐺」，唐代寫作「琅璫」，宋代寫作「郎當」、「狼當」，明以後慣用「郎當」〔註8〕。諸說尚不全面，茲爲訂補。

「郎當」音轉爲「闌單」〔註9〕，又音轉爲「鬡鬖」、「儖儳」、「龍鍾」、「零丁」，五者又各成子系統，下文系連其同源詞，補諸家所不及。至於黃生、蔣禮鴻、郭在貽謂音轉爲「拉塔」、「潦倒」、「落拓」、「路亶」等形，本文不復涉及。蔣禮鴻、郭在貽謂音轉爲「鹿獨」，戴淮清曰：「『郎當』轉入聲則失去ng聲而變爲『邋遢』lada。」〔註10〕皆誤〔註11〕。

1.「郎當」考

「郎當」最早字形戰國時寫作「琅湯」，《管子·宙合》：「以琅湯淩轢人，人之敗也常自此。」丁士涵曰：「琅，讀爲浪。浪，猶放也。湯，讀爲蕩。蕩，《說文》作愓，云『放也。』」〔註12〕其義爲放蕩、遊逛、無檢束也，同義連文〔註13〕。張愼儀曰：「不歛攝曰琅湯，讀若浪蕩。」〔註14〕翟灝曰：

21頁。

〔註7〕 王鍈《唐宋筆記語辭匯釋》，中華書局2001年版，第110頁。

〔註8〕 張曉華《「零丁」考》，《三門峽職業技術學院學報》2006年第4期。

〔註9〕 《莊子·齊物論》《釋文》：「向云：『孟浪，音漫瀾，無所趣舍之謂。』」《隸釋》卷5漢《成陽令唐扶頌》：「君臣流涕，道路琅玕。」又卷22後漢《唐君碑》亦有此語。朱駿聲曰：「按：（琅玕）猶言闌干也。琅、闌雙聲字。」朱駿聲《說文通訓定聲》，武漢市古籍書店1983年版，第729頁。皆可爲「郎」讀「闌」之旁證。《說苑·善說》：「孟嘗君涕浪汗增欷，而就之曰。」一本「汗」作「汙」。盧文弨曰：「浪汗，與『琅玕』同，猶闌干也。舊『浪汙』訛。」盧文弨《群書拾補》，收入《續修四庫全書》第1149冊，上海古籍出版社2002年版，第421頁。《書鈔》卷109、《類聚》卷44、《御覽》卷579、《事類賦注》卷11、《記纂淵海》卷78、《古今事文類聚》續集卷22引並作「涕泣增哀」，《冊府元龜》卷856作「泣涕增哀」，蓋未達其誼而妄改。劉文典疑今本文有衍誤，非也。劉文典《說苑斠補》，收入《劉文典全集（3）》，安徽大學出版社、雲南大學出版社1999年版，第183～184頁。

〔註10〕 戴淮清《漢語音轉學》，中國友誼出版社1986年版，第118頁。

〔註11〕 「鹿獨」、「郎當」語源不同，參見蕭旭《「果贏」轉語補記》。「垃圾」與「邋遢」同源，與「郎當」語源亦不同。參見蕭旭《「垃圾」考》，《中國語學研究·開篇》第28卷，2009年4月日本好文出版，收入《群書校補》，廣陵書社2011年版，第1383～1392頁。

〔註12〕 轉引自郭沫若《管子集校》，收入《郭沫若全集·歷史編》卷5，人民出版社1984年版，第291頁。

〔註13〕 可分言，《文選·江淹·雜體詩》：「浪跡無蚩妍，然後君子道。」李善注：「浪，

「按今以不斂攝曰琅湯。」〔註15〕1935 年《蕭山縣志稿》:「人不斂攝曰琅湯。」〔註16〕字或作「浪蕩」,《新唐書·逆臣列傳》:「巢從子浩,眾七千,為盜江湖間,自號浪蕩軍。」宋·正受《嘉泰普燈錄》卷 28:「樓頭浪蕩無拘撿,鐵笛橫吹過洞庭。」此例「浪蕩」修飾無拘撿,其義甚顯豁。顧起元曰:「曠大不拘束曰浪蕩,音朗儻。」〔註17〕《江南志書·江寧縣》同〔註18〕。字或作「浪湯」,宋·黃震《黃氏日抄》卷 4「子之湯兮」條:「湯,他浪反,為是蓋堂字去聲,至今俗亦有浪湯之說。」字或作「浪宕」,《廣弘明集》卷 6:「致使浮遊浪宕之語,備寫不遺。」又卷 7:「佯狂浪宕。」《法苑珠林》卷 56:「浪宕隨時,嶮峛度日。」《續古尊宿語要》卷 5:「一身浪宕無拘撿,鬧市門頭恣意遊。」清·周靖《篆隸考異》卷 4:「趡,俗,篆

猶放也。」又引晉·戴逵《棲林賦》:「浪跡潁湄,棲景箕岑。」北方官話謂遊逛為浪,參見許寶華、宮田一郎《漢語方言大詞典》,中華書局 1999 年版,第 5126 頁。今吳語謂閒逛、散步為趒或趒,參見《漢語方言大詞典》第 6782、7008 頁。「趒」同「浪」,「趒」同「蕩」、「惕」,參下文。俗言「浪子」、「浪婦」,亦言「蕩子」、「蕩婦」,皆此義。但文獻中多作「浪蕩」,本字形「浪惕」未見。沈培先生來函指出:「注中舉例說明單言『浪』有『放』義者數例,但未舉『惕』亦有此例,似可補充(可參考《漢語大詞典》『惕』字條)。但『浪蕩』之『浪』是否本字,或可斟酌。按照《說文》,『浪』本『滄浪』之『浪』,乃水名。朱駿聲《定聲》『浪』下曰:『叚借為惕。《詩·終風》:「謔浪笑敖。」』《爾雅·釋詁》:『戲謔也。』」如此,則『浪蕩』即『惕惕』,恐不可信。因此,『浪蕩』之『浪』的本字為何,仍需討論。又,《方言》:『媱、惕,遊也。江沅之間謂戲為媱,或謂之惕,或謂之嬉。』此條材料似當引用。『放』義與『遊戲、嬉戲』義蓋相關,皆為『浪蕩』所取。」又,《說文》:『憀,放也。』段玉裁說此字與『惕』音義皆同,朱駿聲謂此即『惕』之或體。段注又言『惕』於《廣韻》作『婸』。」沈先生意見擊中肯綮,謹致謝忱。「謔浪」之浪專字作「誏」,《玉篇》:「誏,閑言。」《集韻》:「誏,謔也,一曰泛言。」「浪言謔語」、「浪言浪語」亦同。「浪」之本字待考。
〔註14〕張慎儀《蜀方言》(張永言點校),四川人民出版社 1987 年版,第 292 頁。
〔註15〕翟灝《通俗編》卷 2,收入《叢書集成新編》第 39 冊,臺灣新文豐出版公司 1985 年版,第 535 頁。
〔註16〕轉引自許寶華、宮田一郎《漢語方言大詞典》,中華書局 1999 年版,第 5249 頁。
〔註17〕顧起元《客座贅語》卷 1《方言》,收入《叢書集成新編》第 88 冊,臺灣新文豐出版公司 1985 年印行,第 437 頁。
〔註18〕《江南志書·江寧縣》,收入《古今圖書集成》《字學典》卷 145,中華書局民國影本。丁惟汾曰:「雷得浪蕩,豈弟樂易也。身心暢適,口中發出一種快樂之聲,其聲為『雷得浪蕩』。『雷得』字當作『豈弟』,『浪蕩』為『樂易』之雙聲音轉。」丁氏顯為臆說。附以待考。丁惟汾《俚語證古》卷 4,齊魯書社 1983 年版,第 139 頁。

作宕，浪宕，逸遊也。」字或作「琅璫」，《舊唐書・張薦傳》：「琅璫空來，蔑視紀綱。」字或作「浪當」，郝懿行曰：「今人以浪抗爲不牢固之意，此之所言似謂浪當無檢也。」〔註 19〕字或作「郎當」，《雙字轉音・連綿》：「郎當，浪遊無節。」〔註 20〕范寅曰：「火燭郎當，戒火之辭。」〔註 21〕蓋謂戒火燭之蔓延無節也。重言作「浪浪宕宕」、「郎郎當當」、「浪浪蕩蕩」，南唐・宋齊邱《玉管照神局》卷上：「原夫郎郎當當者，地閣瘦尖；氣氣智智者，天庭飽滿。」《景德傳燈錄》卷 20：「問：『如何是不動？』尊師曰：『浪浪宕宕。』」《五燈會元》卷 6 作「浪浪蕩蕩」。字或作「跟趸」，《玉篇》：「趄，趄趑，跟趸也。」字或作「趮趀」，《集韻》：「趮，趮趀，逸游。」《古音駢字續編》卷 3：「趮趀，浪蕩。」趀亦作趨，《玉篇》：「趨，前走。」《集韻》：「趨，走貌。」清・張愼儀《蜀方言》：「往復閒步曰趨。」姜亮夫曰：「趨，走也。昭人言緩行小步曰趨趨。又或別寫作踢，即趨異文。」〔註 22〕音轉爲「儻蕩」、「儻莽」，《漢書・史丹傳》：「丹爲人足知，愷弟愛人，貌若儻蕩不備，然心甚謹密。」顏師古注：「儻蕩，疎誕無檢也。」又《陳湯傳》：「陳湯儻莽，不自收斂。」顏師古注：「儻莽，無行檢也，莽音蕩。」

「郎當」又引申爲頹敗、疲軟、不成器之義。清・李翊《俗呼小錄》：「湖州以桑葉二十斤爲一箇，杭州柴四圓箍爲一轉，人之頹敗及身病摧靡者云郎當。」〔註 23〕《江南志書・松江府》：「郎當，今呼人之衰憊者。」又《太倉州》：「郎當，不強健也。」〔註 24〕宋・羅大經《鶴林玉露》卷 6：「魏鶴山《天寶遺事詩》云：『紅錦綳盛河北賊，紫金盞酌壽王妃。弄成晚歲郎當曲，正是三郎快活時。』俗所爲快活三郎者，即明皇也。小說載明皇自蜀還京，以駝馬載珍玩自隨，明皇聞駝馬所帶鈴聲，謂黃幡綽曰：『鈴聲頗似人言語。』幡綽對曰：『似言三郎郎當，三郎郎當。』明皇愧且笑。」宋・王灼《碧鷄漫志》「三郎郎當」作「陛下特郎當」，並釋云：「特郎當，俗稱不整治也。」

〔註 19〕郝懿行《宋瑣語・言詮》，收入《郝氏遺書》。
〔註 20〕《雙字轉音・連綿》，收入《字學三正》第 3 冊，明萬曆辛丑年刻本。
〔註 21〕范寅《越諺》卷上（侯友蘭等點注），人民出版社 2006 年版，第 89 頁。
〔註 22〕張愼儀《蜀方言》（張永言點校），四川人民出版社 1987 年版，第 289 頁。姜亮夫《昭通方言疏證》，收入《姜亮夫全集》卷 16，雲南人民出版社 2002 年版，第 280 頁。
〔註 23〕收入《古今圖書集成》《字學典》卷 42，中華書局民國影本。
〔註 24〕收入《古今圖書集成》《字學典》卷 145，中華書局民國影本。

〔註25〕顧起元曰：「敗事曰郎當。」〔註26〕宋・趙令時《侯鯖錄》卷 8 引張文潛《雪獅絕句》：「六出裝來百獸王，日頭出處便郎當。」宋・朱熹《答黃仁卿書》：「今日弄得朝廷事體郎當，自家亦立不住，畢竟何益！」《朱子語類》卷 130：「張文潛軟郎當。他所作詩，前四五句好，後數句胡亂填滿，只是平仄韻耳。」宋・道原《景德傳燈錄》卷 11：「師云：『郎當屋舍沒人修。』」今俗語云「軟不郎當」，「不」爲襯音字。胡文英曰：「黃當，菜久而黃也，吳中謂生菜宿而黃者曰黃姑郎當。」〔註27〕「姑」爲「不」音變〔註28〕，襯音字。「郎當」狀其頹敗、萎黃也。許菊芳謂「『當』是詞綴，又可擴展成『姑郎當』，均不表義」〔註29〕，非也。字或作「狼當」，《朱子語類》卷 83：「當時屬公恁地弄得狼當，被人攛掇，胡亂殺了，晉室大段費力。」又卷 90：「卻被項羽來殺得狼當走。」今吳方言有「瘰皮郎當」、「沒竅郎當」之語，又有「破布郎當」之語〔註30〕，「郎當」正疲軟、不成器之義。俗語「吊兒郎當」，或作「弔二郎當」，亦言「吊兒不郎當」，「不」亦爲襯音字。「吊兒」即「屌兒」，男具也。郎當，不振舉、疲軟也。今吳語有「郎裏郎當」之語，謂不振作也。「吊兒郎當」、「郎裏郎當」喻懈怠、散漫、無檢束也。今吳語又謂敗事、裸體爲「吊郎當」、「吊子郎當」，正存古義〔註31〕。字或作「琅璫」，

〔註25〕元・陶宗儀《説郛》卷 19 同。

〔註26〕顧起元《客座贅語》卷 1《方言》，收入《叢書集成新編》第 88 冊，臺灣新文豐出版公司 1985 年印行，第 437 頁。《江南志書・江寧縣》說同，收入《古今圖書集成》《字學典》卷 145，中華書局民國影本。

〔註27〕胡文英《吳下方言考》卷 2，收入《續修四庫全書》第 195 冊，上海古籍出版社 2002 年版，第 23 頁。

〔註28〕「黑古龍東」即「黑不龍東」，亦其比也。「龍東」、「郎當」一聲之轉。

〔註29〕許菊芳《論俗賦在中古漢語詞匯史研究中的價值》，《古漢語研究》2012 年第 1 期，第 26 頁。

〔註30〕參見蘇增耀主編《靖江方言詞典》（我爲撰稿者之一），江蘇人民出版社 2009 年版，第 333 頁。但謂「『郎當』加在詞語後面強調貶義」，則失之。又第 230 頁，記作「朗當」。

〔註31〕蔣禮鴻曰：「《玉篇》：『俹，俹儅，不常也。儅，俹儅。』《廣韻》：『俹，俹儅，不當。儅，不中。』《集韻》：『俹，俹儅，不常也。』又『儅，俹儅，不常也。』余謂《廣韻》、《集韻》言『不當』，皆『不常』之誤。《廣韻》言『儅不中』，乃『俹儅不常』之脫誤……（俹儅）長言之則曰『吊兒郎當』。」姜亮夫曰：「《玉篇》：『俹，俹儅，不常也。』即今昭人言『弔二郎當』之本。二郎者，聲助字也。所謂不常者，不正常也。」二氏説誤，《集韻》「俹儅」凡 4 見，卷 6「俹」條、卷 8「儅」條並釋爲「俹儅，不常」（《類篇》同），

宋·文天祥《至揚州》：「此廟何神三十郎，問郎行客忒琅璫。」字或作「浪蕩」，1925 年《獻縣志》：「俗謂物壞曰浪蕩。」〔註32〕

　　「郎當」又引申爲寬大、寬長之義。《雙字轉音·連綿》：「郎當，長貌。」

卷 3「儅」條、卷 8「佷」條並釋爲「佷儅，不當也」。《玉篇》、《集韻》、《類篇》「常」爲「當」誤，《廣韻》不誤。《正字通》指出：「舊註『佷儅，不常』，非。」但未給出正解。《龍龕手鑑》：「佷，佷儅，不當貌也。儅，不中儅也。又：佷儅，非常也。」《龍龕》前解「不中儅」、「不當貌」承《廣韻》不誤之説，後解「非常」則承《玉篇》誤説，而不能分辨，故二存之。考《慧琳音義》卷 37：「摒儅，《字鏡》云：『儅者，不中儅也。今摒除之。』」胡吉宣曰：「當字原作常，今正。《切韻》：『佷儅，不當貌。』《唐韻》同。《集韻》：『佷儅，不當也。』《切韻》：『儅，不中也。』《唐韻》同。『佷儅』雙聲，蓋魏晉六朝人俚語。方以智《通雅》云：『俗謂不妥曰不的當，即佷儅之轉音。』朱彧《可談》云：『都下市井謂作事無據曰沒雕當，雕當即佷儅。』案今滬語云佷而浪儅。」胡氏校作「當」是也。至所引方以智語，《通雅》卷 49：「宋景文曰：『人謂作事無據曰沒雕當。』智按：今語曰不的當，即此聲也。漢有雕悍之語，唐以來有勾當之語，故合之。」胡氏誤記。所引宋·朱彧語，見《萍洲可談》卷 1：「都下市井蕃謂不循理者爲乖角，又謂作事無據者爲沒雕當（入聲）。」明·田汝成《西湖遊覽志餘》卷 25：「言人作事無據者曰沒雕當，又曰沒巴鼻。」清·姜宸英《湛園札記》卷 3：「今吾鄉亦有無雕當之稱，宋當讀作去聲，吾鄉則入聲耳。」儅訓不當，蓋所謂反訓。《龍龕》「不中儅」正與《字鏡》同，並可與《廣韻》「不中」、「不當」相印證。「中」亦「當」也，並讀去聲。不中、不當，今言不適當也。「中儅」即「中當」，同義連文。「中當」爲中古俗語詞，《莊子·庚桑楚》：「每發而不當。」《釋文》：「《爾雅》云：『每，雖也。』謂雖有發動，不中當。」陸氏以「不中當」釋「不當」也。《史記·孔子世家》：「折中于夫子。」《索隱》：「宋均云：『折，斷也。中，當也。言欲折斷其物而用之，與度相中當也。』」《玄應音義》卷 2：「衷，中當也。」並其例。王宏源《生冷僻字彙編》：「佷儅，同『倜儻』、『俶儻』。」無據。丁惟汾曰：「弔二郎當，佻了郎當也。弔字當作佻，二爲了之雙聲音轉。《方言》七：『佻，縣也。』郭云：『了佻，懸物貌。』了佻倒言爲佻了。郎當爲下垂貌，亦佻了之音轉。」亦爲臆説無據。師爲公謂「弔」爲飾物的懸弔義，「郎當」本指金石撞擊聲，引申爲潦倒、頹敗之義，猥褻化爲「屌兒郎當」，殊爲不確。今吳語又云「弔兒不郎當」，「不」爲襯音字，尤可證「郎當」爲詞，蔣、姜、胡之説誤也。蔣禮鴻《義府續貂》，中華書局 1987 年版，第 91 頁。姜亮夫《昭通方言疏證》，收入《姜亮夫全集》卷 16，雲南人民出版社 2002 年版，第 98 頁。胡吉宣《玉篇校釋》，上海古籍出版社 1989 年版，第 398 頁。王宏源《生冷僻字彙編》，社會科學文獻出版社 2008 年版。丁惟汾《俚語證古》卷 3，齊魯書社 1983 年版，第 94 頁。師爲公《由「琅璫」説漢字的類化》，《語文研究》2006 年第 1 期。

〔註32〕轉引自許寶華、宮田一郎《漢語方言大詞典》，中華書局 1999 年版，第 5127 頁。

〔註33〕粵語「夯不郎當」、吳語「夯白郎當」〔註34〕，統括之詞也，「不」、「白」爲襯音字。字或作「俍傷」，《廣韻》：「俍，俍傷，長兒。」《韻學驪珠》卷上：「傷，俍傷，長貌。」〔註35〕清・胡文英《吳下方言考》卷7：「俍傷，音浪倘。《廣韻》：『俍傷，長貌。』案：俍傷，長而不束也。吳中謂草薦臥人曰俍傷鋪（去聲）；話長曰一俍傷。」〔註36〕今吳方言猶有「一大俍傷」之語，「大」音「惰」，形容物長或物多。又有「長不郎當」之語〔註37〕，「不」爲襯音字。俗作「浪湯」、「浪趨」，《金瓶梅》第68回：「小爐匠跟着行香的走──瑣碎一浪湯。」河南、安徽、湖北三省交界處的民間灶書《郭丁香》：「跪下男來跪下女，跪下男女一浪趨。」吳方言又謂物直而長曰「直俍傷」、「直不俍傷」，「不」亦爲襯音字。字或作「琅璫」，宋・陳師道《後山詩話》引楊大年《傀儡》：『鮑老當筵笑郭郎，笑他舞袖太郎當。若教鮑老當筵舞，轉更郎當舞袖長。』陳師道《後山集》卷23引作「琅璫」〔註38〕。「郎當」、「琅璫」正形容舞袖之長。馬思周、劉亞聰謂「郎當」無「寬大」義，釋爲「擺蕩」〔註39〕，失之未考。宋・蘊聞《大慧普覺禪師語錄》卷14：「(僧問)：『嘉州大像鼻孔長多少？』師云：『長二百來丈。』進云：『得恁麼郎當？』師云：『爾川僧自合知。』」姜亮夫曰：「郎當，累贅煩多之義。」〔註40〕或作「銀鐺」，姜亮夫曰：「昭人言累贅曰銀裏銀鐺。」〔註41〕

「郎當」用以命名物事，字形則變易甚夥。或作「銀鐺」、「銀鐺」、「琅璫」、「琅當」、「郎當」、「狼當」、「榔檔」，指長鎖鏈。《說文》：「銀，銀鐺，瑣也。」《說文繫傳》作「銀鐺」。《漢書・王莽傳下》：「以鐵鎖琅當其頸，傳

〔註33〕《雙字轉音・連綿》，收入《字學三正》第3冊，明萬曆辛丑年刻本。
〔註34〕參見許寶華、宮田一郎《漢語方言大詞典》，中華書局1999年版，第1149頁。
〔註35〕嘉慶元年枕流居刻本。
〔註36〕胡文英《吳下方言考》卷7，收入《續修四庫全書》第195冊，上海古籍出版社2002年版，第56頁。
〔註37〕參見蘇增耀主編《靖江方言詞典》（我爲撰稿者之一），江蘇人民出版社2009年版，第333頁。但謂「『郎當』加在詞語後面強調貶義」，則失之。
〔註38〕宋・祝穆《古今事文類聚》前集卷43、宋・阮閱《詩話總龜》後集卷38、宋・胡仔《漁隱叢話》前集卷55、宋・蔡正孫《詩林廣記》後集卷9引並同。
〔註39〕馬思周、劉亞聰《「郎當」詞義緒》，《北華大學學報》2006年第5期。
〔註40〕姜亮夫《昭通方言疏證》，收入《姜亮夫全集》第16卷，雲南人民出版社2002年版，第133頁。
〔註41〕姜亮夫《昭通方言疏證》，收入《姜亮夫全集》第16卷，雲南人民出版社2002年版，第381頁。

詣鍾官。」顏師古注：「琅當，長鑲也。」清・王先謙曰：「以鐵鎖琅當其頸，猶言以鐵鎖鎖其頸耳。」〔註42〕《玄應音義》卷12：「銀鐺：《說文》：『銀鐺，鎖也。』經文作『狼當』，非體也。」西晉・竺法護譯《生經》卷1：「於是族姓子，棄家牢獄，銀鐺杻械。想著妻子，而自繫縛，不樂梵行。」宋本作「狼當」。後漢・迦葉摩騰共法蘭譯《四十二章經》卷1：「人繫於妻子寶宅之患，甚於牢獄桎梏銀鐺。」宋、宮本作「郎當」，明本作「桹檔」。《文明小史》第6回：「黃舉人早已是黑索郎當，髮長一寸，走上堂來，居中跪下。」長鎖鏈之所以命名爲「銀鐺」者，《六書故》云：「銀，銀鐺，長鎖也。《漢書》作『琅當』，曰：『以鐵瑣琅當其頸。』銀鐺之爲物，連牽而重，故俗語以困重不舉爲銀鐺。俗謂之鏈。」范寅曰：「大肚郎當，牽連困重之狀。」〔註43〕「銀鐺」即古之鎖，本指以鐵環相勾連而成之鏈條，用以拘繫罪人，正是牽連困重之狀。方一新指出：「『狼當』當讀作『銀鐺』。」〔註44〕「銀鐺」是專字。馬思周、劉亞聰謂「銀鐺」取義乎「掛上、套上」〔註45〕，未得語源。范崇峰謂得義於擬聲，亦未是〔註46〕。《玄應音義》卷5「銀鐺」條引《通俗文》：「錘頭曰銀鐺。」蓋亦取困重不舉爲義。或作「桹檔」，《集韻》：「檔，桹檔，禾皃。」指禾秀不成者，亦取義於頹敗、疲軟、不成器。宋・龍輔《女紅餘志》：「郎當，淨櫛器也。」此條命名櫛梳爲郎當，豈由「不整治」反其義而名之乎？余未知也，待訪博雅。字或作「狼湯」、「浪湯」、「浪蕩」、「蒗蕩」、「蒗𦿆」、「莨菪」，渠名。蓋取義於放蕩。《說文》：「過，過水，受淮陽扶溝浪湯渠，東入淮。」段注：「湯，《韻會》作蕩。前《志》作『狼湯』，《水經注》作『蒗𦿆渠』，《集韻》作『蒗蕩渠』，皆音同字異耳。」〔註47〕前《志》即《漢書・地理志》，《類聚》卷9、《白帖》卷6引《地理志》並作「浪蕩渠」。《廣韻》：「蒗，蒗蕩，渠名。」《水經》卷5：「洛水……又東過滎陽縣北，蒗𦿆渠出焉。」《太平寰宇記》卷52引作「莨菪」。《水經注》卷23：「陰溝即蒗𦿆渠也。」《御覽》卷63引作「浪蕩」。字或作「兩棠」、「兩堂」，《呂氏春秋・至

〔註42〕王先謙《漢書補注》，書目文獻出版社1995年版，第1725頁。

〔註43〕范寅《越諺》卷上（侯友蘭等點注），人民出版社2006年版，第89頁。

〔註44〕方一新《玄應〈一切經音義〉卷12〈生經〉音義札記》，《古漢語研究》1996年第3期。

〔註45〕馬思周、劉亞聰《「郎當」詞義緒》，《北華大學學報》2006年第5期。

〔註46〕范崇峰《也說「銀鐺」、「獨鹿」》，《洛陽師範學院學報》2003年第6期。

〔註47〕段玉裁《說文解字注》，上海古籍出版社1981年版，第534頁。

忠篇》:「荆興師,戰於兩棠,大勝晉。」《賈子‧先醒篇》:「乃與晉人戰於兩棠,大克晉人。」《說苑‧尊賢》:「是爲兩堂之戰。」孫人和指出「兩棠即狼湯,可無疑矣」〔註48〕。王佩諍亦云:「『湴蕩』、『兩棠』音近。」〔註49〕或作「銀鐺」、「琅瑞」、「琅鐺」,指鈴鐸。命名之由,余未知也,亦待訪博雅。唐‧段成式、張希復《聖柱聯句》:「上衝挾蠛蠓,不動束銀鐺。」唐‧杜甫《大雲寺贊公房》:「夜深殿突兀,風動金琅瑞。」一本作「琅鐺」。唐‧彥謙《詠葡萄》:「滿架高撐紫絡索,一枝斜嚲金琅瑞。」此二例指鈴鐸或鈴狀物。唐‧李賀《榮華樂》:「金蟾呀呀蘭燭香,軍裝武妓聲琅瑞。」此例用爲象聲詞,由名詞鈴鐸而來。或作「桹檔」,《龍龕手鑑》:「桹檔,上音郎,下音當,木名也。」《可洪音義》:「桹檔:上勒堂反,下得郎反,鱇頭。」二者命名之由待考。《可洪音義》卷9:「桹檔:上音郎,正作桹,下都郎反。」鄭賢章曰:「桹檔,聯緜詞,與『銀鐺』同。」〔註50〕「桹」當爲「桹」之誤,鄭氏猶隔。或作「蘭蕩」、「蘭蕩」、「莨莙」、「莨菪」、「湴蓎」、「莨蕩」、「莨蕩」、「湴蕩」,毒藥名。《玉篇》:「蘭,蘭蕩,藥。」《廣韻》:「蕩,蘭蕩,毒藥。」《集韻》:「蘭,蘭蕩,艸名。或作藺。」《六書故》:「莨,《說文》曰:『莙草,支支相似,葉葉相當。』《史記‧倉公傳》曰:『飲莨莙藥一撮。』別作湴。」《玄應音義》卷7:「蘭蕩:《埤蒼》:『毒草也。』經文作蓎。非體也。」此條爲《入楞伽經》卷9《音義》,檢經文作「如中莨菪人,見諸像大地」,宋本作「湴蓎」,元、明、宮本作「莨蕩」。《舊唐書‧安祿山傳》:「酒中著莨菪子。」唐‧慧光《大乘開心顯性頓悟眞宗論》卷1:「即如人食莨蕩子於空中覓針。」宋‧延壽《宗鏡錄》卷86:「如食湴蕩,妄見針火。」宋‧紹曇《五家正宗贊》卷2:「奪得錦標去,從分禪莨蕩拾花針。」毒藥之所以命名爲「蘭蕩」者,《本草綱目》卷17云:「時珍曰:莨菪一作蘭蕩,其子服之令人狂狼放宕,故名。」諸物命名,皆取其聲,用意一也。

倒言則作「蟷蠰」、「蜍蜋」、「堂蜋」、「蕫蠰」、「蛒螂」、「螳蜋」、「蟷蜋」、「螳螂」,《爾雅》:「不過,蟷蠰。」郭注:「蟷蠰,蜍蜋別名。」鄭樵注:「蟷

〔註48〕 孫人和《左宦漫錄‧兩棠考》,《文史》第2輯,中華書局1963年版,第45頁。
〔註49〕 王佩諍《鹽鐵論校記》,商務印書館1958年版,第186頁。
〔註50〕 鄭賢章《〈新集藏經音義隨函錄〉研究》,湖南師範大學出版社2007年版,第568頁。

蠰即蟷蜋也。」宋・邢昺《爾雅疏》引《方言》：「潭（譚）魯以南謂之蟷蠰〔註51〕，三河之域謂之螳螂。」《禮記・月令》唐・孔穎達《疏》引《方言》「螳螂」作「螳蜋」。《方言》卷11：「螳螂謂之髦。」《說文》：「蟷，蟷蠰，不過也。蠰，蟷蠰也。」段玉裁曰：「皆螳螂別名。」〔註52〕《說文》：「蜋，堂蜋也。」段玉裁曰：「堂蜋與蟷蠰一語小異耳。」〔註53〕《玉篇》：「蜋，螳蜋。」《龍龕手鑑》：「蟷，音當，蟷蜋，亦蟷蜋也。」其得名之由，《六書故》：「螳蜋：螳，又作蟷。螳蜋，羽蟲之鷙者，出，自斧臂郤行，奮臂搖肩，側翅攫食他蟲，翼下有紅翅如裙裳，俗謂織絹娘。」《本草綱目》卷39云：「蟷蜋：音當郎。時珍曰：蟷蜋兩臂如斧，當轍不避，故得當郎之名。俗呼為刀蜋，兗人謂之拒斧，又呼不過也；代人謂之天馬，因其首如驤馬也。」蓋以此蟲怒臂當轍，狂狼放宕失性，故名為「蟷蜋」也；又以此蟲「當轍不避」，故名為「不過」，專字作「不蝸」。李海霞曰：「蟷，猶當，攔路阻擋。蜋即郎，擬人語素。蟷蜋意為當路郎。常守候在枝葉上，待小蟲經過即捕食，因亦名不過。」因舉《漢書・溝洫志》「昔大禹治水，山陵當路者毀之」、曹植《贈弟白馬王彪》「豺狼當路衢」二例以證之〔註54〕。李氏望文演義，未得其源。

　　倒言又作「轄輬」、「輣輬」，《玉篇》：「轄，音唐，轄輬。」又「輬，音郎，轄輬，輇軨。」《廣韻》：「轄，轄輬，輇軨。」又「輬，轄輬，輇軨。」輇，兵車；軨，車闌，借指車。《集韻》：「輬，轄輬，兵車。」又「轄、輣、輶，兵車也，或從堂，亦省。」《駢雅》卷4：「轄輬，戰車。」《正字通》：「輣，輣輬，大車也。」戰車所以名為轄輬者，蓋取譬於螳蜋也。

　　倒言又作「瓝瓟」，《廣韻》：「瓝，瓝瓟，瓜中〔實〕。」〔註55〕《集韻》：「瓟，瓝瓟，瓜瓣。」其得名之由待考。

〔註51〕「潭魯」當作「譚魯」，《六書故》、《通鑑》卷160胡三省註、宋・張處《月令解》卷5引《方言》並作「譚魯」，《正字通》同。「譚」是古國名，在今山東省濟南市附近。《春秋・莊公十年》：「冬十月，齊師滅譚。」今《方言》無此文。魏・鄭小同《鄭志》卷下：「王瓚問：《爾雅》云：『莫貉，螳蜋。』同類物也。今沛魯以南謂之蟷蠰，三河之域謂之螳蜋。」《類聚》卷97、《御覽》卷946引同。作「沛魯」亦可。
〔註52〕段玉裁《說文解字注》，上海古籍出版社1981年版，第666頁。
〔註53〕段玉裁《說文解字注》，上海古籍出版社1981年版，第666頁。
〔註54〕李海霞《漢語動物命名考釋》，巴蜀書社2005年版，第539～540頁。
〔註55〕《玉篇》：「瓝，瓜中實。瓟，瓜實也。」《廣韻》疑脫「實」字。

2.「蘭單」考

「蘭單」或作「蘭彈」、「闌彈」、「蘭驒」、「闌殫」、「攔單」、「闌單」，疲軟委頓貌。《類聚》卷 64 晉‧束晳《近遊賦》：「乘篳輅之偃蹇，駕蘭單之疲牛。」《類聚》卷 97 引隋‧盧思道《聽鳴蟬》：「詎念漂姚嗟木梗，誰憶闌單倦土牛。」「蘭（闌）單」即疲倦之誼，甚明顯也。唐‧鄭棨《開天傳信記》：「（蘇頲）立呈詩曰：『兔子死闌殫，持來掛竹竿。』」宋‧王讜《唐語林》卷 3 引作「蘭單」，《太平廣記》卷 175、宋‧計敏夫《唐詩紀事》卷 10 引作「蘭彈」，《增修詩話總龜》前集卷 2 引作「闌彈」。馬思周、劉亞聰謂「闌單」同「郎當」，作形尾，「死闌單」猶言「嗝兒屁郎當」〔註 56〕，失之。唐‧盧照鄰《釋疾文》：「草木扶疏兮如此，余獨蘭驒兮不自勝。」《文苑英華》卷 355 注：「蘭驒，二字疑。」蓋未得其誼，所疑不當。《全唐文》作「蘭單」。唐‧劉知幾《史通》卷 2：「將恐碎瑣多蕪，闌單失力者矣。」《全唐文》卷 260 張洌《對京令問喘牛判》：「俄逢蔓芥之凶，復屬闌單之變。」敦煌寫卷 P.2539 唐‧白行簡《天地陰陽交歡大樂賦》：「袋蘭單而亂擺，莖逼塞而深切（攻）。」以上均疲軟義。胡文英曰：「案蘭彈，彈讀若攤，死而柔也。今吳諺狀物之死而柔者曰蘭彈。」〔註 57〕今吳語尚謂軟綿綿為「蘭彈」〔註 58〕，正存古義。宋‧陶穀《清異錄》卷下：「諺曰：『闌單帶，疊垜衫，肥人也覺瘦巖巖。』闌單，破裂狀；疊垜，補衲蓋掩之多。」闌單帶，指腰帶寬鬆。腰帶鬆軟，蓋由於破裂也。故陶氏自注云：「闌單，破裂狀。」錢鍾書曰：「闌單帶，言帶之柔弛貌。」〔註 59〕「蘭彈」今吳語猶存〔註 60〕。

唐‧張鷟《朝野僉載》卷 2：「上麥索，下闌單。」宋‧朱勝非《紺珠集》卷 3 引作「攔單」。《太平廣記》卷 140 引《廣神異錄》：「不怕上蘭單，唯愁答辯難。」此二例指一種拘繫罪犯的刑具，即銀鐺，指長鎖。敦煌寫卷 S.516《歷代法寶記》：「和上又說偈：『婦是沒耳枷，男女蘭單杻，你是沒價奴，至老不得走。』」此例「蘭單」、「杻」皆用如動詞，言加上鎖鏈杻械。

倒言作「殫闌」，《集韻》：「闌，殫闌，語不正。」蓋殫闌指舌頭疲軟，

〔註 56〕馬思周、劉亞聰《「郎當」詞義緒》，《北華大學學報》2006 年第 5 期。
〔註 57〕胡文英《吳下方言考》卷 5，收入《續修四庫全書》第 195 冊，上海古籍出版社 2002 年版，第 42 頁。
〔註 58〕參見許寶華、宮田一郎《漢語方言大詞典》，中華書局 1999 年版，第 1445 頁。
〔註 59〕錢鍾書《管錐編》，中華書局 1986 年版，第 699 頁。
〔註 60〕參見許寶華、宮田一郎《漢語方言大詞典》，中華書局 1999 年版，第 1445 頁。

故釋爲言語不正也。

《福建長汀斷片的童歌》：「鴉雀尾藍潭，擔米過石城。」〔註61〕「藍潭」即「闌單」之記音字，形容尾長也。

3.「鬑鬖」考

《廣韻》：「鬖，鬑鬖，毛垂。」《集韻》：「鬑，鬑鬖，毛長。」又「鬖，鬑鬖，髮垂貌。」今吳語謂邋遢、不整潔爲鬑鬖〔註62〕，即由毛髮長引申而來。字或作「獫猭」，敦煌寫卷 P.3906《碎金》：「獫猭：音毯，下毿。」S.619《碎金》：「獫猭：立（音）儖毵。」《廣韻》：「猭，獫猭，犬聲。」《龍龕手鑑》：「猭，獫猭，犬吠聲也。」當指犬吠凶惡貌〔註63〕。字或作「繿縿」，宋·法泉繼《證道歌頌》卷 1：「相逢不用笑繿縿，有時抖擻閑提起，勝得空披錦綉衫。」字或作「鬑縿」，元·劉壎《隱居通議》卷 8 引劉鏜《觀儺》：「蒺藜奮威小由服，鬑縿揚聲大髭哭。」「鬑縿」同「獫猭」。倒言則作「猭獫」，《廣韻》：「猭，猭獫，犬吠也。」字或作「藍參」、「髟髟」、「鬇鬖」、「軌珊」〔註64〕。

又音轉爲「黯黰」，《玉篇》：「黯，黯黰，面長貌。」《廣韻》：「黰，黯黰，長面。」字或作「艦䑈」，《集韻》：「艦，艦䑈，身長貌。」

又音轉爲「儖儳」，《廣韻》：「儖，儖儳，形兒惡也。」《集韻》：「儖，儖儳，貌惡。」明·童冀《述志賦》：「將矢辭以自誓兮，懼群言之儖儳。」范寅曰：「《廣韻》：『儖儳，惡貌。』越譏才弱者曰『儳頭』……『頭』者，越諺語助多用此……《越言釋》必借『鑱頭』，當歸失之於鑿。」〔註65〕按「儖頭」當作「孱頭」，《玉篇》：「孱，懊弱也。」與「儖儳」無涉，范說非也。字或作「鑑顄」，《集韻》：「鑑，鑑顄，頭貌。」又「顄，鑑顄，頭貌。」字或作「藍攙」、「藍鑱」、「藍巉」，《太平廣記》卷 252 引《玉堂閒話》：「藍攙鼻孔，眞同生鐵之椎；䫏顄骷髏，宛是熟銅之鑵。」《五燈會元》卷 19：

〔註61〕 轉引自許寶華、宮田一郎《漢語方言大詞典》，中華書局 1999 年版，第 6421 頁。

〔註62〕 參見許寶華、宮田一郎《漢語方言大詞典》，中華書局 1999 年版，第 7475 頁。

〔註63〕 參見蕭旭《敦煌寫卷〈碎金〉補箋》，收入《群書校補》，廣陵書社 2011 年版，第 1330～1331 頁。

〔註64〕 參見顧學頡、王學奇《元曲釋詞（二）》，中國社會科學出版社 1984 年版，第 309 頁。

〔註65〕 范寅《越諺》卷下（侯友蘭等點注），人民出版社 2006 年版，第 306 頁。

「有箇漢，怪復醜，眼直鼻藍鑱，面南看北斗。」《正法眼藏》卷 2 作「藍
巉」。《楚石梵琦禪師語錄》卷 8：「鼻曲面藍巉。」宋·林希逸指出「鬑鬖」、
「藍鑱」是「鄉邦俗語，即方言也」〔註 66〕。袁賓曰：「『藍鑱』就是『儖
儢』。」〔註 413〕郭在貽曰：「『蘭彈』亦作『蘭殫』，聲轉又爲『鬑鬖』、『拉
塔』，『儖儢』、『藍鑱』，聲轉又爲『郎當』。」〔註 67〕蔣冀騁、吳福祥曰：「『藍
鑱』或『藍攙』都用以形容鼻子，當是鼻子『尖長』之狀。『鼶鼶』、『艦艫』、
『鬑鬖』當同出一源。」〔註 68〕

　　字或音轉作「藍衫」、「襤衫」、「襤衫」，唐·沈汾《續仙傳》卷上：「藍
采和，不知何許人也。常衣破藍衫，六銙黑木，腰帶闊三寸餘，一腳著靴，
一腳跣行。」《太平廣記》卷 214 引《野人閒話》：「昔吳道子所畫一鍾馗，
衣藍衫，鞹一足，眇一目，腰一笏，巾裹而蓬髮垂鬢。」此二例「藍衫」當
形容衣服破舊，與表示藍袍之「藍衫」同形異詞。考《廣韻》：「衫，衣破襤
衫。」《玉篇》：「衫，衫破兒。」宋·趙叔向《肯綮錄》引陸法言《唐韻》：
「衣弊曰襤衫，音三。」〔註 69〕陳士元曰：「衫，衣破襤衫。忙，同上。」
〔註 70〕毛奇齡曰：「形惡曰儖儢，物薄大曰籃箋，衣之破敝者曰襤衫，皆越
人語。」〔註 71〕《續仙傳》「衣破」連文，「衣破藍衫」即《廣韻》之「衣
破襤衫」也，亟當一辨。今江西客話謂破衣爲「爛衫」、「爛衫衣」〔註 72〕，
「爛衫」當作「襤衫」。

　　字或音轉作「籃箋」〔註 73〕，《玉篇》：「籃，籃箋，薄而大也。箋，籃

〔註 66〕林希逸《竹溪鬳齋十一藁》續集卷 28，收入景印文淵閣《四庫全書》第 1185
　　　　冊，臺灣商務印書館 1986 年初版，第 846～847 頁。
〔註 413〕　　袁賓《唐宋俗語詞札記》，《山東師大學報》1986 年第 4 期，第 76 頁。
〔註 67〕郭在貽《唐代俗語詞雜釋》，收入《郭在貽文集》卷 1，中華書局 2002 年版，
　　　　第 105～106 頁。
〔註 68〕蔣冀騁、吳福祥《近代漢語綱要》，湖南教育出版社 1997 年版，第 362 頁。
〔註 69〕趙叔向《肯綮錄》，中國科學院圖書館藏清嘉慶南匯吳氏聽彝堂刻藝海珠塵本。
〔註 70〕陳士元《古俗字略》卷 2，萬曆歸雲別集刻本。
〔註 71〕毛奇齡《越語肯綮錄》，收入《續修四庫全書》第 194 冊，上海古籍出版社 1995
　　　　年版，第 135～136 頁。又見毛氏《古今通韻》卷 6，收入文淵閣《四庫全書》
　　　　第 1367 冊。
〔註 72〕參見許寶華、宮田一郎《漢語方言大詞典》，中華書局 1999 年版，第 4371、
　　　　4375 頁。
〔註 73〕楊樹達曰：「《說文》：『唐，大言也。』今長沙謂言語誇誕不實者曰扯唐。」
　　　　江瓈曰：「『扯唐』今通作『扯談』，抑或『扯淡』。」「扯唐」又音轉作「扯蛋」、
　　　　「扯誕」。楊樹達《長沙方言考》，收入《積微居小學金石論叢》卷 4，科學出

羨。」《廣韻》：「籃，籃羨，薄大。」又「羨，籃羨，薄大。」《集韻》：「籃，籃羨，匾薄也。」又「羨，籃羨，薄而大也。」「匾」同「扁」。胡文英曰：「羨，音珊。《廣韻》：『羨，籃（音藍）羨，薄大。』案：薄大，淡泊而多也。吳中凡往訴而反受多言之責者曰一匍籃羨。」〔註74〕范寅曰：「籃羨，（音）藍灘，薄而大。越謂物不收檢。」〔註75〕《集韻》：「籃，籃羨，深穴。」又「羨，籃羨，深穴。」「深」與「長」、「大」之義相因。字或作「蘫菼」，《廣韻》：「□，蘫菼，瓜菹。」倒言則作「菼蘫」，《集韻》：「菼，菼蘫，瓜菹。」蓋取薄大之意以命名瓜菹也。字或作「壏埮」，《集韻》：「壏，壏埮，地平而長。」又「埮，壏埮，地平而長。」李實曰：「地平曠曰壏埮。壏埮音覽坦。」〔註76〕諸詞並同源。

《廣韻》：「籃，籃羨，不平也。」元·陸文圭《修泮宮賦》：「或籃羨而不平，或黰黮而無色。」原注：「籃羨，不平貌。黰黮，青黑也。」此訓「不平」，蓋與「薄大」之義正反為訓也〔註77〕。

4.「龍鍾」考

王繼如疏解了「龍鍾」一詞的各義之間的聯繫，認為「容儀邋遢」為其基本義〔註78〕。王先生系連「龍鍾」的異形詞不廣，尚須補充。

唐·蘇鶚《蘇氏演義》卷上：「龍鍾者，不昌熾、不翹舉貌，如鬖髿、拉搭、解縱之類。」

版社 1955 年版，第 156 頁。江灝《讀〈長沙方言考〉》，收入《楊樹達誕辰百周年紀念集》，湖南教育出版社 1985 年版，第 226 頁。

〔註74〕胡文英《吳下方言考》卷 5，收入《續修四庫全書》第 195 冊，上海古籍出版社 2002 年版，第 41 頁。

〔註75〕范寅《越諺》卷上（侯友蘭等點注），人民出版社 2006 年版，第 347 頁。

〔註76〕李實《蜀語》，收入《叢書集成新編》第 38 冊，新文豐出版公司 1985 年印行，第 687 頁。

〔註77〕沈培先生來函指出：「大作謂『籃羨』前言『平而長』，後言『不平』，互相矛盾，初疑所引《廣韻》當有誤，『不平』或當作『薄平』。後查《正字通》卷 7 曰：『羨，徒寒切，塔平聲。《韻會》：「籃羨，匾薄也。又薄大。」又去聲，音淡，不平也。』可見『籃羨』當有二義，讀音也不相同。因此，跟『壏埮』等同源的應該是前一義的『籃羨』。當然，『籃羨』之二義『匾薄』、『薄大』與『不平』是否正反為訓也可考慮。」沈先生意見擊中肯綮，謹致謝忱。「籃羨」之「不平」與「薄大」二義，蓋即正反為訓也，詞義既變，故讀音也不同。

〔註78〕王繼如《「龍鍾」董理》，《辭書研究》1991 年第 1 期，第 145～149 頁；收入王繼如《訓詁問學叢稿》，江蘇古籍出版社 2001 年版，第 211～217 頁。

音轉又作「隴種」，《荀子・議兵篇》：「案角鹿埵隴種東籠而退耳。」楊倞註：「其義未詳。蓋皆摧敗披靡之貌。或曰：鹿埵，垂下之貌，如禾實垂下然。隴種，遺失貌，如隴之種物然。或曰即〔龍〕鍾也。『東籠』與『涷瀧』同，沾濕貌，如衣服之沾濕然。《新序》作『隴鍾而退』，無『鹿埵』字。」〔註 79〕《新序》見《雜事三》，今本作「觸之者隴種而退耳」。此例狀頹敗貌。郭在貽謂「隴種」、「龍鍾」音轉為「郎當」、「闌單」、「落拓」〔註 80〕。

音轉又作「儱侗」、「龍鍾」、「躘踵」、「躘蹱」、「躘鐘」，《玉篇》：「儱，儱侗，行不正也。」又「躘，躘蹱，小兒行皃。」《廣韻》：「儱，儱侗。侗，儱侗，不遇皃。」又「躘，躘踵。踵，躘踵，行不正也。踵，躘踵，小兒行皃。」《集韻》：「躘，躘蹱，行貌。」又「蹱、徸：《埤倉》：『躘蹱，行不進貌。』一曰小兒行。或從彳。」又「躘、儱：躘蹱，不能行皃，一曰不強舉。或從人。」又「蹱、僮：躘蹱，不能行皃，或從人。」皆狀行動困重遲緩貌。《祖庭事苑》卷 6：「龍鍾，當作『躘蹱』，行不進貌。」王觀國曰：「字書曰：『躘蹱，行不進貌。』而文士皆用『龍鍾』字者，用省文也。」〔註 81〕唐・白居易《相笑謔題此解嘲》：「瀟灑登山去，龍鍾遇雨回。」《樂邦文類》卷 5：「漸漸鷄皮鶴髮，看看行步躘蹱。」甲本作「龍鍾」，《龍舒增廣淨土文》卷 5作「躘踵」。《圓悟佛果禪師語錄》卷 9：「雖然老病躘鐘。」《全唐詩》卷 387盧仝《自詠》：「盧子躘踵也，賢愚總莫驚。」注：「躘踵，一作『龍鍾』。」皆狀困頓、蹭蹬貌也，引伸則為行步遲重，故又為老憊貌也。郝懿行曰：「案：龍鍾，或作『隴種』，又作『躘踵』、『儱侗』，字雖各別，音義則同。」〔註 82〕胡文英曰：「龍鐘，低頭艱步貌。吳中謂老人不健相曰龍鐘。」〔註 83〕

〔註 79〕 盧文弨曰：「舊脫『龍』字。『龍鍾』乃當時常語，今補。」所補是也。但盧氏又改「涷隴」為「涷瀧」，云：「舊誤作『涷瀧』，今改正。」則殊無必要。楊註當作「角鹿，垂下之貌」，正文「埵」字即涉「垂」而誤衍。劉台拱謂「角」字衍，非也。盧文弨《荀子校》，收入《諸子百家叢書》，上海古籍出版社影印浙江書局本 1989 年版，第 83 頁。劉台拱《荀子補注》，收入《劉氏遺書》，《叢書集成續編》第 15 冊，新文豐出版公司 1991 年版，第 481 頁。另參見蕭旭《「果贏」轉語補記》。

〔註 80〕 郭在貽《〈荀子〉札記》、《魏晉南北朝史書語詞瑣記》、《唐詩與俗語詞》，並收入《郭在貽文集》卷 3，第 8～9、26、70 頁。

〔註 81〕 王觀國《學林》卷 9，中華書局 1988 年版，第 314 頁。

〔註 82〕 郝懿行《證俗文》卷 6，收入《續修四庫全書》第 192 冊，上海古籍出版社2002 年版，第 500 頁。

〔註 83〕 胡文英《吳下方言考》卷 1，收入《續修四庫全書》第 195 冊，上海古籍出版

　　音轉又作「籠東」、「瀧涷」、「儱倲」、「儱倲」、「壠東」、「隴東」，《玉篇》：「倲，儱倲，儜劣兒。」《廣韻》：「瀧，瀧涷，沾漬。」又「涷，瀧涷，沾漬。」徐復曰：「語出《方言》第七：『瀧涿謂之沾漬。』音變則爲『瀧涷』，二字疊韻。」〔註84〕《廣韻》：「倲，儱倲，儜劣兒，出《字諟》。」徐復曰：「儜劣，謂弱劣無用。《北史》借用『籠東』，亦取弱劣義。」〔註85〕《集韻》：「儱，儱倲，劣也。」又「倲，儱倲，劣也，或作倲。」又「瀧，瀧涷，溼也。」《六書故》：「瀧，瀧涷，沾溼也。」明・陳士元《俗用雜字》：「雨下溼衣曰瀧涷。」〔註86〕《北史・李穆傳》：「籠東軍士。」《記纂淵海》卷60引作「壠東」，又卷61引作「隴東」。《寒山詩》：「裝車競嵾嶙，翻載各瀧涷。」項楚曰：「瀧涷，同『籠東』，狼狽貌。『籠東』即『東籠』之倒文。」〔註87〕《類聚》卷83漢・蔡邕《琴操》：「紫之亂朱粉墨同，空山歔欷涕龍鍾。」《周書・王褒傳》《與周弘讓書》：「援筆攬紙，龍鍾橫集。」高步瀛曰：「『瀧涷』、『瀧涿』，皆與『龍鍾』同。龍鍾，蓋流淚貌。」〔註88〕唐・李端《贈康洽》：「龍鍾相見誰能免？」上三例狀淚流貌，亦即沾漬義之引伸也。胡文英曰：「瀧涷，水溼透物貌。吳諺謂溼透爲瀧涷。」〔註89〕今吳語尚有「不成籠東」之語，形容不成器、無用。倒言則作「東籠」、「涷隴」，《荀子・議兵篇》：「案角鹿埵隴種東籠而退耳。」楊注「如隴之種物然」，望文生義。「東籠」即「隴種」之倒文，「涷隴」即「瀧涷」之倒文。胡文英曰：「吳中形鼓聲曰東籠。」〔註90〕

　　音轉又作「瀧涿」，《方言》卷9：「瀧涿謂之霑漬。」〔註91〕方以智曰：

　　　　社2002年版，第18頁。
〔註84〕徐復《〈廣韻〉音義箋記》，收入《徐復語言文字學晚稿》，江蘇教育出版社2007年版，第167頁。
〔註85〕徐復《〈廣韻〉音義箋記》，收入《徐復語言文字學晚稿》，江蘇教育出版社2007年版，第167頁。
〔註86〕陳士元《俗用雜字》，收入《歸雲別集》卷25，明萬曆刻本，《四庫全書存目叢書・經部》第190冊，齊魯書社1997年版，第160頁。
〔註87〕項楚《寒山詩注》，中華書局2000年版，第379頁。
〔註88〕高步瀛《南北朝文舉要》，中華書局1998年版，第679頁。
〔註89〕胡文英《吳下方言考》卷1，收入《續修四庫全書》第195冊，上海古籍出版社2002年版，第16頁。
〔註90〕胡文英《吳下方言考》卷1，收入《續修四庫全書》第195冊，上海古籍出版社2002年版，第16頁。
〔註91〕《玉篇》引「霑漬」作「沾漬」，同。

「《說文》：『瀧涷，沾漬也。』……《方言》：『瀧涿謂之霑瀆。』林氏曰：
『（瀧涿）音籠冢。』此與《說文》相證，可存。」〔註92〕涿讀如字，林氏
音冢，無據。王念孫、錢繹亦謂「瀧涿」與「瀧涷」、「隴種」、「東籠」爲語
之轉〔註93〕。徐復曰：「瀧涿，音變作『瀧涷』，古音涷、涿對轉。」〔註94〕

音轉又作「瀧漉」，《論衡·自紀篇》：「筆瀧漉而雨集，言溶溜而泉出。」
錢繹曰：「（瀧涿）聲轉而爲『瀧涷』，又轉而爲『瀧漉』。」〔註95〕

方以智曰：「龍鍾，一作『隴種』、『躘踵』、『儱偅』，轉爲『籠東』、『瀧
涷』。」〔註96〕吳玉搢曰：「隴種、躘踵、儱偅、籠東，龍鍾也。」〔註97〕郝
懿行曰：「今案：『籠東』蓋當時方言，或『鶻突』，無分曉之意。又『籠東』
與『郎當』聲相近，今人以遲緩不及事謂之『郎當』，義亦相近。」〔註98〕郝
氏謂「籠東」即「鶻突」，非也〔註99〕。

音轉又作「襱縱」、「襱襡」，《集韻》：「襱，襱縱，衣寬兒。」《類篇》：「襱
襡，衣寬兒。」

音轉又作「籠鐘」，《廣韻》：「鐘，籠鐘，竹名。」北周·庾信《邛竹杖
賦》：「霜風色古，露染斑深。每與龍鍾之族，幽翳沉沉。」《齊民要術》卷 10
引《南越志》：「羅浮山生竹，皆七八寸圍，節長一二丈，謂之龍鍾竹。」竹
名龍鍾，以其大也，《廣韻》專字作「籠鐘」。明·方以智《通雅》卷 6 引姚
文燮曰：「竹曰龍鍾，生羅浮，亦謂其大而笨累也。」〔註100〕漢·郭憲《洞冥
記》卷 2：「時得異石，長十丈，高三丈，立於望仙宮，因名龍鍾石。」石名

〔註92〕方以智《通雅》卷 6，收入《方以智全書》第 1 冊，上海古籍出版社 1988 年
　　　　版，第 258 頁。《說文》無此語，當作《廣韻》。方氏失檢。
〔註93〕王念孫《廣雅疏證》，收入徐復主編《廣雅詁林》，江蘇古籍出版社 1998 年版，
　　　　第 166 頁。錢繹《方言箋疏》，上海古籍出版社 1984 年版，第 445～446 頁。
〔註94〕徐復《變音疊韻詞纂例》，收入徐復《語言文字學叢稿》，江蘇古籍出版社 1990
　　　　年版，第 128 頁。
〔註95〕錢繹《方言箋疏》，上海古籍出版社 1984 年版，第 445 頁。
〔註96〕方以智《通雅》卷 6，收入《方以智全書》第 1 冊，上海古籍出版社 1988 年
　　　　版，第 258 頁。
〔註97〕吳玉搢《別雅》卷 1，收入景印文淵閣《四庫全書》第 222 冊，臺灣商務印書
　　　　館 1986 年初版，第 610 頁。
〔註98〕郝懿行《證俗文》卷 6，收入《續修四庫全書》第 192 冊，上海古籍出版社
　　　　2002 年版，第 494 頁。
〔註99〕「鶻突」同「糊塗」，另參見蕭旭《「果蠃」轉語補記》。
〔註100〕方以智《通雅》卷 6，收入《方以智全書》第 1 冊，上海古籍出版社 1988 年
　　　　　版，第 258 頁。

龍鍾，亦以其大也。倒言則作「鍾籠」，《文選・長笛賦》：「惟鍾籠之奇生兮，于終南之陰崖。」李善注引戴凱之《竹譜》：「鍾籠，竹名。」

音轉又作「攏鄿」、「儱橦」、「籠僮」、「籠銅」，《樂府詩集》卷 61 晉・左延年《秦女休行》：「朣朧擊鼓赦書下。」《御覽》卷 481 引作「攏鄿」，又卷 652 引作「儱橦」。「朣朧」爲「攏鄿」、「儱橦」之倒文。唐・沈佺期《則天門赦改年》：「籠僮上西鼓，振迅廣陽雞。」唐・柳宗元《寄韋珩》：「飢行夜坐設方略，籠銅枹鼓手所操。」上三例狀鼓聲。胡文英曰：「籠銅，鼓聲也。吳中形擊鼓聲爲籠銅。」〔註 101〕倒言則作「朣朧」、「冬瓏」、「冬矓」，《樂府詩集》卷 61 晉・左延年《秦女休行》：「朣朧擊鼓赦書下。」《御覽》卷 481 引作「攏鄿」，又卷 652 引作「儱橦」。「攏鄿」、「儱橦」爲「朣朧」之倒文。唐・李賀《瑤華樂》：「穆天子，走龍媒，八彎冬瓏逐天回。」《昌谷集》卷 4 作「冬矓」。此二例狀鼓聲。胡文英曰：「冬瓏，聲也。今諺謂大鈴及鼓聲皆曰釘鈴冬瓏也。朣朧，鼓聲。吳中形擊鼓聲曰朣朧。」〔註 102〕

要之「龍鍾」一系皆爲潦倒笨累之狀〔註 103〕。唐・李匡乂《資暇集》卷下解「龍鍾」云：「鍾即涔爾，涔與鍾並蹄足所踐處，則龍之致雨，上下所踐之鍾，固淋漓瀎潡矣。」李氏顯爲臆說，《四庫全書總目》卷 118 已斥其穿鑿〔註 104〕。楊愼曰：「龍鍾，竹名，年老曰龍鍾，言如竹之枝葉搖曳，不能自禁持也。」〔註 105〕楊說望文生義。徐文靖曰：「（卞）和蓋以良玉見棄，洒涕於龍鍾巨石爲可悲耳。」〔註 106〕徐氏雖知楊說爲非，而以「龍鍾巨石」說之，亦未爲得也。

5. 「零丁」考

字或作「伶丁」，《類聚》卷 29 漢・李陵《贈蘇武詩》：「遠處天一隅，苦

〔註 101〕 胡文英《吳下方言考》卷 1，收入《續修四庫全書》第 195 冊，上海古籍出版社 2002 年版，第 17 頁。
〔註 102〕 胡文英《吳下方言考》卷 1，收入《續修四庫全書》第 195 冊，上海古籍出版社 2002 年版，第 16 頁。
〔註 103〕 參見方以智《通雅》卷 6，收入《方以智全書》第 1 冊，上海古籍出版社 1988 年版，第 258 頁。又參見胡鳴玉《訂訛雜錄》卷 4，商務印書館中華民國 25 年版，第 47～48 頁。
〔註 104〕 《四庫全書總目》卷 118，收入景印文淵閣《四庫全書》第 3 冊，臺灣商務印書館 1986 年初版，第 559 頁。kg
〔註 105〕 楊愼《丹鉛餘錄》卷 14，收入景印文淵閣《四庫全書》第 855 冊，臺灣商務印書館 1986 年初版，第 93 頁。
〔註 106〕 徐文靖《管城碩記》卷 28，中華書局 1998 年版，第 521～52 頁。

困獨零丁。」〔註107〕《文選‧陳情表》李善注引作「伶丁」。

　　字或作「跉釘」，《玉篇》：「跉，跉釘，行皃。」《集韻》：「跉，跉釘，偏行。」

　　字或作「伶仃」等，《廣韻》：「仃，伶仃，獨也。」《集韻》：「釘、仃：跉釘，獨行，或从亻。」又「罜，䍦罜，小罔。」又「䍦，罜䍦，罔也。」又「樘，樛樘，長木。」又「髒、骻：髒骹（骹），骨貌，或省。」〔註108〕又「骹，髒骹，長骨貌。」《集韻》：「筳，筜筳，竹器。」蓋以其體長而名之也。《集韻》「釘」字條引郭璞曰：「鶴郝矛，江東呼爲鈴釘。」明‧焦竑《俗書刊誤》卷9：「伶仃：獨行。零丁：孤苦。鈴釘：矛名。䍦罜：小網。」

　　字或作「寧丁」，《魏書‧張彝傳》：「未幾，改牧秦蕃，違離闕下，繼以譴疾相纏，寧丁八歲，常恐所採之詩永淪丘壑。」

　　字或作「伶俜」，《玄應音義》卷6：「伶俜：《三蒼》云：『伶俜猶聯翩也。』經文多作跉跰。」此條爲《妙法蓮華經》卷2《音義》，檢經文作「伶俜辛苦五十餘年」，宋、元、明本作「跉娉」。《添品妙法蓮華經》卷2同，宋、元本作「跉跰」，明本作「跉娉」。《大方廣佛華嚴經隨疏演義鈔》卷6亦同，乙本作「跉跰」。「伶俜」、「跉跰」、「跉娉」並同。《阿毘達磨大毘婆沙論》卷99：「移流他國，跉跰不安。」宋、元、明本作「伶俜」。亦其例。《玉篇》：「跉，跉娉，行不正。」《廣韻》：「跉，跉娉。」又「娉，跉娉，不正，亦作『伶俜』。」

　　字或作「跉俜」，《龍龕手鑑》：「俜，跉俜，行不正也。又作伶俜，孤單皃。」

　　字或作「伶竮」、「跉俜」、「伶俜」，《廣韻》：「伶，伶竮，行皃。」《集韻》：「跉、伶、跉，跉娉，行貌，或從亻從足。」《佩觿》卷中：「伶，伶俜，行皃。」唐‧窺基《妙法蓮華經玄贊》卷6：「伶音郎丁反，與零同。《切韻》：『伶者樂人。』非此所明。俜音匹丁反。《三蒼》云：『伶俜猶聯翩也。』亦孤獨貌。《切韻》若行不正，作跉娉。跉音郎丁反，娉音普丁反。亦作伶竮。又行不正作跉釘。跉釘即令揰音。今多作跉跰，不知所說。有解云：『跉跰，足履危險之貌。』亦有本作跉俜字。此是孤單之狀。」

〔註107〕《古文苑》卷8引同。

〔註108〕方成珪曰：「髒譌從延，據宋本及《類篇》正。」方成珪《集韻考正》，收入《續修四庫全書》第253冊，上海古籍出版社1995年版，第205頁。

　　字或作「伶娉」，《古詩爲焦仲卿妻作》：「昼夜勤作息。伶俜縈苦辛。」《韻補》卷2「辛」字條引作「伶娉」。

　　字或作「令俜」，晉・王羲之《謝仁祖帖》：「彥仁書云：『仁祖家欲至蕪湖。單弱令俜，何所成？』」

　　字或作「跉蹁」，《大乘密嚴經》卷1：「跉蹁受窮獨，貪病眾苦煎。」宋、元、明本作「跉蹁」。

　　字或作「伶併」，《佛說羅摩伽經》卷2：「貧窮孤逬，跉蹁失勢。」宋、宮本作「跉蹁」，聖本作「伶併」。

附　記：

　　1. 本文承友人龐光華博士指正非一，謹致謝忱。

　　2. 本稿完成後，得讀《語言研究》2010年第1期董志翹《同源詞研究與語文辭書編纂》一文。董先生謂「郎當」、「闌單」皆爲「了」之音轉，云：「本爲『懸物貌』，引申指懸掛之物，物懸則長，引申之，則有『長』義，『懸長』引申之則有鬆垮、破弊義、疲軟無力之義。再引申之，則有失志蹭蹬等義。再引申之，則有放浪不羈、不務正業義。」所指引申方向與本文正相反，錄以備考。

　　3. 本文承沈培教授指正，今將沈先生意見採入記於注釋中。

（刊於日本《中國語學研究・開篇》第29卷，2010年9月日本好文出版，這裏是增訂稿）

「齟齬」考

1. 齟齬，猶言不齊、不相投合，《玉篇》：「齟，齟齬。」《類篇》：「齟，齟齬，齒不正。」《太玄・親》：「其志齟齬。」范望注：「齟齬，相惡也。」

字或作「鉏鋙」、「鋤鋙」，《廣韻》：「鋙，齟齬，不相當也。或作『鉏鋙』。」又「鋙，鉏鋙，不相當也。」《集韻》：「鉏、鋤，鉏鋙，相距皃，或从助。」《類篇》：「鋤，鋤鋙，相距皃。」朱謀㙔曰：「鉏鋙，乖迕也。」〔註1〕《六韜・虎韜・軍用》：「大雨，蓋重車上板，結泉鉏鋙廣四尺，長四丈以上，車一具，以鐵杙張之。」《楚辭・九辯》：「圓鑿而方枘兮，吾固知其鉏鋙而難入。」洪興祖注：「鉏鋙，不相當也。」《文選》呂延濟注：「鉏鋙，相距貌。」《史記・孟子傳》《索隱》引作「齟齬」。胡文英曰：「案：鉏鋙，不合也。吳中謂彼此語言意見不合曰鉏鋙。」〔註2〕唐・王起《切玉劍賦》：「玉則貞堅，誠齟齬而難入；劍惟銛利，將脫穎而莫齊。」此例顯用《楚辭》典，而易「鉏鋙」爲「齟齬」。《說文》：「業，大版也，所以飾縣鐘鼓，捷業如鋸齒，以白畫之，象其鉏鋙相承也。」唐・神清《北山錄》卷 1：「蛇以鉏鋙傲乎風。」又卷 4：「於忿懟之俗，則必鑿枘鉏鋙。」慧寶注並云：「鉏鋙，不齊貌。」

字或作「齟齬」、「𪘜齬」，《慧琳音義》卷 35：「𪘜齬：上音助，下音語。《說文》：『𪘜齬，齒不相順值也。』高下水不齊平也，巉巖也。」今本《說文》作「齟，齟齬，齒不相值也」。此條爲《佛頂最勝陀羅尼經序》《音義》，檢經

〔註1〕 朱謀㙔《駢雅》卷 1，收入《叢書集成新編》第 38 冊，新文豐出版公司 1985年版，第 337 頁。
〔註2〕 胡文英《吳下方言考》卷 3，收入《續修四庫全書》第 195 冊，上海古籍出版社 2002 年版，第 29 頁。

文作：「偶魯陽之揮落日，故齟齬於再中」。段玉裁曰：「鱋齬，疊韻。《廣韻》曰：『齟齬，不相當也。』或作『鉏鋙』。上牀呂切，下魚巨切。按《金部》鋙下云：『鉏鋙也。鋙或作鋙。』《周禮》注作『鉏牙』。《左傳》：『西鉏吾。』以『鉏吾』爲名。牙、吾古音皆在九魚。許書各本鱋訓齬齒也，齬訓齒不相值也，二篆自當類廁，各本離之甚遠。又鱋側加切，齬魚舉切，全失古語疊韻之理。蓋由鱋之字變爲齟，齬之字變爲齭，因以齟齭並入麻韻，而與齬畫分異處耳。今從齵齫之例正之，不爲專輒也。从齒虍聲。大徐側加切。按古音在五部，當依《廣韻》牀呂切。」〔註3〕

字或作「鉏鋙」、「鋤鋙」，《說文》：「鋙，鉏鋙也。鋙，鋙或从吾。」又「錡，鉏鋙也。」《廣韻》：「鋙，鉏鋙，不相當也。鋙，上同。」段玉裁曰：「鉏鋙蓋亦器之能相抵拒錯摩者。」〔註4〕敦煌寫卷 S.2071《切韻》：「鋙，鋤腳（鋙）。」〔註5〕

字或作「鉏吾」，《左傳·成公十八年》：「西鉏吾曰：『何也？』」段玉裁謂「鉏鋙」、「鉏吾」爲「鉏鋙」、「齟齬」之同音叚借〔註6〕。

字或作「岨峿」，《集韻》「峿，岨峿，山皃。」《文選·文賦》：「或妥帖而易施，或岨峿而不安。」李善註：「岨峿，不安貌。」又引《楚辭》「鉏鋙」爲證。《類聚》卷 56、《記纂淵海》卷 57 引並作「齟齬」。《南齊書·陸厥傳》：「岨峿妥帖之談，操末續顛之說。」《南史》作「齟齬」。

字或作「齟齚」，唐·白居易《無可奈何歌》：「倔強其骨髓，齟齚其心胷。」一本作「齟齬」。

字或作「鉏牙」，《集韻》：「鉏，鉏牙，物傍出也。」《周禮·冬官·考工記·玉人》鄭注：「二璋，皆有鉏牙之飾於琰側。」方以智曰：「齟齬，因有『鉏鋙』、『鉏鋙』、『岨峿』、『鱋齬』、『鉏牙』。……古吾與牙聲通。」〔註7〕

〔註3〕 段玉裁《說文解字注》，上海古籍出版社 1981 年版，第 79 頁。
〔註4〕 段玉裁《說文解字注》，上海古籍出版社 1981 年版，第 705 頁。《儀禮·士昏禮》：「媵御沃盥交。」鄭註：「御，當爲訝。」《莊子·山木》：「無譽無訾。」《呂氏春秋·必己》作「無訝無訾」。亦其證。
〔註5〕 關長龍曰：「『腳』當爲『鋙』字之形訛。」張涌泉主編《敦煌經部文獻合集》第 5 冊，中華書局 2008 年版，第 2257 頁。
〔註6〕 段玉裁《說文解字注》，上海古籍出版社 1981 年版，第 705 頁。
〔註7〕 方以智《通雅》卷 6，收入《方以智全書》第 1 冊，上海古籍出版社 1988 年版，第 260 頁。方氏言「古吾與牙聲通」者，第 23 頁《通雅》卷首一《漢晉變古音沈韻塡漢晉音說》：「如『允吾』音鉛牙，中國竟譯以『鉛牙』，而乃作

吳玉搢曰:「鉏鋙、岨峿、鉏牙,齟齬也。古吾、牙聲近,故或借用牙。」許
瀚曰:「案:古牙祇讀吾,非止聲近。」〔註8〕薛傳均曰:「牙與吾古音同,鉏
吾蓋即鉏牙也。」〔註9〕孫詒讓曰:「《廣韻》:『齫齖,齒不平也。』《說文》:
『齟,齟齬,齒不相值也。』又『鋙,鉏鋙也。』《周禮‧玉人》鄭注作『鉏
牙』,《楚辭‧九辯》又作『鉏鋙』,並聲近字通。」〔註10〕

字或作「鉏麑」、「鉏彌」、「沮麛」,《左傳‧宣公二年》:「宣子驟諫,公
患之,使鉏麑賊之。」《國語‧晉語五》同,《說苑‧立節》作「鉏之彌」,《呂
氏春秋‧過理》作「沮麛」。杜注:「鉏麑,晉力士。」《釋文》:「鉏,仕俱
反。麑,音迷,一音五兮反。」《史記‧晉世家》《集解》引賈逵曰:「鉏麑,
晉力士。」《正義》:「鉏,音鋤。麑,音迷。」「麑」、「彌」、「麛」音轉讀如
崖〔註11〕。「鉏麑」當為人名,蓋得名於牙齒參差不齊。《廣韻》:「鉏,又姓,
《左傳》有鉏麑。」《通志》卷 29《氏族略》:「鉏氏,《左傳》晉有力士鉏
麑。」以「鉏」為姓,非也。

字或作「櫖牙」、「擄牙」,《釋名》:「牙,櫖牙也,隨形言之也。」〔註12〕
《逸雅》本作「擄牙」,《廣博物志》卷 25 引同。章太炎曰:「牙古音如吾,

『允吾』乎?……則漢、晉時猶有牙如吾之聲。」《漢書‧地理志》:「金城郡:
允吾。」應劭曰:「允吾,音鉛牙。」《後漢書‧馬援傳》:「羌因將其妻子輜
重移阻於允吾谷。」李賢注:「允吾,音鉛牙。」《儀禮‧聘禮》:「賓進訝受
几于筵前。」鄭注:「今文訝為梧。」又《公食大夫禮》:「從者訝受皮。」鄭
注:「訝,迎也。今文曰梧受。」《史記‧滑稽傳》「騶牙」,即《詩‧騶虞》
之「騶虞」,亦即《山海經‧海內北經》、《廣雅》之「騶吾」也。《廣韻》:「衙,
語居切,又音牙。」《公羊傳‧文公二年》:「晉侯及秦師戰于彭衙。」《釋文》:
「衙音牙,本或作牙。」《爾雅翼》卷 18:「古者音聲之假借,以牙為吾。」
另參見陳第《毛詩古音攷》卷 3,收入《叢書集成新編》第 40 冊,新文豐出
版公司 1985 年印行,第 227 頁。
〔註8〕 吳玉搢輯、許瀚校勘《別雅》卷 3,收入《叢書集成新編》第 38 冊,新文豐
出版公司 1985 年版,第 360 頁。
〔註9〕 薛傳均《說文答問疏證》卷 3,《叢書集成初編》第 1125 冊,中華書局 1985
年影印,第 57 頁。
〔註10〕 孫詒讓《札逸》卷 2,齊魯書社 1989 年版,第 58 頁。另參見段玉裁《說文解
字注》「齟」字條,上海古籍出版社 1981 年版,第 79 頁。
〔註11〕 參見下「疪疵」條及其注釋。
〔註12〕 櫖,四部叢刊本影印明嘉靖翻宋本作「櫨」,蔡天祐刊本作「櫨」,瑞桃堂刻
本作「擄」,格致叢書本、鍾惺評本作「擄」,並誤。黃丕烈、仲淳、段玉裁
並校作「櫖」,邵晉涵校作「擄」。參見任繼昉《釋名匯校》,齊魯書社 2006
年版,第 101 頁。《御覽》卷 368 引誤作「植牙」。

亦如錯。《釋名》曰：『牙，櫡牙也。』故孳乳爲『齟齬』，齒不正也。又孳乳爲『鉬鋙』，《楚辭》曰：『圓鑿而方枘兮，吾固知其鉬鋙而難入。』《周禮》注作『駔（鉬）牙』……『齟齬』旁轉則爲『齱齵』矣。」〔註13〕徐復曰：「『櫡牙』同『槎牙』，錯雜不齊。」〔註14〕

字或作「迦互」，《說文》：「迦，迦互令不得行也。」《繫傳》：「臣鍇曰：『迦互，猶犬牙左右相制也。』」「互」、「牙」古字通用〔註15〕。

字或作「迦枒」，《集韻》：「迦，迦枒，木如蒺藜，上下相距。枒，迦枒，木相拒。」

字或作「齟齘」、「齟齘」，《玉篇》：「齘，齟齘，齒不平。」又「齟，齟齘。」《廣韻》：「齘，齟齘，齒不平正。」《龍龕手鑑》：「齟，或作。齟，正。齟齘，齒不正。」重言作「齟齟齘齘」，宋・正受《嘉泰普燈錄》卷 25：「齟齟齘齘，千變萬化。」宋・惟白《建中靖國續燈錄》卷 29：「齟齘鋸下三臺唱，絲竹笙簧和此吟。」《宋詩紀事》卷 70 吳鋼《崇壽寺》：「坳徑石齟齘，梅枝礙竹斜。」

字或作「齰訝」，《玉篇》：「齰，齰訝，訶兒。」《龍龕手鑑》：「齰，齰訝，訶兒。」「齰」即「齰」之譌。

字或「齰齘」，《廣韻》：「齘，齰齘，不相得也。」又「齰，鋤駕切，齰齘。」

字或作「齰齘」，唐・孟郊《哭李丹員外并寄杜中丞》：「生死方知交態存，忍將齰齘報幽魂。」《文苑英華》卷 303 作「齘齰」。「齘齰」爲倒文。

字或作「杈枒」、「扠扠」，《廣韻》：「枒，杈枒。」《集韻》：「扠，技（扠）扠，不正。」〔註16〕《類篇》：「搭，或作扠，扠扠，不正。」《文選・魯靈光

〔註13〕 章太炎《文始》，收入《章太炎全集（七）》，上海人民出版社 1999 年版，第 286 頁。章氏作「駔牙」，蓋據《周禮・春官・宗伯》賈公彥疏：「先鄭讀駔爲駔牙之駔。」清・沈廷芳《十三經注疏正字》卷 27：「下二駔字，疑鉬字誤。」
〔註14〕 徐復《〈釋名〉補疏》（上編），收入《徐復語言文字學晚稿》，江蘇教育出版社 2007 年版，第 15 頁。
〔註15〕《易・大畜》《釋文》：「牙，徐五加反，鄭讀爲互。」《周禮・牛人》：「凡祭祀共其牛牲之互。」《釋文》「互，劉音護，徐音牙。」《詩・楚茨》毛傳：「或陳於互，或齊於肉。」《爾雅》邢昺疏引作「牙」。《漢書・楚元王傳》：「宗族磐互。」又《谷永傳》：「百官盤互。」顏師古注並曰：「互，字或作牙。」另參見顧炎武《唐韻正》卷 4。
〔註16〕《集韻》「技」爲「扠」誤。《類篇》、《五音集韻》正作「扠」。

殿賦》：「芝栭欑羅以戢香，枝掌杈枒而斜據。」李善註：「杈枒，參差之貌。」
六臣本作「扠抙」。唐・杜甫《雕賦》：「擊叢薄之不開，突杈枒而皆折。」

　　字或作「权椏」，《倭名類聚鈔》：「枒（权）椏，音砂、音鴉。《方言》
云：『江東謂樹枝曰枒（权）椏。』上楚加反，枝也。下於加反，木斜也。」
〔註17〕《集韻》：「椏，《方言》：『江東謂樹歧（枝）爲权椏。』」〔註18〕

　　字或作「踤跚」，《集韻》：「跚，踤跚，行不進。」

　　字或作「疨疨」，《玉篇》：「疨，疨疨，病甚也。疨，疨疨。」《集韻》：「疨，
疨疨，病甚。」《廣韻》：「疨，疨〔疨〕，瘡不合也。」《龍龕手鑑》同。二書
並脫一「疨」字，考《集韻》：「疨，疨疨，創不合也，一曰病甚。」《五音集
韻》：「疨，疨疨，瘡不合。」正可據補〔註19〕。元・任士林《老婆牙賦》：「東
海有物曰老婆牙，疨疨醜石，掊之得膏，是可怪已。」

　　字或作「厏厊」，敦煌寫卷 P.3906《碎金》：「厏厊：乍迓。」朱鳳玉曰：
「《玉篇》：『厏，十雅切，屋未成。厊，五鍛切，完也，舍也。』《切韻》：『疨，
疨疨，口不合。』《龍00846》：『厏，側下反，厏厊，不相著也。』」〔註20〕按：
所引《玉篇》非也。《廣韻》：「厊，厏厊，不合。」《集韻》：「厊，厏厊，不
相合。」

　　字或作「厏厊」，《集韻》：「厊，厏厊，不齊。」朱謀㙔曰：「厏厊，不齊
也。」〔註21〕

　　字或作「詐訝」、「謯誣」，《集韻》：「詐、謯，詐訝，言戾，或從虘。」
清・倪濤《六藝之一錄》卷263：「詐訝，訶貌。」

〔註17〕一本作：「权椏：《方言》云：『河（江）東謂樹歧（枝）曰权椏。』砂、鴉二
　　　　音。」
〔註18〕今本《方言》無此文，胡吉宣疑爲《方言》郭注佚文，虞萬里疑爲劉昫《方
　　　　言》佚文。胡吉宣《玉篇校釋》，上海古籍出版社1989年版，第2501頁。虞
　　　　萬里《〈倭名類聚鈔〉引〈方言〉考》，收入《榆枋齋學林》，華東師範大學出
　　　　版社2012年版，第467頁。
〔註19〕余迺永曰：「王一、全王有『疨』無『厏』，云：『疨厊，又士馬反。』士下反
　　　　處切三獨一『厏』字，故此『疨』字乃衍文。」失之。蔡夢麒點作「疨，疨，
　　　　瘡不合也」。黃侃、周祖謨並無說。蓋皆不知有脫文也。余迺永《新校互注宋
　　　　本廣韻》，上海辭書出版社2000年版，第309頁。蔡夢麒《廣韻校釋》，嶽麓
　　　　書社2007年版，第682頁。黃侃《黃侃手批廣韻》，中華書局2006年版。周
　　　　祖謨《廣韻校本》，中華書局2004年版。
〔註20〕朱鳳玉《敦煌寫本〈碎金〉研究》，文津出版有限公司1997年版，第280頁。
〔註21〕朱謀㙔《駢雅》卷1，收入《叢書集成新編》第38冊，新文豐出版公司1985
　　　　年版，第336頁。

　　字或作「惛忦」，《集韻》：「忦，惛忦，心不合。」《類篇》：「惛，惛忦，多伏計。」

　　字或作「嗟訝」、「詫訝」，《廣韻》：「訝，嗟訝。」《增韻》：「訝，嗟訝，疑怪也。」唐・范攄《雲谿友議》卷上：「于公覽書，亦不嗟訝。」宋・郭若虛《圖畫見聞志》卷 3：「李一見，嗟訝曰：『此鄧某也。』」明・孫承恩《忠州》：「創行乃自茲，詫訝驚老翁。」

　　字或作「齾狑」，《集韻》：「齾，齾狑，齒出兒。」

　　字或作「齾齖」，《五音集韻》：「齖，齾齖，不相得也。」

　　字或作「差牙」，《三國志・姜維傳》裴松之注：「夫功成理外，然後爲奇，不可以事有差牙，而抑謂不然。」《漢語大詞典》釋爲「差互，差錯」，又引周一良《三國志札記》曰：『『牙』當是『互』字之誤。差互猶言乖互也。隸書『互』字或寫作『乇』，唐人猶多如此寫。」〔註 22〕周氏釋義近是，而以「牙」爲「互」之誤，則未得。

　　字或作「差互」，《世說・棲逸》：「傅隱事差互，故不果遣。」《宋書・范曄傳》：「曄等期以其日爲亂，而差互不得發。」《魏書・崔玄伯傳》：「幼度亦豫令左右覘迎之，而差互不相値，爲亂兵所害。」《冊府元龜》卷 931 作「差牙」。「差互」即「差牙」，岐出不相合之義。《漢語大詞典》釋爲「錯過時機，差錯」〔註 23〕。

　　字或作「咋呀」，敦煌寫卷 P.2653《鷰子賦》：「今欲據法科繩，實即不敢咋呀。」徐復曰：『『咋呀』是違拗命令的意思。《集韻》：『訴，訴訝，言戾。』『訴訝』二字疊韻，與『咋呀』通用。」〔註 24〕蔣禮鴻曰：「《集韻》又有『厏厊』，音同『訴訝』，解作『不相合』，音義都相近。」〔註 25〕黃征、張涌泉曰：「《玉篇》有『齰齖』一詞，釋爲『訶兒』，當亦同一聯綿詞。」〔註 26〕項楚曰：「咋呀，言語不合、犟嘴。亦作『厏厊』、『訴訝』、『齰齖』等。」〔註 27〕伏俊璉說同，又曰：「張鴻勳釋『咋呀』爲『大聲宣叫』，亦

〔註 22〕《漢語大詞典》（縮印本），漢語大詞典出版社 1997 年版，第 1151 頁。

〔註 23〕《漢語大詞典》（縮印本），漢語大詞典出版社 1997 年版，第 1151 頁。

〔註 24〕徐復《敦煌變文詞語研究》，《中國語文》1961 年第 8 期，收入《徐復語言文字學叢稿》，江蘇古籍出版社 1990 年版，第 224 頁。

〔註 25〕蔣禮鴻《敦煌變文字義通釋》，收入《蔣禮鴻集》卷 1，浙江教育出版社 2001 年版，第 244 頁。

〔註 26〕黃征、張涌泉《敦煌變文校注》，中華書局 1997 年版，第 408 頁。

〔註 27〕項楚《敦煌變文選注》，中華書局 2006 年版，第 531 頁。

通。郭晉稀師曰：『咋呀，申辯之貌。』」〔註28〕

字或作「吒嗃」、「吒呀」，胡適藏本《降魔變文》：「眉鬱翠如青山之兩崇（重），口吒嗃猶江海之廣闊。」敦煌寫卷 S.6551V《佛說阿彌陀經講經文》：「他家淨土人端正，釋迦世界㮴吒嗃。」《古尊宿語錄》卷 20：「如今箇箇口吒呀，問著烏龜喚作鼈。」張金泉曰：「『吒嗃』音之相近，有『婭姹』、『婭婼』、『窊窊』。」〔註29〕張說得之。但張氏又系連爲「娃冶」、「夭斜」，則恐過寬。

字或作「膵胢」，倒言則爲「胢膵」，《玉篇》：「膵，膵胢，脯臘也。」《廣韻》：「膵，膵胢，脯臘。」又「膵，胢膵，脯也。」肉脯幹縮則分叉，故名爲「膵胢」也。

字或作「叉牙」，唐·韓愈《落齒》：「叉牙妨食物，顛倒怯漱水。」宋·魏仲舉《五百家注昌黎文集》卷 4 引孫氏注：「叉牙，不齊也。」

字或作「槎枒」，唐·元稹《寺院新竹》：「槎枒矛戟合，屹仡龍蛇動。」重言作「槎槎枒枒」，元·吳萊《題方景賢護法寺壁枯木竹石》：「槎槎枒枒，蒙蒙茸茸。」

字或作「槎牙」，唐·劉禹錫《客有爲余話登天壇遇雨之狀因以賦之》：「滉瀁雪海翻，槎牙玉山碎。」重言作「槎槎牙牙」，《如淨和尚語錄》卷 2：「槎槎牙牙，老梅樹忽開花。」

字或作「嵯岈」，唐·李筌《太白陰經》卷 7：「牙嵯岈而出口，爪鈎兜而露骨。」元·陳孚《居庸疊翠》：「嵯岈枯木無碧柯，六月太陰飄急雪。」

字或作「查牙」，《文苑英華》卷 330 唐·曹唐《病馬》：「墮月兔毛乾觳觫，失雲龍骨瘦查牙。」注：「查牙，一作牙槎。」唐·韋縠《才調集》卷 4 作「牙槎」。

字或作「岞岈」、「嵖岈」，《太平寰宇記》卷 11：「岞岈山在縣西五十六里，從唐州慈邱縣來。」又卷 20：「嵖岈山在縣北三十里，其山形勢嵖岈，〔因〕爲名。」宋·陳思《安樂窩中詩》：「銀河洶湧翻晴浪，玉樹嵖岈生紫煙。」《舊唐書·黃巢傳》：「率部眾入嵖岈山。」

字或作「楂枒」，宋·劉敞《雪後遊小園》：「逕泥生沮洳，凍乳滴楂枒。」

〔註28〕伏俊璉《敦煌賦校注》，甘肅人民出版社 1994 年，第 467 頁。
〔註29〕張金泉《變文詞義釋例初探》，收入項楚、張涌泉主編《中國敦煌學百年文庫·語言文學卷（二）》，甘肅文化出版社 1999 年版，第 127 頁。

宋・方岳《雪後梅邊》：「半身蒼蘚雪楂枒，直到頂頭纔數花。」一本作「槎枒」。

　　字或作「槎丫」，《本草綱目》卷33：「槎丫草。」

　　字或作「槎岈」，明・李東陽《悼手植檜次匏庵先生韻》：「槎岈插高空，突兀撐重門。」

　　字或作「䛂訝」，《集韻》：「䛂，䛂訝，言不正。」

　　字或作「傞伢」，《金瓶梅》第3回：「傞伢驚新態，含糊問舊名。」又第40回：「傞伢漫驚新態變，妖嬈偏與舊時殊。」

　　它的最早字形作「鹵（㲃）虎」，春秋秦公大墓石磬銘文：「鹵虎䬸（載）入，又（有）䟣（䡩）䬸（載）䒭（漾）。」孫常敍指出「鹵虎」與「厏厊」、「齞齖」、「鉏牙」、「鉏鋙」同源，即止樂之器「敔」〔註30〕。

　　2. 倒言則作「錏鍜」、「錏瑕」、「亞瑕」、「鴉遐」、「錏鐷」，《說文》：「錏，錏鍜，頸鎧。」《廣雅》：「錏鍜謂之鏂鉧。」《雜寶藏經》卷8：「悉與金錏瑕。」《慧琳音義》卷75引誤作「錏鍜」。《可洪音義》卷22引《付法藏因緣經》作「亞瑕」。敦煌寫卷P.3391《雜集時要用字》：「衫子、襠襠……手衣、鴉遐、香袋。」P.260《俗務要名林》：「錏鐷，上烏加反，下戶牙反。」

　　字或作「椏枒」，《玉篇》：「椏，木椏枒。」《廣韻》：「椏，《方言》云：『江東言樹枝爲椏枒也。』」〔註31〕宋・蔣堂《栀子花》：「庭前栀子樹，四畔有椏枒。」范寅曰：「椏枒：『鴉叉』。干歧曰椏，枝歧曰枒。」〔註32〕

　　字或作「齖齼」，《御覽》卷368引《通俗文》：「唇不覆齒謂之齖齼。」有注：「齖，音牙。齼，祖家切。」

　　字或作「齬齜」，《易林・比之既濟》：「精華銷落，形骸醜惡，齬齜挫頓，枯槁腐蠹。」此從宋元本，汲古本作「齟齬頓挫」。《豫之履》、《觀之解》並作「齟齬挫頓」。

　　字或作「睚眦」、「睚眥」、「厓眥」、「厓眦」、「崖柴」、「唯喍」、「嗌柴」、「嗌喍」、「唯齜」、「嗌齜」、「睚睳」、「睚睙」、「唯齜」、「齜齸」、「齜齜」、「齺

〔註30〕 孫常敍《「鹵虎」考釋》，《孫常敍古文字學論集》，東北師範大學出版社1998年版，第374頁。另參見譚步雲《釋「柷敔」》，《古文字研究》第26輯，中華書局2006年版，第499～501頁。

〔註31〕 《集韻》引「枝」誤作「歧」。今本《方言》無此文，已詳上注。

〔註32〕 范寅《越諺》卷中（侯友蘭等點注），人民出版社2006年版，第239頁。「鴉叉」爲其直音。

齜」、「齯齚」、「厓柴」，《廣雅》：「睚眦，裂也。」《集韻》「眥」字條引作「睚眥」。《玉篇》：「喍，啀喍也。」又「齜，齯齜。」又「眦，睚眦也。睞，同上。」《廣韻》：「睚，睚眦，怨也。」又「眦，士解切，睚眦。」《戰國策・韓策二》：「感忿睚眦之意。」敦煌寫卷 P.2569《春秋後語》作「睚眥」。鮑彪注：「睚眦，怒視也。」《史記・范雎傳》：「一飯之德必償，睚眦之怨必報。」《索隱》：「睚音崖賣反，眦音士資反。睚眦，謂相嗔怒而見齒也。」眦讀音士資反，誤。《史記・龜策傳》：「素有眦睚不快，因公行誅。」《文選・爲袁紹檄豫州》：「操因緣眦睚，被以非罪。」《後漢書・袁紹傳》作「睚眦」。呂向注：「眦睚，瞋目貌。」《晉書・王猛載記》：「微時一餐之惠，睚睞之忿，靡不報焉。」《漢書・杜業傳》：「報睚眦怨。」顏師古注：「睚音厓。睚，舉眼也。眦即眥字，謂目匡也。言舉目相忤者，即報之也。一說：睚音五懈反，眦音仕懈反。睚眦，瞋目貌也。兩義並通。」後說是，顏氏謂「兩義並通」，未得。《通鑑》卷 61：「今爭睚眥之隙。」胡三省註：「睚，牛懈翻，怒視也。眥，疾智翻，目際也。毛晃曰：『厓眥，舉目相忤貌。亦作眦，士懈翻。』」毛氏讀士懈翻是。《玄應音義》卷 13：「睚眦：下靜計反。謂裂眥瞋目之皃也。《漢書》『素無睚眦』、《史記》『睚眦之怨必報』是也。」眦讀靜計反，非也。又卷 20：「睚眦：五賣反，下助賣反。《廣雅》：『睚，裂也。』《說文》以爲：『眥，目匡也。』《淮南》云『瞋目裂眥』即其義也。」讀音則是，釋義則誤。「睚眦」之眦當讀助賣反、士懈反（zhài），或讀財賣反、士佳反（chái），不當讀疾智反、靜計反（zī）。《漢書・孔光傳》：「厓眥莫不誅傷。」《通志》卷 102 作「厓眦」。王觀國曰：「用厓字者，省文也。」〔註33〕《玄應音義》卷 20「裂眥」條云：「《史記》作睚眥。五賣反，財賣反。瞋目皃也。《漢書》作厓眥，並此義也。」《三國志・曹爽傳》裴松之注引《魏略》：「故於時謗書，謂『臺中有三狗，二狗崖柴不可當，一狗憑默作疽囊』。」《類聚》卷 94 引作「啀喍」，《御覽》卷 904 引作「喥喍」，《事類賦注》卷 23 引作「睚眥」，宋・馬永易《實賓錄》卷 8 作「喥柴」。方以智曰：「崖柴音牙乂（乂）。」〔註34〕《玄應音義》卷 12：「啀喍：犬見齒也。啀啀然也。經文作睚眦，瞋目也。」此條爲《起世經》卷 3《音義》，檢經文：「所有諸狗其身烟黑，垢汙可畏，睚睞嘷吠，出大惡聲。」宋、元、明本作「喥喍」。《慧琳音義》卷

〔註33〕 王觀國《學林》卷 9，中華書局 1988 年版，第 315 頁。

〔註34〕 方以智《通雅》卷 10，收入《方以智全書》第 1 冊，上海古籍出版社 1988
年版，第 416 頁。

14：「齜齜嘷吠：並俗用字也，正體並從齒從柴，省作齜。《聲類》作齜齜。
《考聲》云：『齜齜，狗鬭兒也。』」此條爲《大寶積經》卷88《音義》，檢
經文：「譬如有狗，前至他家，見後狗來，心生瞋嫉，齜齜吠之。」《法苑珠
林》卷90引《摩訶迦葉經》同文作「齜齜」，元本作「齜齜」。《慧琳音義》
卷27：「齜齜：齜齜，騫脣露齒之兒。有作齜，不知所從。」此條爲《妙法
蓮華經》卷2《音義》，檢經文：「鬭諍齜掣，齜齜嘷吠。」宋、元、明、宮
本作「齜齜」，《妙法蓮華經文句》卷6：「齜齜者，齜字亦作齜，聚脣露齒
也。」《妙法蓮華經玄贊》卷6：「語起慢言，名齜齜嘷吠。聚露脣齒名齜齜。
出聲大吼名嘷吠。齜音五佳反。犬鬭也。齜音士佳反。齒不正作齜齜。開口
見齒作齜齜，又不知齜字所出。」《慧琳音義》卷79：「睚睚：案經義睚睚，
張口露齒瞋怒，作齜人之勢也。」《法華傳記》卷9：「鬭諍搚掣，齜齜食噉。」
《法苑珠林》卷91《感應緣》：「睚睚之嫌，輒加刑殺。」《南海寄歸內法傳》
卷2：「何得睚睚於毘尼之說？」《大方便佛報恩經》卷7：「既被毒箭，齜齜
哮吼，欲前搏撮。」明本作「齜齜」。《止觀輔行傳弘決》卷10：「齜，犬鬭
也。齜者，齒不正也。」《法苑珠林》卷78《百緣經》：「齜齜怒目食，背脇
縱橫穿。」《出生無邊門陀羅尼經》卷1：「七名迦拏囉藥叉，唐言齜齜。」
宋、元、明本作「齜柴」。敦煌寫卷S.2614《大目乾連冥間救母變文》：「長
蛇咬咬三曾黑，大鳥崖柴兩翅青。」《寒山詩》：「投之一塊骨，相與齜齜爭。」
《全唐詩》卷806作「齜齜」。蔣禮鴻曰：「『崖柴』就是『齜齜』……『齜
齜』、『齜齜』即『崖柴』……『柴』的本字當爲『齜』，與『齜』字同義連
文。」〔註35〕郭在貽、項楚說略同〔註36〕。明・湯顯祖《齜彪賦》：「諒厓
柴之已去，放野牧以逡巡。」倒言則作「齜齜」、「齜齜」、「齜齜」、「齜齜」、
「齜齜」、「睚睚」、「眦睚」、「柴崖」，《慧琳音義》卷27：「齜齜：《說文》、
《玉篇》作齜，謂開口見齒曰齜齜。《切韻》：『齒不正曰齜齜。』」《廣韻》：
「齜，五佳切，齜齜。」《集韻》：「齜，齜齜，齒不齊。」又「齜，齜齜，
犬鬭兒。」又「齜、齜：齜齜。齜，齜齜，齒不正也。」又「齜、齜：齜齜，
齒露貌，或从宜。」又「齜，齜齜，切齒。齜，齜齜，開口切齒。」又「眦，
眦睚，恨視，或作睚、疵，亦書作眦。」《希麟音義》卷4：「齜齜：《玉篇》

〔註35〕 蔣禮鴻《敦煌變文字義通釋》，收入《蔣禮鴻集》卷1，浙江教育出版社2001
　　　　年版，第304～305頁。
〔註36〕 郭在貽《唐代俗語詞雜釋》，收入《郭在貽文集》卷1，中華書局2002年版，
　　　　第106頁。項楚《寒山詩注》，中華書局2000年版，第158～159頁。

作齟齚，褰脣露齒之貌也。」楊寶忠謂《集韻》誤倒作「喋唵」，訓「犬鬬兒」非是〔註37〕，不知此詞固可倒作，而義有相因也。《讚觀世音菩薩頌》卷1：「暴龍哮吼放烟毒，喠喋瞋怒屬惡色。」《慧琳音義》卷76作「齟齚」。《北山錄》卷3：「豈知溫渥之惠，向使遭虎兕皆睚，亦當以力觸之，何望於怒耶？」注：「皆睚，怒貌。」宋・釋覺範《初到鹿門》：「領略見楯瓦，耆年骨柴崖。」又《上元夜病起》：「臘高鶴骨柴崖露，病起霜鬚逐旋增。」《禪林僧寶傳》卷21：「公柴崖而笑曰：『龍象蹴踏，非驢所堪。』」

字或作「痯疪」、「睚皆」〔註38〕。

字或作「忰怍」，《集韻》：「怍，忰怍，多姦也。」

字或作「齣齚」，《集韻》：「齣，齣齚，齒不相值。」

字或作「誜詐」，《五音集韻》：「誜，誜詐，言戾。」

字或作「屍斥」，清・范寅《越諺賸語》：「屍斥：『掗岔』。不相合也。」〔註39〕

字或作「誜詐」、「岈嵖」，粵語謂占地方、霸道為「岈嵖」；粵語謂霸道、蠻橫，西南官話謂討嫌，湘語謂乖戾、不相合皆為「誜詐」〔註40〕。並一義之引申。

字或作「窋奓」，《玉篇》：「奓，窋奓，嬌態貌。」《廣韻》：「窋，窋奓，作姿態兒，奓音宅加切。奓，窋奓。」《集韻》：「窋，窋奓，不正。」朱謀㙔曰：「窋奓，姿媚也。」〔註41〕明・來知德《客問》：「若施藤倚樹，必疵窋奓子之勃窣。」

字或作「婀娵」，《集韻》：「婀，婀娵，態也。」

字或作「婀姹」，《集韻》：「婀，婀姹，作姿。」《五音集韻》：「婀，婀姹，好姿。」唐・張鷟《遊仙窟》：「然後透迤廻面，婀姹向前。」唐・竇臮《述書賦》卷下：「婀姹鍾門，透迤王後。」

字或作「婀妊」，《六書故》：「姹，又作妊，婀姹，作態也。」宋・陸游

〔註37〕楊寶忠《疑難字考釋與研究》，中華書局2005年版，第152頁。

〔註38〕參見蕭旭《「嬰兒」語源考》。

〔註39〕范寅《越諺剩語》（侯友蘭等點注），人民出版社2006年版，第346頁。「掗岔」為其直音。

〔註40〕參見許寶華、宮田一郎《漢語方言大詞典》，中華書局1999年版，第2644、3710頁。

〔註41〕朱謀㙔《駢雅》卷2，收入《叢書集成新編》第38冊，新文豐出版公司1985年版，第338頁。

《瑞草橋道中作》：「老翁醉著看龍鍾，小婦出窺聞婭妊。」

　　字或作「窫嫛」，《廣韻》：「嫛，窫嫛，女作姿態也。」《集韻》：「嫛，窫嫛，女娟也。」元·蘇天爵《元文類》卷 41：「率蒸報窫嫛。」自注：「上於加切，下苦加切。《韻釋》：『女作姿態貌。』今中原方言爲婦人狠惡之稱。」其義於此文正合。元·汪大淵《島夷志略》：「凡民間女子，其形窫嫛。」此正醜惡之義。中原方言如此，吳方言亦有此詞。清·惲敬《大雲山房雜記》：「今吳人以作態不近情爲窫嫛。」〔註42〕《江西通志》卷 151 明·李蘭《題琵琶亭即用香山原韻》：「窫嫛展手不辭彈，還訴中心可憐事。」《廣東通志》卷 60 明·黃佐《粵會賦》：「擁窫嫛之蛾眉，萃黼黼之衣裳。」明·王鏊《洞庭山賦》：「窫嫛陲鮏，耀緋綻紫。」或爲媚態，或爲醜態，其義似相反，而實相成。

　　字或作「齖齫」〔註43〕，敦煌寫卷 P.2564《齖齫新婦文》：「夫齖齫新婦者。」郭在貽疑「齖齫」即「誣訝」，釋爲「言語不正」〔註44〕；施謝捷謂「齖齫」即「窫嫛」，指女子行爲不正、故作恣態〔註45〕。施君且謂郭說失之偏狹，實則二氏各得一偏。項楚曰：「齖齫，形容言語潑辣好鬪。」〔註46〕施君已指出項說無據。張鉉曰：「頗疑『齖齫』與韻書、字書所載『窫嫛』有關……『牙恰』、『訝掐』實即『窫嫛』，所說亦是也；但張君又謂「『齖齫』又音轉爲『腴肛』、『擁狰』、『慃憎』」〔註47〕，則隔之遠矣，未可信從。

〔註42〕惲敬《大雲山房雜記》卷 2，收入《叢書集成新編》第 13 冊，新文豐出版公司 1985 年版，第 666 頁。

〔註43〕此詞蕭旭（2009）曾作過考釋，後見曹海東（2011）亦有近似之意見。蕭旭《敦煌寫卷〈碎金〉補箋》，《東亞文獻研究》總第 4 輯，2009 年 6 月出版，第 51～52 頁；又收入《群書校補》，廣陵書社 2011 年版，第 1339～1340 頁。曹海東《「齖齫」釋義新探》，《語言研究》2011 年第 3 期，第 19～20 頁。

〔註44〕郭在貽《唐代俗語詞雜釋》，收入《郭在貽文集》卷 1，中華書局 2002 年版，第 104 頁。

〔註45〕施謝捷《敦煌變文語詞校釋札記》，《敦煌吐魯番研究》第 1 卷，北京大學出版社 1995 年版，第 62 頁。

〔註46〕項楚《敦煌變文選注》，中華書局 2006 年版，第 1035 頁。

〔註47〕張鉉《「齖齫」新考》，《古漢語研究》2009 年第 1 期，又載《敦煌研究》2009 年第 1 期。張君又駁郭在貽以「駏驉」爲「腴肛」，則亦駁錯了。王梵志詩「尊人嗔約束，共語莫駏驉。」別的寫卷「駏驉」作「肛降」、「江絳」、「江降」，皆即「腴肛」之倒文。「腴肛」同義連文，故可倒寫，意則一也。參見蕭旭《敦煌寫本〈王梵志詩〉校補》，《敦煌學研究》2008 年第 2 期，總第 6 輯；又收入《群書校補》，廣陵書社 2011 年版，第 1283 頁。附記於此。

近代方言「齖齣」又音轉爲「下作」，指言行可憎、可惡〔註48〕。

字或作「搰托」，宋・朱熹《奏鹽酒課及差役利害狀》：「在眾人有搰托抑勒、捕捉欺淩之擾。」

字或作「鴉叉」，唐・李商隱《病中聞河東公樂營置酒口占寄上》：「鎖門金了鳥，展障玉鴉叉。」黃承吉曰：「了鳥、鴉叉，即繚繞、椏杈耳。」〔註49〕

字或作「牙恰」、「訝搯」，《全元散曲》無名氏《滿庭芳》：「牙恰母親，吹回楚雨，喝退湘雲。」《行院聲嗽・人事》：「利害——牙恰。」元・馬致遠《青杏子》：「也不怕薄母放訝搯，諳知了性格兒從來識下。」《盛世新聲》作「牙恰」。《熙雍樂府》卷 8：「苫眼鋪眉做勢煞，乖劣牙恰。」四例亦狠惡之義。張永綿曰：「按『牙恰』爲『兇惡』或『狠毒』義，與『乖劣』同義，連用以加重語意。」〔註50〕王鍈曰：「牙恰，猶言嚴厲……亦作『訝搯』，蓋隨聲取字也。」王氏所說是也，但又謂「疑『牙恰』一詞本源於番語」〔註51〕，則失之矣。二氏釋義近是，但未能探其語源。

字或作「牙槎」，宋・薛季宣《雪》：「凹兜坡崿岞，條突樹牙槎。」宋・歐陽修《于劉功曹家見女奴彈琵琶》：「啄木不啄新生枝，惟啄槎牙枯木腹。」《文忠集》卷 7 注：「一作牙槎。」重言作「牙牙槎槎」，《斷橋妙倫禪師語錄》卷 1：「有一物墨漆黑，屈屈曲曲，牙牙槎槎，恰似多年老梅樹。」《如淨和尚語錄》卷 2 作「槎槎牙牙」。

字或作「齬齟」，宋・劉攽《與杭州知府某資政啓》：「方柄圓鑿，徒齬齟於迷津；深淵薄冰，每戰兢於投足。」宋・薛季宣《上殿箚子三》：「卒有齬齟之歎。」

〔註48〕《漢語大詞典》釋「下作」爲「卑鄙下流」。《漢語方言大詞典》指出北方官話謂貪多、貪吃爲「下作」，又指出吳語謂下賤爲「下足」，並隨文釋義，未中肯綮。《漢語方言大詞典》又引《傳燈錄》：「舉足即佛，下足即眾生。」尤爲牽附，未足信從。《漢語大詞典》（縮印本），漢語大詞典出版社 1997 年版，第 133 頁。許寶華、宮田一郎主編《漢語方言大詞典》，中華書局 1999 年版，第 212 頁。

〔註49〕黃生、黃承吉《字詁義府合按》，中華書局 1954 年版，第 52 頁。

〔註50〕張永綿《元曲語釋札記》，《浙江師範大學學報》1986 年第 4 期。

〔註51〕王鍈《元明市語疏證》，《文史》第 35 輯，收入《語文叢稿》，中華書局，2006 年版，第 77 頁。又見王鍈《宋元明市語匯釋》，中華書局 2008 年版，第 132 頁。

字或作「枒杈」，元・王惲《趙邈齪虎圖行》：「巔崖老樹纏冰雪，石㟌枒杈橫積鐵。」

字或作「枒槎」，《西遊記》第 28 回：「兩個拳頭，和尚鉢盂模樣；一雙藍腳，懸崖榾柮枒槎。」

字或作「椏叉」，明・鮑山《野菜博錄》卷 3：「（椵樹）葉長大，微薄，色頗淡綠，皆作五花椏叉。」

字或作「舠問」，明・田汝成《炎徼紀聞》卷 2：「舠問龍嵸，沉雲晝結。」

字或作「丫叉」，宋・陸游《冬晴與子坦子聿遊湖上》：「雙手丫叉出迎客，自稱六十六年僧。」重言作「丫丫叉叉」，《西遊記》第 40 回：「又見那跳天搠地獻果猿，丫丫叉叉帶角鹿，呢呢癡癡看人獐。」

中原官話謂顎骨爲「牙叉」、謂牙床爲「牙槎」、謂說話不禮貌不客氣爲「牙碴」，蘭銀官話謂說話刻薄的人爲「牙杈」，粵語謂誇誇其談、狂妄自負爲「牙擦」，客家話謂齜牙咧嘴、嘴硬、囂張爲「牙察」，粵語形容某人驕傲自大有「牙察察俐刮刮」的說法〔註 52〕。當皆爲「丫叉」之轉語，本義指牙齒旁出，俗所謂爆（齙）牙，諸義皆此義之引申。吳方言謂爆牙爲「飄牙齒」，又謂誇誇其談爲「說老飄」、「諑老飄」，正與粵語「牙擦」相類。

諸詞並爲同源詞，中心詞義爲「不齊」、「不平」〔註 53〕。

〔註 52〕 參見許寶華、宮田一郎《漢語方言大詞典》，中華書局 1999 年版，第 673、674、677、678 頁。

〔註 53〕 參見蕭旭《敦煌寫卷〈碎金〉補箋》，收入《群書校補》，廣陵書社 2011 年版，第 1339～1340 頁。

「暗淡」考

「暗淡」或作「暗澹」，唐·元稹《送孫勝》：「桐花暗淡柳惺忪，池帶輕波柳帶風。」唐·朱景玄《唐朝名畫錄》：「雲雨暗淡。」唐·元稹《桐花》：「可憐暗澹色，無人知此心。」

字或作「黯淡」、「黯澹」，唐·杜牧《代吳興妓春初寄薛軍事》：「柳暗霏微雨，花愁黯淡天。」唐·陸羽《茶經》卷下：「則其味黯澹。」

字或作「晻淡」、「晻澹」，唐·元稹《閒二首》：「晻淡洲烟白，籬篩日脚紅。」唐·元稹《春六十韻》：「燧改鮮妍火，陰繁晻澹桐。」

字或作「闇淡」、「闇澹」，唐·元稹《鶯鶯詩》：「殷紅淺碧舊衣裳，取次梳頭闇淡粧。」唐·白居易《贈內子》：「闇澹屏幃故，淒涼枕席秋。」

字或作「崦嵫」，敦煌寫卷 BD00400《佛名經》卷 12：「其山崦嵫，幽冥高峻。」《佛說佛名經》卷 1、《圓覺經道場修證儀》卷 6 同。

字或作「馣醰」，《廣韻》：「醰，馣醰，香氣。」

字或作「暗啖」、「喑啖」，《集韻》：「啖，暗啖，少味。」又「喑，喑啖，少味。」

字或作「黭黮」，《楚辭·九歎·遠逝》：「望舊邦之黭黮兮。」王逸注：「黭黮，不明貌也。」宋·蘇軾《鳳咮硯銘》：「或以黭黮灘石爲之，狀酷類而多拒墨。」宋·周密《齊東野語》卷 13：「南劍黭淡灘，湍險善覆舟，行人多畏避之。外嘗戲題灘傍驛壁云：『千古傳名黭淡灘，十船過此九船翻。』」此「黭黮」即「黯淡」音轉之確證。

字或作「晻黮」，《楚辭·遠遊》：「時晻曃其曭莽兮。」漢·王逸注：「日月晻黮而無光也。」

　　字或作「黯黮」，晉・葛洪《肘後備急方》卷 5：「皰黯黮，紫黑色。」《文心雕龍・練字》：「瘠字累句，則纖疎而行劣；肥字積文，則黯黮而篇闇。」

　　字或作「黤黮」、「黤黝」，晉・劉伶《北芒客舍》：「泱漭望舒隱，黤黮玄夜陰。」唐・僧齊己《行路難》：「行路難，君好看，驚波不在黤黮間。」《大方等無想經》卷 6：「其餘光明黤黮不現。」宋、元、明本作「黤黝」。《玄應音義》卷 7：「黤黮：不明也。經文作黝，垢濁也。黝非今用。」又卷 17 引《蒼頡篇》：「黤黮，深黑不明也。」又卷 19：「黤黮：又作黯，同。謂不明也。《纂文》云：『黤黮，深黑也。』」

　　字或作「黦黮」，唐・張說《喜雨賦》：「氣溽靄以黦黮，聲颯灑以蕭條。」唐・張志和《鸑鷟》：「爕鸒黦黮之霓霩乎者。」《廣韻》：「黦，黦黮。」又「黮，黦黮，雲黑也。」《集韻》：「黦，黦黮，果實壞兒。」《慧琳音義》卷 74：「黦黮：《聲類》：『黦黮，深黑也。』顧野王曰：『不明淨也。』《說文》從黑從弇，傳文從黑作黤黮，俗字也。」

　　字或作「黯湛」，唐・元稹《遭風二十韻》：「怪族潛收湖黯湛，幽妖盡走日崔嵬。」《大方廣佛華嚴經隨疏演義鈔》卷 76：「慈雲彌漫而普覆，智海黯湛而包納。」

　　字或作「晻霮」，唐・謝偃《高松賦》：「結晻霮之愁雲，黯蒼茫之寒日。」

　　字或作「闇黮」，宋・沈遼《寄贈伊先生》：「闇黮七八歲，日月何匆匆。」宋・王安石《聞望之解舟》：「闇黮雖莫測，皇明邁羲娥。」

　　字或作「黤黝」，宋・蘇舜欽《丙子仲冬紫閣寺聯句》：「恣睢超一氣，黤黝起孤鵬。」宋・文同《石姥賦》：「色黤黝而骨勁省兮。」

　　字或作「黰黮」，《可洪音義》卷 13：「黰黮：雲黑也，正作『黦黮』也。」《龍龕手鑑》：「黰，正作黤，青黑色也。黮，正作黮，雲黑色也。」鄭賢章曰：「黰黮，聯緜詞，與『黤黮』同。」〔註1〕

　　字或作「黯黲」，明・劉基《愁鬼言》：「是夕也，玄雲往來，月色黯黲，淒風吹衣，陰氣肅穆。」

　　也倒作「黮闇」，《莊子・齊物論》：「我與若不能相知也，則人固受其黮闇，吾誰使正之。」《釋文》：「李云：『黮闇，不明貌。』」宋・陸游《入蜀記》卷 6：「洞極深，後門自山後出，但黮闇，水流其中，鮮能入者。」《集

〔註 1〕　鄭賢章《〈新集藏經音義隨函錄〉研究》，湖南師範大學出版社 2007 年版，第 679 頁。

韻》:「黤，黤闇，不明皃。」

也倒作「黤黮」，上引劉伶詩，《類聚》卷 7 引作「黤黮」。唐・張九齡《奉和聖製喜雨》:「無卉無木，敷芬黤黮。」《等集眾德三昧經》卷 2:「顏色黤黮憔悴。」宋、元、明、宮本作「黮黤」。

也倒作「黤黯」，宋・鄭俠《上朱舍人》:「昏墨黤黯。」宋・周紫芝《哀湘纍賦》:「忽堪輿之黤黯兮，俄炎駭而雲蒸。」

也倒作「黤暗」，宋・孫覿《回宜黃鄧令啟》:「自投黤暗，莫望高明。」又《謝中書王舍人啟》:「溉殘朽於流潤之餘，出黤暗於容光之地。」

也倒作「黤黔」，宋・梅堯臣《正仲見贈依韻和答》:「既無鈌雲劍，身世遭黤黔。」

也倒作「黤晻」，宋・晁補之《是是堂賦》:「神黤晻而載浮兮，涕淫夷而霑襟。」

也倒作「黤黝」，《六書故》:「黤黝，雲起濃黑貌。」

考《說文》:「黯，深黑也。黤，青黑也。」音義同，《集韻》:「黤、黯：深黑色，或從音。」又考《說文》:「黮，大污也。」《廣韻》:「黮，大污垢黑。」則「暗淡」本字形當為「黯黮」。

毛奇齡《越語肯綮錄》:「越俗以……晻昧自私曰打闇黤，音暗探。」〔註2〕此亦用其本義而存於吳越方言者。

〔註2〕 毛奇齡《越語肯綮錄》，收入《續修四庫全書》第 194 冊，上海古籍出版社 2002
年版，第 136 頁。又毛氏《古今通韻》卷 10 同，收入景印文淵閣《四庫全書》
第 242 冊，臺灣商務印書館 1986 年初版，第 232 頁。

－2399－

「㸞斕」考

1. 《玄應音義》卷 7：「㸞斕：又作霖、斑二形，同。下又作斅，同。經文作斑蘭，非體也。」「霖、斑」，《金》同，《永》、《海》、《磧》作「𪁋、玢」。斑蘭，《海》、《磧》作「班蘭」。《慧琳》卷 28 作「㸞斕：又作霖、玢二形，同。下又作般。《通俗文》：『文章謂之㸞斕。』經文作斑蘭，非體也」。霖，《獅》作「𪁋」。《集韻》：「彪，或從彬省，俗作霖，非是。」般，《獅》作「斅」。《玄應》此條為《正法華經》卷 1《音義》，檢經文作「悉遙覩見，煒曄㸞斕」，宋、宮本作「班爛」。《慧琳音義》卷 74：「㸞斕：又作斑、玢二形，同。下又作斅，同。《埤蒼》：『文貌也。』文章成謂之㸞斕。經文作斑蘭，非體也。」考《說文》：「彪，虎文彪也。」《廣雅》：「𪁋，文也。」《玉篇》：「辬，《說文》：『駁文也。』亦作斑。」又「彪，或作玢。」《廣韻》：「㸞，㸞斕，色不純也。」《集韻》：「玢，玉文。」則「辬」、「彪」同源，為本字，「斑」、「㸞」、「𪁋」、「玢」並或體。段玉裁曰：「辬之字多或體，賁、㸞、玢、斑皆是。斑者辬之俗……又或借班為之。」〔註1〕「般」同音借為「斑」、「㸞」，「般」不是「斕」的異體字，《慧琳》謂「斕」又作「般」，誤。字或作鬖，《廣韻》：「鬖，髮半白。」「霖」為「𪁋」之缺誤字。莊炘曰：「經文作『班蘭』是也……㸞、斕、斅皆俗字也。」〔註2〕莊氏以「班」為本字，失之。

字或作「斑斕」、「斑爛」、「班斕」、「斑蘭」，《孔雀王咒經》卷 2：「斑斕

〔註1〕 段玉裁《說文解字注》，上海古籍出版社 1981 年版，第 425 頁。
〔註2〕 清道光二十五年海山仙館叢書本，收入《續修四庫全書》第 198 冊，上海古籍出版社 1995 年影印，第 78 頁。

色龍王。」《大樓炭經》卷 3：「諸四寶照諸天人令正班斕色。」宋、元、明本「班」作「煸」。《法苑珠林》卷 93 引《賢愚經》：「形盡似人，唯足斑斕。」〔註3〕宋、宮本「斑」作「班」，元本「斕」作「爛」。《諸經要集》卷 17 引《賢愚經》作「斑蘭」，元、明本作「煸斕」。《觀世音菩薩授記經》卷 1：「其寶臺上種種雜色，斑爛煒曄清淨照耀。」宋、宮本作「斑斕」，元、明本作「煸斕」。

或作「班蘭」、「斑蘭」、「斑闌」、「班闌」、「斑襴」，《後漢書·南蠻傳序》：「衣裳班蘭，語言侏離。」《通典》卷 187 作「斑蘭」。《三國志·孫權傳》：「吳中童謠曰：『黃金車，班蘭耳，闓昌門，出天子。』」《宋書·符瑞志上》作「斑闌」，《建康實錄》卷 2、《錦繡萬花谷》後集卷 7 作「斑蘭」，《唐開元占經》卷 113 作「斑斕」。《南史·張敬兒傳》：「我車邊猶少班蘭物。」《御覽》卷 681 引作「班闌」。宋·陳元靚《歲時廣記》卷 2 引《四時纂要》：「熟俗云：『八日雨斑闌，高低盡可憐。』」宋·高承《事物紀原》卷 3：「本漢朝服帶劍，取五色班蘭之義。」《玉海》卷 151 作「班蘭」，《宋史》卷 148 作「班斕」，《山堂肆考》卷 37 作「斑闌」。明·蘇濬《諸蠻種類》：「衣斑襴，布褐采。」徐復曰：「煸聲轉爲班、爲斑。」〔註4〕

或作「褊襴」、「斑爛」，《初學記》卷 17 引《孝子傳》：「老萊子至孝，奉二親，行年七十，著五綵褊襴衣，弄鷯鳥於親側。」《御覽》卷 413 引作「班蘭」，又卷 689 引作「斑爛」，《古今事文類聚》續集卷 21 引作「爛斑」。《書鈔》卷 129：「老萊常服斑斕」。《觀世音菩薩授記經》卷 1：「其寶臺上種種雜色，斑爛煒曄清淨照耀。」宋、宮本作「斑斕」，元、明本作「煸斕」。

或作「班爛」、「斑爛」，《類聚》卷 69 梁·到溉《班竹杖詩》：「文彩既班爛，質性甚綢直。」《古詩紀》卷 102 作「斑斕」，又卷 154 作「斑爛」。宋·歐陽修《初食車螯》：「璀璨殼如玉，斑斕點生花。」《宋詩鈔》卷 11 作「斑爛」。

或作「煸斕」，宋·曾鞏《靖安縣幽谷亭》：「青蒼露煸斕，對之精神恬。」

或作「煸斕」，古本戲曲叢刊《三桂記·榮贈》：「但圖朱紫之榮，久失煸斕之養。」

音轉又作「褊斕」、「褊斁」，《集韻》：「斕，褊斕，色穉也，或作斁。」

或作「瑞璘」、「玢璘」，《集韻》：「瑞、玢：瑞璘，玉文，或從分。」《古

〔註3〕 《賢愚經》卷 11 作「斑駁」。
〔註4〕 徐復《變音疊韻詞纂例》，收入《語言文字學叢稿》，江蘇古籍出版社 1990 年版，第 121 頁。

文苑》卷 6 後漢・黃香《九宮賦》：「蚩尤之倫，玢璘而要斒斕。」章樵注：「玢璘，音彬鄰，文采兒。」唐・徐商《賀襄陽副使節判同加章綬》：「晴日照旗紅灼爍，韶光入隊影玢璘。」

或作「班瞵」、「斑瞵」，《晉書・皇甫謐傳》《釋勸論》：「忽金白之輝曜，忘青紫之班瞵。」元・郝經《續後漢書》作「斑瞵」。《韻補》：「瞵，班瞵，雜色貌。」方以智曰：「瞵本〔音〕鄰，又音闌。」〔註 5〕韻書失載此音。清・莊履豐、莊鼎鉉《古音駢字續編》卷 1：「班瞵：斒斕，《晉書》。」清・吳玉搢《別雅》卷 1：「『斑瞵』亦『斑斕』之變也。」

或作「班璘」、「斑璘」，《宋書・樂志三》《董逃行》：「遙望五嶽端，黃金爲闕，班璘。」《滄溟集》卷 1 作「斑璘」。

音轉又作「斑連」，《隸釋》卷 16《武梁祠堂畫像碑》：「老萊子，楚人也，事親至孝，衣服斑連。」「斑連」即上引《孝子傳》「褊襴」之音轉。宋・洪适曰：「（碑）以『斑連』爲『斑斕』。」〔註 6〕清・毛奇齡《古今通韻》卷 4：「漢碑以『班斕』爲『班連』。」瞿中溶曰：「連、斕聲之轉，『斑連』亦疊韻也。」〔註 7〕《淮南子・天文篇》：「至于連石，是謂下春。」高誘註：「連，音爛。」《初學記》卷 1、《御覽》卷 3、《續博物志》卷 3 引並有此注音。《集韻》：「連，郎旰切，連石，山名。」《說文》「瀾」或從連作「漣」。《詩・伐檀》：「河水清且漣猗。」《釋文》：「漣，力纏反。」《爾雅》引作「瀾漪」，《釋文》：「瀾，李依《詩》作漣，音連。」《詩・漸漸之石》鄭玄箋：「今離其繒牧之處，與眾豕涉入水之波漣。」《釋文》：「漣，音連，一本作瀾，力安反。」「波漣」即「波瀾」。《楚辭・招魂》：「網戶朱綴，刻方連些。」王逸注：「橫木關柱爲連。雕鏤連木，使之方好也。」「連」即「闌（欄）」。《通雅》卷 11 引《隣幾雜志》：「同州民謂連雨爲爛雨。」《釋名》：「風吹水波成文曰瀾。瀾，

〔註 5〕 方以智《通雅》卷 37，收入《方以智全書》第 1 冊，上海古籍出版社 1988 年版，第 1125 頁。

〔註 6〕 方以智曰：「《淮南子》曰：『頓于連石，是謂下春。』《續博物志》云：『連當音爛。』今各韻書、字書皆遺此音。《說文》瀾或作漣，可知古連、闌音通也。《隣幾雜志》曰：『同州民謂連雨爲爛雨。』」《淮南子》見《天文篇》，《續博物志》見卷 1。高注：「連，讀腐爛之爛也。」《初學記》卷 1、《御覽》卷 3 引亦有「爛」字注音。方以智《通雅》卷 11，收入《方以智全書》第 1 冊，上海古籍出版社 1988 年版，第 426 頁。

〔註 7〕 瞿中溶《漢武梁祠畫像考》卷 3，北京圖書館 2004 年影希古樓刊本，第 168 頁。

連也，波體轉流相及連也。」又《釋名》：「鄰，連也，相接連也。」《莊子・秋水》《釋文》：「憐，音蓮。」《廣韻》「孌」音落賢切，與「連」同音。《廣韻》：「縺，縺縷，寒具也。」又「孌，孌孌，餅也。」《集韻》：「孌，孌孌，寒具。」此皆「連」、「爛」、「孌」音轉之證。

2. 也倒作「爛煽」、「爛斑」，《玉篇》：「煽，爛煽，文也。」又「爛，爛煽。孌，同上。」《廣韻》：「煽，爛煽。」又「爛，爛煽。」唐・韓翃《少年行》：「千點爛煽噴玉驄，青絲結尾繡纏騣。」《唐詩紀事》卷 30 作「爛煽」。明・程敏政《新安文獻志》卷 48 汪石田《歷象賦》：「其星則乍隱乍彰，英熒綽約，嘽嘽爛煽，照灼焯爍。」

也倒作「爛傷」，《方言》卷 12：「嫣、姅，傷也。」郭璞注：「爛傷，健狡也。」戴震曰：「爛傷，即爛煽。」〔註8〕

也倒作「璘瑌」、「璘瑌」、「璘瓓」、「隣瑌」，《玉篇》：「瑌，璘瑌。」又「璘，璘瑌，文兒；又玉色光彩。」《廣韻》：「璘，璘瑌，文兒。」又「瓓，璘瓓，玉光色。瑌，上同。」《集韻》：「瑌，《埤倉》：『璘瑌，文采兒。』」《龍龕手鑑》：「瑌，隣瑌，玉光色貌也。」明・朱謀㙔《駢雅》卷 1：「璘瑌，華采也。」〔註9〕《漢書・揚雄傳》《甘泉賦》：「翠玉樹之青蔥兮，璧馬犀之璘瑌。」《文選》五臣本、《類聚》卷 39 並作「璘瑌」。顏師古注：「璘瑌，文貌。」蕭該《音義》：「該案《字書》：『璘瑌，采色也。』」李善註引《埤蒼》曰：「璘瑌，文貌。」

也倒作「璘班」，《文選・景福殿賦》：「光明熠爚，文彩璘班。」五臣本作「璘瑌」。李善註引《埤蒼》：「璘班，文貌。」呂延濟註：「璘瑌，光明文彩貌。」

也倒作「璘彬」、「璘斌」、「鄰彬」，漢・張衡《西都賦》：「珊瑚琳碧，瓀珉璘彬。」薛綜注：「璘彬，玉光色雜也。」張銑注：「璘彬，雜色。」《類聚》卷 44 晉・顧愷之《箏賦》：「良工加妙，輕縟璘彬。」梁・任昉《答到建安餉杖》：「定是湘妃淚，潛灑逐璘彬。」《類聚》卷 69 作「鄰彬」。周・庾信《卭竹杖賦》：「拔條勁直，璘斌色滋。」王念孫曰：「（『璘瑌』、『璘彬』、『璘班』）

〔註8〕 戴震《方言疏證》，收入《戴震全集（5）》，清華大學出版社 1997 年版，第 2445 頁。

〔註9〕 朱謀㙔《駢雅》，收入《叢書集成新編》第 38 冊，臺灣新文豐出版公司 1985 年版，第 336 頁。

並字異而義同。」〔註10〕錢大昭曰：「璘者，通作瞵。」〔註11〕

也倒作「斕斑」、「爛斑」、「斕班」，《六書故》：「斕，斕斑，襍色成文也。」唐・李賀《十二月樂詞》：「露花飛飛風草草，翠錦斕斑滿層道。」《海錄碎事》卷 1、2 作「爛斑」。《釋門正統》卷 7：「曾不深究始末，即斕班其衣，攝齊升堂。」

也倒作「璘玢」，唐・元積《代曲江老人百韻》：「酹金光照耀，奠璧綵璘玢。」唐・韋處厚《盤石礋》：「繚繞緣雲上，璘玢毲玉聯。」

〔註10〕 王念孫《廣雅疏證》，收入徐復主編《廣雅詁林》，江蘇古籍出版社 1998 年版，第 192 頁。
〔註11〕 錢大昭《廣雅疏義》，收入徐復主編《廣雅詁林》，江蘇古籍出版社 1998 年版，第 192 頁。

「匾𨾴」考

　　《玄應音義》卷 6：「匾𨾴：《纂文》云：『匾𨾴，薄也。』今俗呼廣薄爲匾𨾴。關中呼䫌𨾴。經文作膈睇，近字也。」𨾴，《磧》作「𨾴」。䫌𨾴，《慧琳》卷 27 作「俾匾」。此條爲《妙法蓮華經》卷 6《音義》，檢經文作「鼻不匾𨾴」，博本作「膈睇」。《玉篇》：「𨾴，匾𨾴，薄也。」又「匾，匾𨾴。」《玄應音義》卷 19：「匾𨾴：《纂文》云：『匾𨾴，薄也。』不圓也。」《集韻》：「睇，膈睇，鼻不正。」《稱讚大乘功德經》卷 1：「其鼻匾𨾴。」宋、宮本作「膈睇」。

　　字或作「匾匭」、「匾遞」，敦煌寫卷 P.3906《碎金》：「人匾匭：必淺反，都分反。」《大唐西域記》卷 12：「其俗生子，押頭匾𨾴。」《釋迦方志》卷 1 作「匾匭」，《法苑珠林》卷 29 引《西域傳》作「匾遞」。

　　字或作「扁虒」、「逼遞」、「遍遞」，《慧琳音義》卷 77：「匾匭：從辵作『遍遞』，錯也。」又卷 82：「匾𨾴：《字統》云：『匾𨾴，薄闊貌。』有從厂作『扁虒』，或從辵作『逼遞』，並非。」此條爲《大唐西域記》卷 1《音義》，檢經文作「其俗生子，以木押頭，欲其遍遞也。」明南本作「匾遞」。

　　字或作「膈睇」、「膈睇」，《可洪音義》卷 14：「膈睇：上卑典反，下他兮反。」《佛本行集經》卷 26：「或鼻匾𨾴，或腹如甕。」聖本作「膈睇」，《玄應音義》卷 19 作「匾𨾴」。

　　字或作「鯿鮷」、「鯿鮷」、「鶣鷈」，《慧琳音義》卷 79：「匾𨾴：《考聲》云：『匾𨾴，薄皃也。』經文作鯿鮷，或有從鳥作鶣鷈，或作鶣，並非也。」《可洪音義》卷 6：「鶣鷈：薄皃也。正作匾𨾴也。」又「鯿鮷：上邊典反，下他兮反。」《太子須大拏經》：「鼻正匾𨾴。」日本金剛寺藏寫經本作「鯿鮷」

〔註 1〕。

當以「匾匾」爲正字。唐・窺基《妙法蓮華經玄贊》卷 10：「腷音方顯反，應作匾字。膥音湯㗖反，應作匾字，匾匾，薄也。」《可洪音義》卷 5：「腷膥：薄皃也，正作匾匾。」《龍龕手鑑》：「腷膥：俗。正作匾匾也。」《玄應》謂「關中呼㪅匾」，《慧琳》作「俾匾」，並「匾匾」音轉也。

字或作「卑匾」、「卑虒」、「卑匣」、「卑遞」、「卑递」、「椑榹」，張家山漢簡《遣策》：「劍一，卑匣二合。」雲夢大墳頭《遣策》：「小卑虒二。」江陵鳳凰山西漢簡牘第 27 號簡：「尺卑虒六枚。」第 36 號簡：「食卑虒一隻。」鳳凰山《遣策》：「八寸卑遞三隻。」羅泊灣《遣策》：「回畫卑递六十。」高臺《遣策》：「椑榹二雙。」馬王堆一號漢墓《遣策》：「笥四合，卑匣五。」《急就篇》卷 3：「槫榼椑榹匕箸贊。」「椑榹」當是一種扁圓形的盤子。

字或作「峔嵽」、「峔嵲」，《玉篇》：「峔，峔嵽。嵽，峔嵽，山皃。」《集韻》：「嵽，峔嵽，山形漸平皃。」又「峔，峔嵲，山皃。」《文選・七命》：「既乃瓊爡嶒崚，金岸峔嵽。」李善注：「峔嵽，漸平貌也。」呂向注：「嶒崚峔嵽，險高貌。」朱謀㙔曰：「峔嵽，險絕也。」〔註 2〕山形漸平，即扁薄之義的引申，呂、朱說失之。

又音轉作「鷿鷉」、「鸊鷉」、「鸊鷉」，《方言》卷 8：「野鳧，其（甚）小，而好沒水中者，南楚之外謂之鷿鷉。」《文選》張衡《南都賦》：「鶂鷉鸊鷉。」李善注引《方言》作「鸊鷉」。《廣雅》：「鸊鷉，鵯（鶺）鷉也。」《佛說立世阿毘曇論》卷 2：「七者寶輪鷿鷉。」宋、元、明本作「鷿鷈」。此鳥之嘴形如鵝鴨呈扁薄狀，故名鷿鷉也。

字或作「卑疕」、「㪅扺」、「椑枑」、「椑扺」、「㪅㧗」、「牌㨽」，《廣雅》：「㪅扺，短也。」〔註 3〕又「（木）下支謂之椑枑。」〔註 4〕《玉篇》：「㪅，㪅扺，短小皃。」又「椑，椑枑，木下枝也。」故宮本王仁昫《切韻》：「椑，椑枑，小樹。」又「枑，椑枑，小樹。」《廣韻》：「㪅，㪅扺，短貌。」〔註 5〕又「枑，

〔註 1〕 金剛寺藏寫本異文承方一新教授檢示，謹致謝忱。
〔註 2〕 朱謀㙔《駢雅》卷 1，收入《叢書集成新編》第 38 冊，新文豐出版公司 1985 年版，第 336 頁。
〔註 3〕 舊本作「扺㪅」，依王念孫、錢大昭說乙正。
〔註 4〕 《集韻》、《五音集韻》、《通志》卷 32 引作「木下支謂之椑枑」。
〔註 5〕 趙少咸曰：「扺，依泰定本、内府本，餘本誤扺。」趙校是，《廣韻》：「扺，㪅扺。」亦其證。趙少咸《廣韻疏證》，巴蜀書社 2010 年版，第 596 頁。

椑榯。」《集韻》：「嬔，婢嬔，短小貌。」王念孫曰：「褚少孫續《日者傳》：
『卑疪而前，孅趨而言。』謂自卑以謟人。義與『婢妭』相近也。『椑榯』與
『婢妭』聲義亦相近。」錢大昭亦曰：「『卑疪』與『婢妭』同。」〔註6〕朱謀
㙔曰：「卑疪，強顏也。」〔註7〕諸說皆是也。王叔岷曰：「『卑疪』蓋猶『卑
陬』。」〔註8〕非也。「扁薄」與「短小」、「矮下」義相因也。唐・陸龜蒙《禽
暴》：「椑榯塗枝，叢植于陂。」《文苑英華》卷373引作「椑榯」。

　　字或作「錍鏊」，倒言則作「鏊錍」。《說文》：「鏊，鏊錍，斧也。」《玉
篇》引作「錍鏊」。蓋指扁薄形之斧。

　　字或作「諀訾」，《廣韻》：「諀，諀訾，惡言。」《集韻》：「諀，諀訾，好
毀譽也。」

　　宋趙叔向曰：「物之匾者曰區匜，音梯。」〔註9〕桂馥曰：「薄曰區匜。」
〔註10〕胡文英曰：「吳中謂匾者曰區匜匜。」〔註11〕楊樹達曰：「按今長沙謂
短而肥之人與物曰區匜家。」〔註12〕是「區匜」方俗語猶存之也。

〔註6〕　王念孫《廣雅疏證》，錢大昭《廣雅疏義》，並收入徐復主編《廣雅詁林》，江
　　　　蘇古籍出版社1998年版，第178～179頁。
〔註7〕　朱謀㙔《駢雅》卷2，收入景印文淵閣《四庫全書》第222冊，臺灣商務印書
　　　　館1986年初版，第522頁。
〔註8〕　王叔岷《史記斠證》，中央研究院歷史語言研究所專刊之七十八，1983年版，
　　　　第3394頁。
〔註9〕　趙叔向《肯綮錄》，中國科學院圖書館藏清嘉慶南匯吳氏聽彝堂刻藝海珠塵本。
〔註10〕桂馥《鄉言正字》，收入《札樸》，中華書局1992年版，第392頁。
〔註11〕胡文英《吳下方言考》卷3，收入《續修四庫全書》第195冊，上海古籍出版
　　　　社2002年版，第26頁。
〔註12〕楊樹達《長沙方言考》，收入《積微居小學金石論叢》，上海古籍出版社2007
　　　　年版，第246頁。

「轒轀」考

「轒轀」為古兵車名，見於早期典籍的記載有：

（1）《墨子‧備城門》：「今之世常所以攻者，臨、鉤、衝、梯、湮、水、穴、突、空洞、蟻傅、轒轀、軒車。」

（2）《六韜‧虎韜‧軍略》：「凡三軍有大事，莫不習用器械，若攻城圍邑，則有轒轀臨衝。」

（3）《孫子‧謀攻篇》：「攻城之法，為不得已。脩櫓、轒轀，具器械，三月而後成；距闉，又三月而後已。」

（4）《漢書‧揚雄傳》《長楊賦》：「砰轒轀，破穹廬。」

或寫作「轒轀」，《說文繫傳》「轒」字條引《六韜》作「轒轀」，云：「轀作轀，扶云反。」《廣雅》：「轒轀，車也。」《玉篇》：「轒，轒轀，兵車。」《廣韻》同。《集韻》：「轒，轒轀，大車。」《六書故》：「轀，轒轀，車名，又作轀。」畢沅曰：「轀、轀音相近。」〔註1〕朱駿聲曰：「轀，叚借為轀。」〔註2〕徐復曰：「按古音宛有蘊音，《史記‧律書》張守節《正義》：『宛，音蘊。』亦可為轀有轀音之一證。」〔註3〕《慧琳音義》卷94「轒衝」條引《長楊賦》「轒碎轀破，取穹廬也」，慧琳指出「轀音盒」。此亦轀叚借為轀之佐證。

或寫作「櫬榅」、「枌榅」、「櫬轀」，上所引《孫子》，《三國志‧魏志‧陳

〔註1〕 畢沅《墨子校注》，收入《叢書集成新編》第20冊，新文豐出版公司1985年版，第406頁。

〔註2〕 朱駿聲《說文通訓定聲》，武漢市古籍書店1983年版，第710頁。

〔註3〕 徐復《變音疊韻詞纂例》，收入徐復《語言文字學叢稿》，江蘇古籍出版社1990年版，第130頁。

泰傳》、《通志》卷 116 引並作「轒輼」，《類聚》卷 63、《御覽》卷 193 引並作「枌輼」，《御覽》卷 317 引作「轒輀」。所引《六韜》，《御覽》卷 336 引作「轒輼」。

關於其形制和作用，《孫子》曹操注：「轒輼者，轒牀也。轒牀，其下四輪，從中推之至城下也。」李筌注：「轒輼者，四輪車也。其下藏兵數十人，填隍推之，直就其城，木石所不能壞也。」李說又見《太白陰經》卷 4。唐·杜佑《通典》卷 160 云：「攻城戰具，作四輪車，上以繩爲脊，生牛皮蒙之，下可藏十人，填隍推之，直抵城下，可以攻掘，金火木石所不能敗，謂之轒輼車。」《御覽》卷 337 引作「枌輼車」。杜佑說本李筌《太白陰經》。《御覽》卷 336 引周遷《輿服雜事》：「枌輼，今之橦車也，其下四輪，從中權（推）之，至敵城下。」宋·陳祥道《禮書》卷 138 云：「轒輼，四輪車，蓋衝車之類也。」宋·曾公亮《武經總要》前集卷 10 有圖。

《漢書》顏師古注引應劭曰：「轒輼，匈奴車也。」《集韻》承應劭說。《通鑑》卷 76 胡三省註謂應劭說非也。胡三省《通鑑釋文辯誤》卷 10：「轒輼不特匈奴有之，中國亦有此車。」《文選》「砰」作「碎」，李善註引服虔曰：「轒輼，百二十步兵車，或可寢處。」「轒輼」車當爲中國所發明，揚雄《長楊賦》描寫破匈奴事，故應劭隨文注爲匈奴車。胡三省所辨，謂「中國亦有此車」，猶不明晰。李零謂「漢族善於城守，攻城器械不一定是漢族的發明……這種車（轒輼）跟匈奴有關，不是沒有可能」〔註4〕，則失考《六韜》與《墨子》，未爲確論。

「轒輼」車命名之由來，古代訓詁家未言其詳。黃侃曰：「名物須求訓詁，訓詁須求其根。」又云：「蓋萬物得名，各有其故，雖由約定俗成，要非適然偶會，推求其故，即求語根之謂也。」〔註5〕「轒輼」之語源，當即「氛（雰）壹」〔註6〕。《說文》：「氛，祥氣也。雰，氛或從雨。」段注：「謂吉凶先見之氣……統言則祥、氛二字皆兼吉凶，析言則祥吉氛凶耳。」〔註7〕《說文》：「壹，壹壹也。從凶從壺。不得泄凶也。《易》曰：『天地壹壹。』於云切。」今本《易·

〔註4〕 李零《兵以詐立》，中華書局 2006 年版，第 151 頁。
〔註5〕 黃焯《訓詁學筆記》，收入黃侃《黃侃國學講義錄》，中華書局 2006 年版，第 247 頁。
〔註6〕 古從賁從分之字多通，參見張儒、劉毓慶《漢字通用聲素研究》，山西古籍出版社 2002 年版，第 926 頁。
〔註7〕 段玉裁《說文解字注》，上海古籍出版社 1981 年版，第 20 頁。

繫辭下》作「天地絪縕，萬物化醇」。段注：「不得泄也者，謂元氣渾然，吉凶未分，故其字從凶在壺中，會意。」〔註8〕《廣韻》：「壹，鬱也。」字或作煾，《說文》：「煾，鬱煙也。」黃侃曰：「煙，煙煾，與『壹壹』同義。」〔註9〕《廣雅》：「烟烟、煾煾，元氣也。」「烟煾」即「絪縕」，與「壹壹」一聲之轉也〔註10〕。

「壹」字典籍未見用例，用其同音借字。

或作「紛縕」、「氛氳」，《楚辭・九章・橘頌》：「紛縕宜修，姱而不醜兮。」王逸注：「紛縕，盛貌也。」《文選・雪賦》：「氛氳蕭索。」李善注引王逸《楚辭注》：「氛氳，盛貌。」《後漢書・班固傳》《寶鼎詩》：「寶鼎見兮色紛縕，煥其炳兮被龍文。」《初學記》卷1、《白帖》卷13引作「氛氳」。《集韻》：「紛，紛縕，亂兒。」

或作「氲氳」，高麗本《玄應音義》卷5：「氲氳：宜作葻菎。《字書》作穩，同。葻菎，盛兒也，亦香也。」《龍龕手鑑》：「氲，氲氳，祥氣也。」唐・王劭《舍利感應記》：「又有香氣氲氳異常。」

或作「薆蘊」、「薆薀」、「紛蘊」，《集韻》：「薆，薆薀，蘊積也。」《楚辭》漢・王褒《九懷》：「薆蘊兮黴黱。」王逸注：「薆，一作紛。」洪興祖《補注》：「薆蘊，蘊積也。」《古文苑》卷9齊・王融《和王友德元古意》：「千里不相聞，寸心鬱紛蘊。」

或作「葻菎」、「芬薀」、「葻薀」，《玉篇》：「葻，葻菎，盛兒。」又「菎，葻菎，盛兒。」《龍龕手鑑》：「葻菎，香氣盛貌也。」高麗本《玄應音義》卷7：「葻菎：葻菎，香氣也，亦盛兒也。經文作芬薀，非也。」海山仙館叢書本、磧砂大藏經本、永樂南藏本「芬薀」作「葻薀」。此條為《正法華經》卷3《音義》，檢經文作「栴檀叢林芬薀而香」，元本作「葻菎」，明本作「氛氳」。《慧琳音義》卷21：「氛氳，又作葻菎也。」又引王逸注《楚辭》曰：「氛氳，盛也。」《慧琳音義》卷98引王逸注則作：「葻菎，盛貌也。」此條為《廣弘

〔註8〕 段玉裁《說文解字注》，上海古籍出版社1981年版，第495頁。

〔註9〕 黃侃《說文同文》，收入黃侃《說文箋識》，中華書局2006年版，第68頁。

〔註10〕 班固《東都賦》：「降烟煾，調元氣。」正「烟煾」連文。字亦作「壹縕」、「氳氳」、「經冤」、「埕鬱」、「壹鬱」、「伊鬱」、「裡鬱」、「抑悤」、「抑鬱」、「湮鬱」。參見方以智《通雅》卷6、吳玉搢《別雅》卷5。倒言則作「鬱煙」、「鬱湮」、「鬱殪」、「郁伊」、「鬱伊」、「鬱抑」、「鬱埋」、「鬱壹」、「鬱喧」等，另參見《「抑鬱」考》。

明集》卷 19 沈約《齊竟陵王發講疏》《音義》，檢經文作：「葐蒀緒法。」宋本作「氛氳」，元、明本誤作「氣氳」。《文選·蜀都賦》：「鬱葐蒀以翠微。」

或作「芬蒀」、「芬穩」、「葐穩」，《廣韻》：「蒀，芬蒀，盛皃。穩，上同。」《集韻》：「穩、醞、蒀，葐穩，香也，或从香从畾。」齊·謝朓《和別沈右率諸君》：「重樹日芬蒀，芳洲轉如積。」

或作「葐醞」、「馩醞」、「馚醞」，《玉篇》：「醞，葐醞，今作蒀。」《廣韻》：「馩，馩醞，香氣。馚，上同。」

或作「蚡縕」，《文選·長笛賦》：「蚡縕蟠紆，繯冤蜿蟺。」李善注：「蚡縕蟠紆，聲相糾紛貌。」

或作「棼縕」，漢·蔡邕《篆勢》：「頹若黍稷之垂穎，蘊若蟲蛇之棼縕。」《左傳·隱公四年》杜預注：「絲見棼縕，益所以亂。」《類聚》卷 7 引《廬山記》：「東南有香鑪山，孤峯秀起，遊氣籠其上，則棼縕若煙。」宋·釋惠遠《廬山略記》作「氛氳」。

或作「分氳」，敦煌寫卷 S.1137《天兵文》：「繞壇場而香氣分氳，列勝幡而寶幢輝耀。」《願文集》校爲「氛氳」〔註12〕，是也。P.2058：「繞城廓（郭）而香氣氛氳，列佛像而寶幢輝煥。」文例同。

或作「紛貤」、「紛云」、「汾沄」、「紛員」、「紛紜」、「訜訫」，《說文》：「貤，物數紛貤，亂也。」《繫傳》：「臣鍇曰：即今紛紜字。」《類篇》：「紛，紛縕亂皃。」又「紜，物數紛云亂也。」《集韻》：「訜，訜訫，語不定。」《龍龕手鑑》：「訜訫：上音分，下音云。」上引班固《寶鼎詩》「紛縕」，《類聚》卷 61、《文選》五臣本、《歷代鐘鼎彝器款識法帖》卷 1、《古賦辨體》卷 4、《漢魏六朝百三家集》卷 11 並作「紛紜」。是「紛縕」同「紛云」、「紛紜」、「紛貤」也。《漢書·司馬相如傳》《難蜀父老文》：「威武紛云。」顏師古注：「紛云，盛貌。」《史記》、《文選》作「紛紜」。張銑注：「紛紜，盛貌。」《漢書·禮樂志》《郊祀歌》：「紛云六幕浮大海。」顏師古注：「紛云，興作之貌。」《樂府詩集》卷 1 作「紛紜」。《漢書·揚雄傳》《長楊賦》：「汾沄沸渭。」顏師古注：「汾沄沸渭，奮擊皃。」《玉海》卷 143 作「紛紜」。《文選》李善注：「汾沄沸渭，眾盛貌也。」五臣本作「紛紜」。《漢書·禮樂志》《赤雀詩》：「赤鴈集，六紛員。」顏師古注：「紛員，多貌也。員音云。」《楚辭·九歎·怨思》：「腸紛紜以繚轉兮。」王逸注：「紛紜，亂貌也。」《後漢書·

馮衍傳》《顯志賦》:「心愊憶而紛紜。」李賢注:「紛紜,猶督亂也。」朱起鳳曰:「或作『紛云』,或作『紛蘊』,並同音通叚。」〔註13〕姜亮夫曰:「『葤蘊』即『紛貵』,一聲之轉。『葤蘊』又作『紛緼』,字又作『紛蘊』。『紛紜』或作『紛云』,又作『紛員』。」〔註14〕

或作「分云」,敦煌寫卷 P.2187《破魔變》:「火然速須歸上界,更莫分云惱亂人。」S.3491V 作「紛紜」。

或作「紛綸」、「紛輪」、「蚡蜦」,《史記・司馬相如傳》《封禪書》:「紛綸葳蕤,堙滅而不稱者,不可勝數也。」《索隱》引胡廣曰:「紛,亂也。淪,沒也。葳蕤,委頓也。」又張揖曰:「亂貌。」《文選》李周翰注:「紛綸葳蕤,言眾多也。」《漢書》作「紛輪」,顏師古注引張揖曰:「紛輪葳蕤,亂貌。」《後漢書・班固傳》《東都賦》:「豈特方軌並迹,紛綸后辟。」李賢注:「紛綸,猶雜蹂也。」《文選》劉良注:「紛綸,眾也。」又《井丹傳》:「五經紛綸井大春。」李賢注:「紛綸,猶浩博也。」《文選》《琴賦》:「紛綸翕響,冠眾藝兮。」呂向注:「紛綸翕響,聲繁美貌。」又《北山移文》:「常綢繆於結課,每紛綸於折獄。」呂延濟注:「紛綸,眾多之貌。」又《辨命論》:「故性命之道,窮通之數,夭闕紛綸,莫知其辨。」劉良注:「紛綸,言多也。」《論衡・書解篇》:「虎猛,毛蚡蜦。」姜亮夫曰:「『紛紜』與『紛緼』,一聲之轉也。字又作『紛蘊』,又作『葤蘊』,疊韻之變則為『紛綸』,字又作『紛輪』。」〔註15〕

或作「慍惀」,《集韻》:「慍,慍惀,煩憒。」《楚辭・九章・哀郢》:「憎慍惀之修美兮,好夫人之忼慨。」二句又見《九辯》。《六書故》:「一說:慍惀,煩悶貌。以其辭意考之,慍惀乃忠悃之意。」蔣驥注:「慍惀,煩憒貌。又《六書故》云:『忠悃貌。』」〔註16〕蔣氏二說並取。譚介甫曰:「慍惀,痕部疊韻聯詞,《六書故》釋作『忠悃』之意。」〔註17〕「煩憒」、「忠悃」二義相因,煩憂於國,是即忠悃也。譚氏謂「慍惀」疊韻聯詞,至確。慍惀

〔註13〕朱起鳳《辭通》卷6,上海古籍出版社1982年版,第513頁。
〔註14〕姜亮夫《楚辭通故(四)》,收入《姜亮夫全集》卷4,雲南人民出版社2002年版,第557頁。
〔註15〕姜亮夫《楚辭通故(四)》,收入《姜亮夫全集》卷4,雲南人民出版社2002年版,第557頁。
〔註16〕蔣驥《山帶閣註楚辭》卷4,收入景印文淵閣《四庫全書》第1062冊,臺灣商務印書館1986年初版,第681頁。
〔註17〕譚介甫《屈賦新編》,中華書局1978年版,第163頁。

即形容渾然一團憂思之貌也。徐文靖曰：「《唐書·徐有功傳》：『開元初，竇希瑊等請以己官讓有功子惀，以報舊〔德〕。』推當日以惀命名之意，自以忠悃爲是。」〔註 18〕諸家解説雖是，而皆未能明其語源。洪興祖注：「慍，心所慍積也。惀，思求曉知謂之惀。」朱熹注同。姜亮夫曰：「慍，怨也，凡有所蘊蓄則怨。惀，思也。蘊蓄之思即心中蘊蓄之義。」〔註 19〕黃靈庚曰：「憎、慍、惀，三字並列同義，皆惡也。」〔註 20〕四氏胥未得。黃説尤爲失之，黃氏以「憎慍惀」作並列之動詞，下著一「之」字，此復成何句法？李詳曰：「慍綸（惀），猶紛綸。慍，作慍積，非。」〔註 21〕所釋雖未允，但指出作「慍積」非，則是也。

或作「蘊淪」、「蝹蜦」，《爾雅》：「小波爲淪。」郭注：「言蘊淪。」邢昺疏：「毛傳：『小風水成文，轉如輪也。』」小波爲淪，取輪轉之義也。《集韻》：「蜦，蝹蜦，蛇行皃。」蓋謂蛇曲行圓折之皃。

或作「菶菖」，明·楊慎《伊蘭賦》：「秉菶菖之萼榮兮，擅芳菲之酷烈。」

倒言則作「溫汾」，《文選·七發》：「所溫汾者，所滌汔者。」李善注：「溫汾，轉之貌也。」呂向注：「溫汾，結聚也。」

「氛氳」形容氣體渾然一體、凝聚不分之貌，故又有香氣盛貌、蘊積貌、紛亂貌之義。皆一義之引伸。「轒轀」形容兵車渾然一體氣勢之盛大也，故因以名焉。以其爲車名，故字從車。車爲木製，故又從木作「橨榅」、「棻榅」。朱駿聲曰：「按密閉者爲轀，人藏其中，並可禦矢石。轒之爲言奔也，其行速。」〔註 22〕其説未得。《墨子·備水》：「並船以爲十臨，臨三十人，人擅弩，計四有方，必善以船爲轒轀。」岑仲勉曰：「轒轀乃撕裂或使裂開之意，故衝裂城垣之車曰轒轀，衝破堤防之船亦曰轒轀，非如此解釋，則莫明車、船之何以同稱矣。衝破堤防須具大力，連環兩船爲一舫者其故即在此。」〔註 23〕亦未得其語源。

字或作「賱賰」、「腪賰」，《玉篇》：「賰，賱賰，富有也。賱，賱賰。」

〔註 18〕徐文靖《管城碩記》卷 17，中華書局 1998 年版，第 297 頁。

〔註 19〕姜亮夫《楚辭通故》，收入《姜亮夫全集》卷 4，雲南人民出版社 2002 年版，第 450 頁。

〔註 20〕黃靈庚《楚辭章句疏證》，中華書局 2007 年版，第 701 頁。

〔註 21〕李詳《楚辭翼注》，收入《李審言文集》，江蘇古籍出版社 1989 年版，第 176 頁。

〔註 22〕朱駿聲《説文通訓定聲》「輗」字條，武漢市古籍書店 1983 年版，第 710 頁。

〔註 23〕岑仲勉《墨子城守各篇簡注》，中華書局 1958 年版，第 50 頁。

《集韻》:「膊,膊腪,肥也。腪,腪膪,富也。」

　　諸詞與「昆侖」等亦同源〔註24〕,茲從略。

〔註24〕另參見蕭旭《淮南子校補》,花木蘭文化出版社 2014 年版,第 520〜524 頁。

「煥爛」考

1. 煥爛，光彩流溢貌。《慧琳音義》卷 17：「煥爛，猶暉赫之盛也。」又卷 40：「煥爛，光明兒，亦盛也。」又卷 47：「《考聲》云：『煥、爛，並光明也。』」《類聚》卷 10 引漢・揚雄《劇秦美新》：「懿律嘉量，金科玉條。煥爛照耀，靡不宣臻。」〔註1〕《御覽》卷 805 引漢・劉歆《西京雜記》：「有青玉五枝燈，高七尺五寸，下作蟠螭，以口含燈，然則鱗甲皆動，煥爛盈室焉。」〔註2〕《類聚》卷 57 後漢・張衡《七辯》：「樂國之都，設爲閒館。工輸制匠，譎詭煥爛。重屋百層，連閣周漫。」敦煌寫卷 S.6659《太上洞玄靈寶妙經眾篇序章》：「五色光中，文采煥爛。」

字或作「煥爤」，見後魏・李仲璿《孔子廟碑》殘文。《可洪音義》卷 27：「煥爤：上火亂反，下郎歎反。」

字或作「渙爛」，《後漢書・延篤傳》：「洋洋乎其盈耳也，渙爛兮其溢目也，紛紛欣欣乎其獨樂也。」李賢注：「煥爛，文章貌也。」「渙爛」形容溢目，正流溢貌也。

字或作「渙瀾」、「渙灛」，《爾雅》：「大波爲瀾。」郭璞注：「言渙瀾。」《釋文》「瀾」作「灛」。《類聚》卷 8 晉・郭璞《釋水贊》：「川瀆綺錯，渙瀾流帶。」

字或作「奐爛」，《文選・琴賦》：「豐融披離，斐韡奐爛。」五臣本「奐」作「渙」。張銑注：「渙爛，聲繁盛貌。」李善注引《風賦》：「眴奐粲爛。」《文

〔註1〕 《揚子雲集》卷 4 作「煥炳」，《文選》卷 48 李善本作「煥炳」，五臣本作「炳煥」。

〔註2〕 今《西京雜記》卷 3 作「煥炳」。《御覽》卷 870 引作「炳爛」。

選・思玄賦》：「文章奐以粲爛。」可知「奐」、「爛」平列。《禮記・檀弓》：「美哉奐焉。」《釋文》：「奐，本亦作煥。奐爛，言眾多也。」疏：「奐，謂其室奐爛眾多也。王云：『奐，言其文章之貌也。』」

字或作「煥爛」，《集韻》：「煥，煥爛，文采。通作奐。」

字或作「換爛」，敦煌寫卷 P.2631：「金相換爛於四衢，銀毫暉舒於八極。」P.2854、S.2146、S.6172 並作「煥爛」。

字或作「丸蘭」，《太玄・密》：「陽氣親天，萬物丸蘭。」《集注》：「王云：『丸蘭，盛大貌。』」敦煌寫卷 P.2237《燃燈文》：「空鍾（中）丸蘭，上通有頂知（之）天。」〔註3〕趙鑫曄曰：「『丸蘭』通『煥爛』。『煥爛』即光明燦爛義。P.3672《燃燈文擬》：『夜現神燈，層層煥爛而星集。』與此義同。」〔註4〕趙說是也，P.2547《齋琬文》：「（上殘）其丹暉，與滿月而齊朗；空中煥爛（下殘）。」正有「空中煥爛」之語〔註5〕。《詩・溱洧》：「溱與洧，方渙渙兮。」《釋文》：「渙，呼亂反，《韓詩》作『洹洹』，音丸；《說文》作『汍汍』。」今《說文》「濇」字條引作「渙渙」，段注：「（『汍汍』）蓋『汝汝』之誤。」〔註6〕鈕樹玉曰：「汝即洹之別體，或作萑、蘿。《詩》《釋文》誤仞汝爲汍，賴《玉篇》可正其失。蓋渙、洹、汝音同可通。」〔註7〕此「丸」、「煥」相通之例。「蘭」、「爛」亦通，《隸釋》卷1《堯廟碑》：「蘭然成就。」洪适曰：「借蘭爲爛。」

字或作「芄蘭」，《詩・芄蘭》：「芄蘭之支。」傳：「興也，芄蘭，草也。君子之德當柔潤溫良。」鄭箋：「芄蘭柔弱，恒蔓延於地，有所依緣則起。」《釋文》：「芄，音丸，本亦作丸。芄蘭，草名。」P.2529《毛詩詁訓傳》作「丸蘭」。馬瑞辰曰：「芄蘭，蓋縱橫蔓衍之貌，故草之蔓曰芄蘭，淚之出亦曰汍瀾。」〔註8〕

字或作「汍瀾」、「汍蘭」、「汍濫」、「萑蘭」，《說文》：「芄，芄蘭，莞也。」

〔註3〕 黃征、吳偉《敦煌願文集》誤錄作「九蘭」，嶽麓書社1995年版，第537頁。

〔註4〕 趙鑫曄《敦煌佛教願文研究》，南京師範大學2009年博士論文，第164、216頁。

〔註5〕 此條材料爲趙鑫曄檢示，謹致謝忱。此例爲趙君與筆者討論時補舉，她的博士論文中未列。

〔註6〕 段玉裁《說文解字注》，上海古籍出版社1981年版，第535頁。

〔註7〕 鈕樹玉《說文新附考》卷5，收入《叢書集成新編》第37冊，臺灣新文豐出版公司1985年版，第72頁。

〔註8〕 馬瑞辰《毛詩傳箋通釋》，中華書局1989年版，第215～216頁。

P.2011 王仁昫《刊謬補缺切韻》：「汍，汍瀾，泣貌。」《廣韻》：「汍瀾，泣淚。」《慧琳音義》卷 83：「汍瀾：《傳》：『離汍，水流貌也。』亦作洹。」《集韻》、《類篇》：「汍，汍瀾，泣貌。」朱謀㙔曰：「汍瀾，闌干下垂也。」〔註9〕方以智曰：「汍瀾，一作萑蘭、汍蘭、丸蘭。」〔註10〕吳玉搢曰：「萑蘭、汍蘭、丸蘭，汍瀾也。《後漢書・馮衍傳》：『淚汍瀾而雨集。』《文選・陸機・弔魏武文》：『涕垂睫而汍瀾。』言流淚縱橫也。《漢書》息夫躬《絕命辭》：『涕泣流兮萑蘭』註：『臣瓚曰：涕泣闌干也。萑與汍古今字，同。』《侯成碑》作『汍蘭』，楊子《太玄》：『陽氣親天，萬物丸蘭。』皆汍蘭之變也。」〔註11〕周祈曰：「萑，葦。蘭，香草。（息夫）躬誤，當作渙瀾，亦縱橫之意。」〔註12〕周氏未達通借之指。朱駿聲曰：「按：（萑蘭）猶汍瀾也。」〔註13〕《文選・答賓戲》：「汍濫而測，深乎重淵。」〔註14〕汍濫，水四溢也。《隸釋》卷 8《金鄉長侯成碑》：『號哭發哀，泣涕汍蘭。』唐・彥悰《大唐大慈恩寺三藏法師傳序》：「執紙操翰，汍瀾腷臆。」《法苑珠林》卷 61：「襄國城塹水源在城西北五里汍瀾祀下。」宋・慧洪《林間錄後集》卷 1：「神力吁莫測，拜瞻涕汍瀾。」

諸詞並同源，中心詞義為「四溢」、「分散」。故光四溢為「煥爛」、「渙爛」、「煥爤」、「奐爛」，水四溢為「渙瀾」、「渙灡」、「汍濫」，眼淚四溢為「汍瀾」、「汍蘭」、「萑蘭」，草木蔓衍為「芄蘭」，萬物縱橫交錯為「丸蘭」。

2. 又音轉作「漫瀾」、「漫爛」、「熳爛」、「熳瀾」，《淮南子・精神篇》：「其已成器而破碎，漫瀾而復歸其故也。」《御覽》卷 833 引作「漫爛」。又《齊俗篇》：「貞信漫瀾，人失其情性。」《文子・上禮》明刊本作「漫瀾」，《纘義》本作「熳爛」。唐・韓愈《新竹》：「縱橫乍依行，熳爛忽無次。」別本作「爛

〔註9〕 朱謀㙔《駢雅》卷 1，收入《叢書集成新編》第 38 冊，臺灣新文豐出版公司1985 年版，第 337 頁。

〔註10〕方以智《通雅》卷 6，收入《方以智全書》第 1 冊，上海古籍出版社 1988 年版，第 261～262 頁。

〔註11〕吳玉搢《別雅》卷 1，收入景印文淵閣《四庫全書》第 222 冊，臺灣商務印書館 1986 年初版，第 637 頁。

〔註12〕周祈《名義考》卷 12，收入《叢書集成續編》第 17 冊，新文豐出版公司 1988年印行，第 745 頁。

〔註13〕朱駿聲《說文通訓定聲》，武漢市古籍書店 1983 年版，第 704 頁。

〔註14〕《漢書・敍傳》作「汎濫」，王先謙《漢書補注》本改作「汍濫」，並誤。書目文獻出版社 1995 年版，第 1745 頁。

煗」、「爛漫」。宋・邵雍《思程氏父子兄弟因以寄之》：「年年時節近中秋，佳水佳山煗爛遊。」

　　字或作「漫汗」，《文選・南都賦》：「布濩漫汗，漭沆洋溢。」劉良注：「漫汗，言廣大也。」唐・柳宗元《天對》：「胡紛華漫汗，而潛謂不死？」漫汗，散亂貌。

　　字或作「謾瀾」，宋・蘊聞《大慧普覺禪師語錄》卷 12：「兩眼皮薄鼻露竅，一生舌本謾瀾翻。」

　　3. 又音轉作「渙汗」，《易・渙》：「九五，渙汗其大號。」《書鈔》卷 103 引王肅註：「王者出令，不可復返，喻如身中汗出，不可反也。」唐・孔穎達《疏》：「人遇險阨驚怖而勞，則汗從體出，故以汗喻險阨也。」唐・李鼎祚《集解》引九家易曰：「謂五建二爲諸侯，使下君國，故宣佈號令，百姓被澤，若汗之出身不還反也。」宋・朱熹《本義》：「汗謂如汗之出而不反也。」諸家之說，皆本劉向。《漢書・劉向傳》：「《易》曰：『渙汗其大號。』言號令如汗，汗出而不反者也。」《後漢書・胡廣傳》：「政令猶汗往而不反。」說同。顏師古注：「言王者渙然大發號令，如汗之出也。」劉向大儒，於此望文生訓，後世《易》家，多從其誤說。尚秉和曰：「吳先生曰：『渙汗連綿字。』愚按『渙汗』蓋與『澔汗』同，與『渙爛』亦同。」〔註 15〕尚氏謂與「渙爛」同，是也，足發千載之覆。朱駿聲曰：「渙汗者，猶潰洫泮汗。」〔註 16〕李鏡池曰：「渙汗，水流盛大。汗，浩汗。」〔註 17〕亦近之。高亨曰：「疑當作『渙其汗大號』，蓋轉寫『其汗』二字誤倒耳。」〔註 18〕帛書本作「渙其肝大號」，誤倒，不可作高說之助。《西京雜記》卷 6 載中山王《文木賦》：「文章璀璨，彪炳渙汗。」〔註 19〕此例爲光彩流溢貌。《文選・辨命論》：「星虹樞電，昭聖德之符；夜哭聚雲，鬱興王之瑞。皆兆發於前期，渙汗於後葉。」張銑注：「渙汗，流布之貌。」

　　4. 或倒言作「爛煥」，《類聚》卷 37 晉・皇甫謐《答辛曠書》：「清喻爛煥，情義欵篤。」明・胡直《文翁頌贈楊春宇郡公》：「乘輶西維，教化爛煥。」字或作「瀾渙」，明・田汝成《炎徼紀聞》卷 1：「紀綱瀾渙。」

〔註 15〕尚秉和《周易尚氏學》，中華書局 1980 年版，第 263 頁。
〔註 16〕朱駿聲《六十四卦經解》，中華書局 1958 年版，第 260 頁。
〔註 17〕李鏡池《周易通義》，中華書局 1981 年版，第 118 頁。
〔註 18〕高亨《周易古經今注》，中華書局 1984 年版，第 335 頁。
〔註 19〕《古文苑》卷 3 同。

　　或倒言作「瀾汍」，淚流貌。唐・羅隱《送臧濆下第謁竇鄜州》：「萬里故鄉雲縹緲，一春生計淚瀾汍。」宋・薛季宣《故使制置閣學蕭公挽章》：「八葉相家長已矣，空教有識涕瀾汍。」

　　或倒言作「爛滿」，敦煌寫卷 P.2999《太子成道經》：「爛滿錦衣花璨璨，無邊神女貌螢螢（瑩瑩）。」

　　或倒言作「爛漫」、「瀾漫」、「爛熳」、「爛縵」、「爛曼」、「瀾熳」、「汗漫」。《金樓子・箴戒篇》：「造爛熳之樂。」《列女傳》卷 7 作「爛漫」，《御覽》卷 569 二引《列女傳》，一引仍作「爛漫」，一引作「爛熳」。《白帖》卷 61 引《史記》：「夏桀大進倡優漫瀾之樂，設奇偉戲靡之聲。」《增韻》卷 4：「瀾漫，淋漓貌。俗作爛熳，非。」以爲誤，則拘矣。

　　《漢語大詞典》：「爛漫，亦作『爛熳』、『爛縵』。」〔註20〕列 16 義，實皆「四散」一義之衍生。

　　鄧聲國曰：「各種古籍中從未見到『爛漫』一詞倒用爲『漫爛』的例子，這也是聯綿詞結構的一個重要表現。」〔註21〕其說非也。上舉「漫瀾」、「漫爛」、「熳爛」、「熳瀾」，不正是其倒用之例嗎？不能考稽群籍，拘於字形，而遽曰從未見到云云，構建理論，吾未見其可也。

〔註20〕《漢語大詞典》（縮印本），漢語大詞典出版社 1997 年版，第 4202～4203 頁。

〔註21〕鄧聲國《「聯綿詞」的界定與反思》，收入《文獻學與小學論考》，齊魯書社 2007 年版，第 82 頁。

「坎坷」考

　　《玄應音義》卷4：「輱軻：又作埳，同。《楚辭》曰：『然輱軻而留滯。』王逸云：『埳軻，不遇也。』」《慧琳》卷31作「轗軻：《楚辭》云：『轗軻。』言留滯也。顧野王云：『轗軻，不遇也。』」今本《楚辭·七諫》作「然埳軻而留滯」，王逸注：「埳軻，不遇也。埳，一作轗，一作輡。」《慧琳》「言」當作「而」，與「留滯」當連上讀。「輱軻」同「轗軻」、「埳軻」、「輡軻」，《廣韻》：「轗，轗軻多迍。」敦煌寫卷 P.2011 王仁昫《刊謬補缺切韻》：「軻，輱軻。」S.161《禮懺文》：「現見世間，行善之人，觸向輱軻。」

　　或作「坎坷」、「坎軻」，《說文》：「坷，坎坷也。」《繫傳》：「臣鍇曰：坎坷，不通也。」《玉篇》：「坷，坎坷，不平。」又「轗，轗軻，亦作坎。」《六書故》「軻」字條云：「坎軻亦作轗坷。」

　　或作「壏坷」、「城坷」、「埳坷」，《玉篇》：「壏，壏坷。」《集韻》：「壏，壏坷，不平。」又「坷，埳坷，地不平。」《龍龕手鑑》：「壏，正。城，俗。城坷。」又「坷，音可，壏坷。」

　　或作「矻軻」，《古詩紀》卷4引《琴苑要錄》衛女《思歸引》：「執節不移兮行不隳，矻軻何辜兮離厥菑。」〔註1〕

〔註1〕　《古詩紀》卷4又引《風雅逸篇》所載《思歸引》，「矻軻」作「坎坷」。

「襤褸」考

「襤褸」亦作「襤縷」、「鑑縷」，指衣服破敗。可以分訓。

襤，爲古楚語，指沒有鑲邊的衣服。《方言》卷 4：「楚謂無緣之衣曰襤。」《說文》：「襤，裯謂之襤（褸）。襤，無緣〔衣〕也。」〔註 1〕徐鍇《說文繫傳》曰：「襤猶濫濫薄也。無緣，故濫薄。」〔註 2〕字或作幱，《說文》：「幱，楚謂無緣衣也。」《玉篇》：「幱，無緣衣也，亦作襤。」字或作鑑，《集韻》：「襤、鑑，衣名。《說文》：『裯謂之襤。』或從糸。」可知「幱」、「襤」、「鑑」爲無緣飾之衣，取意於薄大。

縷，縫紉、縫合。《慧琳音義》卷 55「縫縷」條注引郭注《爾雅》：「縷，連持也。」連持即縫合之義。《慧琳音義》卷 88：「紉緇：顧野王云：『紉，繩縷也。』」野王以縷訓紉，縷亦紉也。字或作褸，《方言》卷 4：「褸謂之緻。」郭璞注：「襤褸，綴結也。」《原本玉篇殘卷》引「褸」作「縷」，「綴結」作「緻絉」；《慧琳音義》卷 19「緻密」條引「褸」亦作「縷」，「綴結」

〔註 1〕 段玉裁謂「褸」字疑衍，又據《韻會》補「衣」字，並是也。《集韻》引《說文》正無「褸」字，可爲段說佐證。段玉裁《說文解字注》，上海古籍出版社 1981 年版，第 392 頁。

〔註 2〕 「濫薄」蓋唐宋口語詞，形容物體薄弱。《通鑑》卷 189：「隋末錢幣濫薄。」「濫薄」或倒作「薄濫」，《北史·高道穆傳》：「自頃以來，私鑄薄濫，官司糾繩，挂網非一。」又倒作「薄藍」，元張可久《寨兒令》：「鬢髮耽珊，身子薄藍，無語似癡憨。」又倒作「薄襤」，明佚名《女姑姑》楔子：「外扮張端甫薄襤上。」明佚名《鎖白猿》楔子：「真人薄襤冲上。」又倒作「跋藍」，形容命運賤薄。秦存鋼謂「跋藍」即「顢連」，失之。「濫薄」之「濫」字或作窺、藍、壈、襤、儖、鬖、髿等字，另參見蕭旭《「郎當」考》「藍衫」條，《中國語學研究·開篇》第 29 卷，2010 年 4 月日本好文出版，第 59〜64 頁。秦存鋼《近代詞語詮釋辨正二則》，《古漢語研究》2001 年第 3 期。

作「袂緻」〔註 3〕。「綴結」亦「縫補」也〔註 4〕。《方言》卷 4：「紩衣謂之褸。」《原本玉篇殘卷》引「褸」作「縷」。考《玉篇》：「緻，縫補斃也。」可知「縷（褸）」爲縫補之義。俗字作縏，《玉篇》：「縏，力若切，紩衣也。」《廣韻》：「縏，離灼切，紩也。」《說文》：「紩，縫也。」今吳語猶謂縫補爲縏，音裸。

「縷」訓縫補，取連綴之義，當亦爲古楚語。《方言》卷 10：「嘋哰、謰謱，拏也。東齊、周、晉之鄙曰嘋哰，嘋哰，亦通語也。南楚曰謰謱。」郭璞注：「拏，言譇拏也。」「謰謱」或作「連謱」、「謰謱」、「連縷」、「連遱」、「嗹嘍」〔註 5〕，《玉篇》：「嘋，嘋哰，撦拏。哰，嘋哰，嗹嘍。」《說文》：「遱，連遱也。」徐鍇《繫傳》：「臣鍇按：《淮南子》有『連遱』之言，猶參差零瓏、若連若絕之意也。」《說文》：「謰，謰謱也。」《繫傳》：「臣鍇曰：義如前『連遱』注。」或作「連嶁」，《淮南子·原道篇》：「終身運枯形于連嶁列埒之門，而蹪蹈於污壑阱陷之中。」高注：「連嶁，猶離嶁也，委曲之類。」《淮南子》多楚語，「連嶁」即《方言》之「謰謱」，正爲古楚語。高注「離嶁」者，猶言「離縷」，今吳方言尚有「離離縷縷」語，狀連續不絕，離字讀平聲，縷讀羅平聲。《字林》：「連縷，不解也。」《玉篇》：「遱，連遱也。」又「嗹嘍，多言也。」又「謰謱，繁拏也。」《類篇》：「遱，《說文》：『連遱也。』謂不絕皃。」《廣韻》：「謱，《說文》云：『謰謱也。』」或作「縺縷」，《慧琳音義》卷 34：「纏縺：《字書》：『縺縷，不解也。』」埒，卑垣、矮牆。《淮南子》句謂運枯形於連連續續的一列列矮牆的門中。劉文典曰：「嶁，即峿嶁。連嶁列埒，謂峿嶁連緜、卑垣橫列。」〔註 6〕蔣禮鴻曰：「連嶁謂連延之嶁，列埒謂成列之埒。」〔註 7〕何寧從蔣說〔註 8〕，並失之。

〔註 3〕「袂」當爲「紩」形誤。徐時儀《一切經音義三種校本合刊》失校，上海古籍出版社 2008 年版，第 824 頁。

〔註 4〕參見華學誠《揚雄方言校釋匯證》，中華書局 2006 年版，第 286～287 頁。

〔註 5〕酌採王念孫、楊樹達說。王念孫《廣雅疏證》「嘋哰，謰謱也」條，收入徐復主編《廣雅詁林》，江蘇古籍出版社 1998 年版，第 496 頁；楊樹達《淮南子證聞》，上海古籍出版社 2006 年版，第 18～19 頁。

〔註 6〕劉文典《淮南子校補》，收入《三餘札記》，《劉文典全集》卷 3，安徽大學出版社、雲南大學出版社 1999 年版，第 360 頁。

〔註 7〕蔣禮鴻《淮南子校記》，收入《蔣禮鴻集》卷 4，浙江教育出版社 2001 年版，第 207 頁。

〔註 8〕何寧《淮南子集釋》，中華書局 1998 年版，第 87 頁。

　　《方言》卷4：「楚謂無緣之衣曰襤，紩衣謂之褸，秦謂之緻。」又「裯謂之襤，無緣之衣謂之襤。」郭璞注：「袛裯，敝衣，亦謂襤褸。」錢繹曰：「按衣無緣則短。」〔註9〕《方言》卷4：「以布而無緣，敝而紩之謂之襤褸。」《原本玉篇殘卷》引作「襤縷」，《御覽》卷693引作「藍縷」。可知「襤褸（縷）」指無邊緣之衣而又加以縫紩。宋翔鳳曰：「謂無緣之衣又加以縫紉，故云襤褸。服虔云：『言其縷破藍藍然。』非正訓也。」〔註10〕服虔之說「藍藍然」，即爲「濫濫薄」之義。《釋名》：「桃濫，水漬而藏之，其味濫濫然酢也。」「濫濫然」意亦同。《初學記》卷1陳・張正見《賦得秋河曙耿耿》：「耿耿長河曙，濫濫宿雲浮。」「濫濫」形容宿雲之薄淡。宋氏解「襤褸」之語源甚確，但未得服虔「藍藍然」之旨〔註11〕。姜亮夫謂「嚂（濫）」雙聲音衍爲「襤褸」〔註12〕，亦失之。或作「藍縷」，《小爾雅・廣服》：「布褐而紩之，謂之藍縷。」是「藍（襤）」即「布褐」、「裋褐」，亦即「無緣之衣」，「縷」即「紩」也。

　　引申則爲破弊之義，或作「襤縷」，《慧琳音義》卷8「索縷」條注：「南楚之人貧，衣破弊惡謂之襤縷。」又卷90：「襤縷：《方言》：『衣無緣曰襤。』郭璞曰：『衣敗也，破也。』」或作「襤褸」，《廣韻》：「褸，襤褸，衣敝。」《龍龕手鑑》：「褸，襤褸，衣破弊也。」《五音集韻》：「襤、䙌，襤褸。」或作「藍縷」、「幱縷」、「藍蔞」、「藍蘽」、「籃縷」，《慧琳音義》卷46：「襤褸：古文襤，又作䙌，同。襤褸，謂衣敗也。凡人衣被醜弊亦謂之襤褸。論文作藍，染草也，藍非今義。」又卷74：「襤褸：古文襤，又作襤，同。謂衣敗也。凡人衣破醜敝皆謂之襤褸也。」又卷75：「襤褸：古文襤，又作䙌，同。謂衣敗也。凡人衣破醜弊皆謂之襤褸。經文從草作藍草之藍，絲縷之縷，非體也。」〔註13〕《左傳・宣公十二年》：「篳路藍縷，以啓山林。」杜預

〔註9〕錢繹《方言箋疏》，上海古籍出版社1984年版，第259頁。

〔註10〕轉引自遲鐸《小爾雅集釋》，中華書局2008年版，第269頁。

〔註11〕明・陸粲《左傳附注》：「服謂『藍藍然』者，似無所據。」亦未得服旨。

〔註12〕姜亮夫《昭通方言疏證》，收入《姜亮夫全集》卷16，雲南人民出版社2002年版，第46頁。

〔註13〕三卷「襤」並當爲「幱」形誤，卷46「被」當爲「破」形誤，卷74、75不誤，今《方言》卷3亦作「被」字，《原本玉篇殘卷》、《類聚》卷35、《初學記》卷18引《方言》並作「被」字，《左傳・宣公十二年》孔疏、《集韻》「褸」條引《方言》作「破」字，不誤。徐時儀《一切經音義三種校本合刊》並失校，上海古籍出版社2008年版，第1304、1806、1841頁。戴震、周祖謨並謂「破」爲「被」字形誤，華學誠從之，恐俱矣。朱起鳳校「被」爲「服」，

注：「藍縷，敝衣。」孔疏引服虔曰：「言其縷破藍藍然。」《方言》卷 3、宋・朱勝非《紺珠集》卷 8 引作「襤褸」，《說文繫傳》引作「幱縷」，唐・劉知幾《史通》卷 6 引作「藍蔞」，《六書故》卷 23 引作「籃縷」。竹添光鴻曰：「『藍縷』與『襤褸』不同……今與『篳路』對言，『篳路』是篳之路，則『藍縷』亦當藍之縷。」〔註 14〕竹氏說未確。《史記・楚世家》：「篳露藍蔞，以處草莽。」《集解》引服虔曰：「藍蔞，言衣敝壞，其蔞藍藍然也。」倒言轉作「褸裂」，《方言》卷 3：「褸裂、須捷，敗也。南楚凡人貧，衣被醜敝謂之須捷，或謂之褸裂，或謂之襤褸。故《左傳》曰：『篳路襤褸，以啓山林。』殆謂此也。」〔註 15〕《原本玉篇殘卷》引「褸裂」、「襤褸」並作「襤縷」，今《左傳》「襤褸」作「藍縷」。方以智曰：「智以褸裂即藍縷之轉音也。」〔註 16〕錢繹曰：「褸本以交裂得名，云『褸裂』者，言裂而又裂也。」〔註 17〕錢說失之。或作「繿縷」，晉・陶潛《飲酒》：「繿縷茅簷下，未足為高棲。」《水經注・江水》：「論者云：『尋吳楚悠隔，繿縷荊山，無容遠在吳境。』」《宋書・文九王傳》：「繿縷比於重囚，窮困過於下使。」《蘇氏演義》卷上：「『拉颯』者，與『龍鍾』、『繿縷』之義略同。」〔註 18〕或作「藍縷」、「藍羅」，《新唐書・選舉志下》：「凡試判登科謂之『入等』，甚拙者謂之『藍縷』。」唐・劉肅《大唐新語》卷 10：「遒麗者號為『高等』，拙弱者號為『藍羅』。」宋・李上交《近事會元》卷 3：「知通者謂之『高等』，弱者謂之『藍羅』。」此由「破弊」之義引申為拙弱〔註 19〕。

或作「襤縷」，元・佚名《凍蘇秦》第 2 折：「衣衫襤襤縷縷不整齊。」明臧晉叔《音釋》云：「襤，音藍。」〔註 20〕或作「鵡鸙」、「鷗鵡」，《玉篇》：

亦未得。戴震《方言疏證》，收入《戴震全集（5）》，清華大學出版社 1997 年版，第 2345 頁。周祖謨《方言校箋》，科學出版社 1956 年版，第 23 頁。華學誠《揚雄方言校釋匯證》，中華書局 2006 年版，第 255 頁。朱起鳳《辭通》卷 13，上海古籍出版社 1982 年版，第 1319 頁。

〔註 14〕竹添光鴻《左氏會箋》，天工書局中華民國 87 年版，第 748 頁。

〔註 15〕《左傳・宣公十二年》孔疏、《集韻》「褸」條引「被」作「破」，是。

〔註 16〕方以智《通雅》卷 36，收入《方以智全書》第 1 冊，上海古籍出版社 1988 年版，第 1113 頁。方氏「褸」誤作「樓」，逕正。

〔註 17〕錢繹《方言箋疏》，上海古籍出版社 1984 年版，第 230 頁。

〔註 18〕王鍈「繿縷」引作「襤縷」，列入《語辭備考錄》，王鍈《唐宋筆記語辭匯釋》，中華書局 2001 年版，第 262 頁。

〔註 19〕王鍈將「藍縷」、「藍羅」，列入《語辭備考錄》，王鍈《唐宋筆記語辭匯釋》，中華書局 2001 年版，第 262 頁。

〔註 20〕臧晉叔《元曲選》，中華書局 1989 年版，第 445 頁。

「鵅，鵅鷜鳥，今之郭公。鷜，音縷，鵅鷜鳥。」《廣韻》：「鵅，鵅鷜，鳥名，今俗呼郭公也。」《爾雅翼》卷 15：「今有郭公鳥者名襤褸鳥，襤褸亦衣短禿之名，意相類也。」《本草綱目》卷 49：「禹錫曰：鶻嘲，南北總有，似山鵲而小，短尾，有青毛冠，多聲，青黑色，在深林間飛翔不遠，北人呼爲鵅鷜鳥。」李時珍又曰：「其尾屈促，其羽如鑑縷，故有諸名。」此以毛羽短禿之義命名郭公鳥也。「郭」即「郭禿」之省言〔註21〕。冀魯官話謂陡峭不易攀登之山爲巆〔註22〕，當亦謂山無邊緣也，字即「幱（襤）」之衍。

〔註21〕 關於「郭禿」，參見蕭旭《淮南子校補》，花木蘭文化出版社 2014 年版，第 556頁。
〔註22〕 參見許寶華、宮田一郎《漢語方言大詞典》，中華書局 1999 年版，第 6502 頁。又《漢語大字典》（縮印本），湖北辭書出版社、四川辭書出版社 1992 年版，第 337 頁。

－2431－

「流利」考

1. 《六書故》：「滑，水流利也。」可證「流利」即「滑」，無凝滯也。《阿差末菩薩經》卷7：「三者法師所說，流利而無質（躓）礙。」《最勝問菩薩十住除垢斷結經》卷5：「言辭流利，無能障塞。」又卷8：「溫潤流利，言不滯礙。」《菩薩瓔珞經》卷13：「音響流利，無所障礙。」《諸經要集》卷5：「口說流利，無所躓礙。」「流利」即「無所躓礙」、「無能障塞」、「不滯礙」、「無所障礙」也。考《最勝問菩薩十住除垢斷結經》卷3：「所言通利，而無滯礙。」可知「流利」即「通利」也。唐・張彥遠《法書要錄》卷2引梁・庾元威《論書》：「敬通又能一筆草書，一行一斷，婉約流利。」《賢劫經》卷1：「人中上喜真，言辭甚流利。」

流，讀爲瀏，《說文》：「瀏，流清皃。《詩》曰：『瀏其清矣。』」《詩・溱洧》：「溱與洧，瀏其清矣。」毛傳：「瀏，深貌。」字或作滫，《集韻》：「瀏、滫，水清貌，或从翏。」利，讀爲凓、瀨，《說文》：「凓，寒也。」又「瀨，寒也。」字或作冽。流利，本字形當爲「瀏凓（冽）」，水清寒貌。《文選・長笛賦》：「正瀏凓以風冽。」李善註：「《漢書音義》孟康曰：『瀏，清也。』毛萇《詩傳》曰：『凓，寒也。』《說文》曰：『冽，清也。』瀏凓，清涼貌。冽，寒貌。」李周翰注：「瀏凓，隨風貌。」水清寒則流速，故引申則爲無凝滯之義。

2. 在文獻中，「瀏凓（冽）」多作借字形，異形甚多。其義亦隨文各有引申，其中心詞義則爲「清寒」。列舉如下：

字或作「懰慄」，《集韻》：「懰、𢤱，懰慄，憂貌。一曰怨也，或从留。」《楚辭・九懷・昭世》：「志懷逝兮心懰慄，紆餘轡兮躊躇。」王逸注：「心中欲去，內傷悲也。」洪興祖注：「懰慄，憂貌。」《漢書・外戚傳》孝武作詩

曰：「懰慄不言，倚所恃兮。」顏師古曰：「懰慄，哀愴之意也。懰音劉，慄音栗。」「傷悲」、「哀愴」即指心中凄寒。

字或作「瀏莅」、「蒢莅」、「劉莅」、「瀏蒞」，《史記·司馬相如傳》《上林賦》：「瀏莅芔吸。」《集解》引徐廣曰：「莅音栗。」《索隱》引郭璞曰：「皆林木鼓動之聲。瀏音留，莅如字，又音栗也。」《漢書》、《文選》作「蒢莅」，《增韻》「芔」字條引作「劉莅」，《古今事文類聚》前集卷 37 引作「瀏蒞」。顏師古注：「蒢莅，林木鼓動之聲也。蒢音劉，莅音利。」李善註：「司馬彪曰：『瀏莅卉歙，眾聲貌也。』」張銑注：「瀏莅卉歙，風吹眾木之聲也。」「清寒」與「凄冽」義相因，上諸例狀林木凄冽之聲。朱謀㙔曰：「瀏莅，紛沓也。」〔註1〕此解未允。

字或作「漻淚」、「漻泪」、「漻戾」，《集韻》：「淚，漻淚，水皃。」《文選·南都賦》：「長輸遠逝，漻淚淢泊。」《古今事文類聚》續集卷 1 引作「漻泪」。李善註：「漻，〔音〕流。淚，力計〔反〕。《韓詩外傳》曰：『漻，清貌也。』《淮南子》曰：『水淚破舟。』」張銑注：「漻淚淢泊，疾流貌。」所引《淮南子》，今本《主術篇》及《文子·下德篇》並作「戾」。《古文苑》卷 5 漢·劉歆《遂初賦》：「激流澌之漻淚兮，窺九淵之潛淋。」章樵註：「漻音寮，淚音戾。」明·佚名《蜀都賦》：「清溪漻淚，長河迤邐。」明·李夢陽《送河東公賦》：「颸肅冷以漻戾兮，涉江漢之清渚。」朱謀㙔曰：「漻戾，漂疾也。」〔註2〕

字或作「飂冽」，漢·嚴遵《道德指歸論》卷 2：「故陰之至也，地裂而冰凝，清風飂冽，霜雪嚴凝，魚鱉蟄伏，萬物宛拳。」

字或作「飂戾」，《集韻》：「飂，飂戾，風聲。」《後漢書·張衡傳》《思玄賦》：「觬汨飂戾。」李賢注：「並疾貌也。」即《南都賦》之「漻淚淢泊」也。《文選·西征賦》：「吐清風之飂戾，納歸雲之鬱蓊。」呂向註：「飂戾，風聲。」南朝·宋·鮑照《代櫂歌行》：「飂戾長風振，搖曳高帆舉。」《樂府詩集》卷 4《隋五郊歌》：「金氣肅殺，商威飂戾，嚴風鼓莖，繁霜殞蔕。」

字或作「憀慄」，魏·應瑒《正情賦》：「步便旋以永思，情憀慄而傷悲。」《文選·秋興賦》：「憀慄兮若在遠行，登山臨水送將歸。」呂延濟註：「憀慄，

〔註1〕 朱謀㙔《駢雅》卷 1，收入《叢書集成新編》第 38 冊，新文豐出版公司 1985 年版，第 336 頁。

〔註2〕 朱謀㙔《駢雅》卷 1，收入《叢書集成新編》第 38 冊，新文豐出版公司 1985 年版，第 336 頁。

傷念之貌。」唐・王棨《涼風至賦》：「俄而撤鬱蒸，揚憀慄。」

字或作「寥戾」、「寥唳」。《文選・四子講德論》：「故虎嘯而風寥戾，龍起而致雲氣。」張銑注：「寥戾，風聲。」《海錄碎事》卷9引作「寥唳」。考《漢書・王褒傳》作「故虎嘯而風冽，龍興而致雲」〔註3〕，顏師古注：「冽冽，風貌也，音列。」是「寥戾」即「冽冽」也。《樂府詩集》卷20南朝・齊・謝朓《從戎曲》：「寥戾清笳轉，蕭條邊馬煩。」《類聚》卷42作「寥唳」。《類聚》卷7梁・沈約《留眞人東山還》：「寥戾野風急，芸黃秋草腓。」《文苑英華》卷160作「寥唳」。《文選・秋懷》：「蕭瑟含風蟬，寥唳度雲雁。」呂延濟注：「蕭瑟、寥唳，皆聲也。」

字或作「憀戾」，宋・朱熹《空同賦》：「何孟秋之玄夜兮，心憀戾而弗怡。」明・周嬰《卮林》卷7：「謂寒涼憀戾爲凄，其本《詩》『絺兮綌兮，凄其以風語』也。」

字或作「憀栗」，宋・劉跂《西溪次韻》：「柯亭三弄笛，憀栗易悲風。」元・吳海《南樓記》：「天高日晶，秋風憀栗。」

字或作「流離」，漢・揚雄《甘泉賦》：「曳紅采之流離兮，颺翠氣之宛延。」魏・阮籍《鳩賦》：「終飄搖以流離，傷弱子之悼栗。」晉・潘尼《安身論》：「雖繁計策，廣術藝，審刑名，峻法制，文辨流離，議論絕世，不得與爭功。」《文選・上林賦》：「流離輕禽，蹴履狡獸。」李善註引張輯曰：「流離，放散也。」又《文賦》：「始躑躅於燥吻，終流離於濡翰。」李善註：「流離，津液流貌。」李周翰注：「流離，水墨染於紙貌。」又《魯靈光殿賦》：「何爲乎湝湝汏汏，流離爛漫？」李善註：「流離爛漫，分散遠貌。」呂延濟註：「流離爛漫，皆光色貌。」又《長門賦》：「左右悲而垂淚兮，涕流離而從橫。」李善註：「流離，涕垂貌。」由水流通利引申爲放散貌、涕垂貌。

字或作「流漓」、「流灕」，《傷寒論・辨太陽病脉證并治法上》：「微似有汗者益佳，不可令如水流漓，病必不除。」清・毛奇齡《顧侍御合集跋》：「蜀江春水，流灕四來。」

字或作「流麗」，明・楊愼《丹鉛摘錄》卷11引唐・趙彥昭詩：「流麗鳴春鳥。」

字或作「瀏灕」、「瀏漓」、「瀏離」，唐・杜甫《觀公孫大娘弟子舞劍器行》序：「開元三載，余尙童稚，記於郾城觀公孫氏舞劍器渾脫，瀏灕頓挫，獨出

〔註3〕　《漢紀》卷20「冽」作「起」，蓋臆改。

冠時。」《文苑英華》卷 314 杜甫《西閣曝背》：「瀏灕木梢猿，翩翻山巔鶴。」注：「《集》作『流離木杪』。」宋・黃庭堅《鍾離跋尾》：「下筆不瀏灕，如禪家黏皮帶骨語。」

　　字或作「瀏利」、「瀏㓆」，《六書故》：「泠，清泠、瀏利也。」又「利，水清寒則瀏利，別立㓆文，非。」清・李光地《榕村語錄》卷 19：「孟子則渾脫瀏㓆，如琉璃屏，無絲毫障翳。」

　　字或作「流離」、「留離」、「鶹離」、「鶹鷅」，《詩・旄丘》：「瑣兮尾兮，流離之子。」毛傳：「流離，鳥也。少好長醜，始而愉樂，終以微弱。」陸璣疏：「流離，梟也。自關而西謂梟爲流離。」鳥聲淒清，故以名焉，專字則作「鶹離」、「鶹鷅」。《爾雅》：「鳥少美長醜爲鶹鷅。」郭注：「鶹鷅猶留離。《詩》所謂『留離之子』。」《釋文》：「鶹音留，鷅音栗，本亦作栗。留離，《詩》字如此，或作鶹離，後人改耳。」邢昺疏：「流與鶹同。」鄭樵注：「鶹鷅，猶流離也。」《廣韻》：「鶹，鶹離，鳥名，少美長醜，亦作流。」《集韻》：「鶹，《說文》：『鳥少美長醜爲鶹離。』」王觀國曰：「本用鶹離字，詩人借爲流離，郭璞引《詩》『留離之子』者，別本。《詩》用留字，亦鶹之省文，其義一也。」〔註 4〕《六書故》：「鶯，黃栗留也，又名離留、離黃，鶯與栗留、離留，皆因其聲而命之，黃言其色也。」戴氏謂「因其聲而命之」，甚确。方以智解《詩》云：「則有流落之意，或以指鳥，亦謂鳥流離也。」又云：「言瑣屑勞苦流徙離別也，何必泥此解鳥名邪？」〔註 5〕方氏解爲「流落」、「流徙離別」，皆非是。倒言則作「鸝鶹」、「栗留」，吳・陸璣《毛詩草木鳥獸蟲魚疏》卷下：「黃鳥，黃鸝鶹也，或謂之黃栗留。」

　　字或作「流離」、「流漓」、「琉璃」、「瑠璃」、「流漓」、「流瓈」，《漢書・西域傳》：「（罽賓國）出……珠璣、珊瑚、虎魄、璧、流離。」顏師古注引《魏略》：「大秦國出赤、白、黑、黃、青、綠、縹、紺、紅、紫十種流離。」玻璃清明，故以名焉。唐・伽梵達摩譯《千手千眼觀世音菩薩治病合藥經》卷 1：「著流漓瓶中。」甲本誤作「琉瑠」。專字則作「琉璃」、「瑠璃」、「流瓈」。《廣韻》：「瑠，瑠璃。」《集韻》：「瑠，瑠璃，珠也，或作琉。」《可洪音義》卷 18：「流瓈：力支反。」此條爲《阿毗曇毗婆沙》卷 50《音義》，檢經文作「琉

〔註 4〕　王觀國《學林》卷 5，中華書局 1988 年版，第 181 頁。
〔註 5〕　方以智《通雅》卷 7、45，收入《方以智全書》第 1 冊，上海古籍出版社 1988年版，第 285、1344 頁。

璃」。吳玉搢曰：「流離，琉璃也。」〔註6〕

3. 音轉爲「憭慄」，《楚辭・九辯》：「憭慄兮若在遠行，登山臨水兮送將歸。」朱熹註：「憭音流，又音了。」洪興祖補注：「憭慄，猶悽愴也。」《文選》呂延濟註：「憭慄，猶悽愴也。」《楚辭・招隱士》：「罔兮沕，憭兮慄。」

字或作「潦冽」、「潦烈」，《楚辭・九思》：「北風兮潦冽，草木兮蒼唐。」舊注：「冽一作烈。」洪興祖補注：「潦，音寮。」

字或作「繚戾」，《楚辭・九歎・逢紛》：「龍邛脟圈，繚戾宛轉，阻相薄兮。」洪興祖《補注》：「繚，音了。戾，曲也。」失之。《魏書・袁翻傳》：「魄惝怳兮知何語，氣繚戾兮獨縈紆。」

字或作「繚悷」、「繚例」，《楚辭・九辯》：「心繚悷而有哀。」王逸注：「思念糾戾，腸折摧也。悷，一作例。」洪興祖《補注》：「繚，音了，繞繞。悷，盧帝切，又音列。懍悷悲吟。例音列，憂也。」朱熹注：「繚，繳繞也。悷，悲結也。」

字或作「飂屬」，《文選・蜀都賦》：「起西音於促柱，歌江上之飂屬。」呂向注：「飂屬，歌聲也。」朱起鳳曰：「潦借作飂。屬、戾同聲通用，戾、冽一聲之轉。」又云：「憀爲正字，繚與漻俱通叚。」〔註7〕朱氏斷爲二概，分別以「飂」、「憀」爲本字，稍疏。

字或作「聊戾」，《古文苑》卷5漢・劉歆《遂初賦》：「遭陽侯之豐沛兮，乘數波以聊戾。」

字或作「聊慄」，《文選・七發》：「怳兮忽兮，聊兮慄兮，混汨汨兮。」李善註：「聊慄，恐懼之貌。」呂延濟注：「怳忽、聊慄，驚狂戰懼貌。」「恐懼」義亦與凄寒相因。

字或作「飅飅」，梁・孝元帝《玄覽賦》：「散歸雲之鬱蓊，吐長風之飅飅。」《廣雅》：「飅飅、瀏瀏，風也。」

字或作「飅戾」，南朝・宋・鮑照《蒜山被始興王命作》：「參差出寒吹，飅戾江上謳。」

字或作「嘹唳」，《御覽》卷25宋・謝惠連《懷秋詩》：「蕭瑟含風蟬，嘹唳度雲雁。」《類聚》卷3、《白帖》卷94、《錦繡萬花谷》後集卷3引作「寥唳」，《海錄碎事》卷22引作「寥戾」。唐・陳子昂《西還至散關答喬補闕知

〔註6〕 吳玉搢《別雅》卷1，收入景印文淵閣《四庫全書》第222冊，臺灣商務印書館1986年初版，第616頁。
〔註7〕 朱起鳳《辭通》，上海古籍出版社1982年版，第1835頁。

之》：「葳蕤蒼梧鳳，嘹唳白露蟬。」楊慎《丹鉛摘錄》卷11：「『薊莥』與『嘹唳』及『流麗』一也。」

字或作「嘹嚦」，宋・陳起《楓橋寺》：「湖水相連月照天，雁聲嘹嚦攪人眠。」元・釋善住《曉作》：「東旭朝隮萬象明，新鴻嘹嚦度江城。」

字或作「憭慄」，宋・文同《哭仲蒙》：「憯憭慄兮臨清秋，坕憒兮紛予憂。」

又音轉爲「嘍唳」，《廣韻》：「唳，嘍唳，鳥聲。」倒言則作「離婁」、「麗廔」、「矑瞜」、「矖廔」，《玉篇》：「麗，麗廔，綺窗。」《廣韻》：「矑，矑瞜也。」《集韻》：「矖，矖瞜，明目者，通作離。」《孟子》有《離婁篇》，趙注：「離婁者，古之明目者也。蓋以爲黃帝之時人也。黃帝亡其玄珠，使離朱索之，離朱即離婁也。」朱謀㙔曰：「離婁，疏朗也。」〔註 8〕吳玉搢曰：「矖瞜，離婁也。《字典》：『矖瞜，古明目者。』《孟子》作『離婁』。」〔註 9〕

又音轉爲「離朱」、「離珠」、「離俞」，《莊子・天地》：「使離朱索之而不得。」《御覽》卷 803 引作「離珠」。《列子・湯問》：「離朱子羽方晝拭皆。」《御覽》卷 945 引作「離珠」。《莊子・駢拇》、《商子・錯法》、《韓子・說林下》、《淮南子・原道篇》、《論衡・書虛篇》並作「離朱」。《山海經・大荒南經》：「爰有文貝、離俞。」郭璞注：「離俞，即『離朱』。」〔註 10〕方以智曰：「離婁，轉爲『麗廔』，《說文》：『廔，屋麗廔也。』《廣韻》作『矑瞜』。皆平聲，『離婁』言其透明也……或稱『離朱』，《山海經》作『離俞』，音近相借。」〔註 11〕

又音轉爲「勞利」，《樂府詩集》卷 25 引《古今樂錄》：「梁鼓角橫吹曲有《企喻》、《瑯琊王》、《鉅鹿公主》、《紫騮馬》、《黃淡思》、《地驅樂》、《雀勞

〔註 8〕 朱謀㙔《駢雅》卷 1，收入《叢書集成新編》第 38 冊，臺灣新文豐出版公司1985 年版，第 337 頁。

〔註 9〕 吳玉搢《別雅》卷 1，收入景印文淵閣《四庫全書》第 222 冊，臺灣商務印書館 1986 年初版，第 615 頁。

〔註 10〕 《莊子・達生》：「紫衣而朱冠。」《釋文》：「朱冠，司馬本作『俞冠』，云：『俞國之冠也，其制似螺。』」「俞」、「朱」音轉，司馬氏「俞國」云云，望文生義。《儀禮・聘禮》：「十六斗曰籔。」鄭注：「今文籔爲逾。」此「俞」、「婁」音轉之證。

〔註 11〕 方以智《通雅》卷 6，收入《方以智全書》第 1 冊，上海古籍出版社 1988 年版，第 269 頁。

利》、《慕容垂》、《隴頭流水》等歌三十六曲。」梁《雀勞利歌辭》：「雨雪霏霏雀勞利，長觜飽滿短觜飢。」「勞」與從尞之字古通用〔註12〕。

4. 音轉爲「淋離」、「淋灕」、「淋漓」、「林離」、「綝縭」，《廣韻》：「灕，淋灕，秋雨也。」《增韻》：「漓，淋漓，相如《賦》作『林離』，陸機《賦》作『流離』。」《六書故》：「漓，淋漓也。」《楚辭·哀時命》：「冠崔嵬而切雲兮，劍淋離而從橫。」王逸注：「淋離，長貌也。」「長貌」由放散義引申而來。《漢書·司馬相如傳》《大人賦》：「滂濞泱軋，麗以林離。」顏師古注引張揖曰：「林離，摻攡也。」王先謙曰：「『林離』當爲『淋灕』，淋一作滲，《河東賦》：『澤滲灕而下降。』灕亦省作離，《羽獵賦》『淋離廓落』是也。今俗作『淋漓』，張訓摻攡，蓋借字。」〔註13〕梁·范縝《擬招隱士》：「岌峩兮傾欹，飛泉兮激沫，散漫兮淋灕。」《通典》卷 193：「稱能割人喉脉令斷，擊人頭令骨陷，皆血出淋漓。」《通鑑》卷 106：「秦王堅身自督戰，飛矢滿體，流血淋漓。」唐·杜甫《有事于南郊賦》：「降帷宮之綝縭。」

字或作「滲灕」，《漢書·揚雄傳》《河東賦》：「雲飛飛而來迎兮，澤滲灕而下降。」顏師古注：「滲灕，流貌也。滲，音淋。灕，音離。」《集韻》：「灕、漓，滲灕，流貌。」

字或作「摻纚」、「摻縭」、「幓纚」、「摻攡」、「繆纚」，《集韻》：「纚，摻纚，旌旂兒。」又「摻、綝、幓：摻纚，衣裳毛羽垂貌，或作綝、幓。」又「摻，林離，摻攡也。」「摻攡」即本張揖注語。《文選·甘泉賦》：「蠖略蕤綏，灕虖摻纚。」五臣本、《通志》卷 102 作「幓纚」。李善注：「灕虖摻纚，龍翰下垂之貌也。」又《海賦》：「被羽翮之摻纚。」《古今事文類聚》前集卷 15 作「摻纚」。李善注：「摻纚，羽垂之貌。」「下垂貌」由長義引申而來。明·劉鳳《登堯峰記》：「獲其繆纚，覆者荔屬。」

又音轉作「纖離」、「襂纚」、「襂褷」、「襂襹」、「襂縭」、「襂褵」，《玉篇》：「襂，襂纚，毛羽兒。」又「纚，襂纚，毛羽之兒。」《廣韻》：「襂，所今切，襂纚，毛羽衣兒。」又「襂，襂褷，毛羽衣。」又「纚，襂纚，毛羽衣兒。褷，上同。」《龍龕手鑑》：「褷、纚：襂褷，毛羽大也。」《史記·李斯傳》：「乘纖離之馬。」《文選·西京賦》：「洪涯立而指麾，被毛羽而襂纚。」薛綜注：「襂

〔註12〕參見張儒、劉毓慶《漢字通用聲素研究》，山西古籍出版社 2002 年版，第 223 頁。
〔註13〕王先謙《漢書補注》，書目文獻出版社 1995 年版，第 1182 頁。

〔襹〕，衣毛形也。」〔註14〕《晉書・摯虞傳》《思游賦》：「爍徽霍兮仰流旌，垂旄焱攸襹襹。」明・楊愼《丹鉛續錄》卷6：「古者婦人長帶結者名曰綢繆，垂者名曰襹褵。」方以智曰：「摻攡，通作『襹襹』、『縰褵』，反之爲『褵褷』、『籭筵』、『離纚』、『離筵』。」〔註15〕

字或作「綝纚」、「綝麗」、「淋灑」，《楚辭・九懷》：「舒佩兮綝纚。」洪興祖《補注》：「綝纚，衣裳毛羽垂貌。」《文選・思玄賦》：「佩綝纚以輝煌。」五臣本作「綝麗」。舊注：「綝纚，盛貌。」李善注：「綝音林，纚音離。」李周翰注：「綝麗，盛飾貌。」《後漢書・張衡傳》李賢注音義並同。《文選・洞簫賦》：「被淋灑其靡靡兮，時橫潰以陽遂。」李善注：「淋灑，不絕貌。」六臣注：「淋灑，音林離。」張銑注：「淋灑，水流聲。」明・朱謀㙔曰：「淋灑，連屬也。」又「綝纚，垂覆也。」〔註16〕楊愼曰：「淋灑：淋漓，《文選》。林離：淋漓，《反騷》。」〔註17〕吳玉搢曰：「林離、淋灑，淋灘也。」〔註18〕

字或作「棽儷」、「棽麗」、「棽離」、「棽纚」，《說文》：「棽，木枝條棽儷皃。」《繫傳》：「臣鍇曰：繁蔚之皃。班固《西都賦》曰：『鳳蓋棽纚。』義同。」《說文》：「儷，棽儷也。」《繫傳》：「臣鍇曰：棽儷，參差繁茂皃也。」段玉裁注：「棽儷者，枝條茂密之皃，借爲上覆之皃。《東都賦》：『鳳蓋棽麗。』李善注引《七略》：『雨蓋棽麗。』麗與儷同力支切。張揖《大人賦》注曰：『林離，摻攡也。』摻攡，所林、所宜二反，蓋即『棽儷』。」〔註19〕《漢書・王莽傳》顏師古注引《字林》：「棽，支條棽麗也。」《希麟音義》卷3：「棽儷：《玉篇》曰：『木枝而儷也。』《說文》：『木長儷也。』《字統》云：

〔註14〕「襹」字高步瀛據唐寫本補。高步瀛《文選李注義疏》，中華書局1985年版，第457頁。梁章鉅謂「衣」爲「襹」之誤，未得。梁章鉅《文選旁證》，福建人民出版社2000年版，第73頁。
〔註15〕方以智《通雅》卷7，收入《方以智全書》第1冊，上海古籍出版社1988年版，第293頁。
〔註16〕朱謀㙔《駢雅》卷1，收入《叢書集成新編》第38冊，新文豐出版公司1985年版，第336頁。
〔註17〕楊愼《古音駢字》卷上，收入《叢書集成新編》第39冊，新文豐出版公司1985年版，第330頁。
〔註18〕吳玉搢《別雅》卷1，收入景印文淵閣《四庫全書》第222冊，臺灣商務印書館1986年初版，第615頁。
〔註19〕段玉裁《說文解字注》，上海古籍出版社1981年版，第271頁。

『忼儷也。』亦宏壯也。」「棽儷」即狀木枝條修長扶疏貌。《廣韻》:「棽,木枝長。」《集韻》:「棽,木枝扶疏貌。」《文選·東都賦》:「鳳蓋棽麗,和巒玲瓏。」李善注:「劉歆《七略》曰:『雨蓋棽麗,紛循悠悠。』《說文》曰:『棽,大(木)枝條棽灑(儷)也。』棽音林,麗音離。」李周翰注:「棽麗,玲瓏貌。」《佛說十地經》卷 9:「又即於中見菩提樹,其身周圍量等百萬三千世界,枝條棽儷,高廣無量。」《樂府詩集》卷 6《唐祀九宮貴神樂章》:「煥兮棽離,儵兮暗靄。」明·劉基《郁離子·九難》:「蔚披離以棽纚,激迅飈以揚馨。」朱謀㙔曰:「棽儷,駢次也。」〔註 20〕楊慎曰:「棽麗:林離。」〔註 21〕

字或作「淋瀝」、「痳瀝」、「痳癧」,《慧琳音義》卷 48:「淋漏:《三蒼》:『淋漉,水下淋瀝也。』〔註 22〕隋·盧思道《祭濼湖文》:「雨師止其淋瀝,雲將卷其蔚薈。」《法苑珠林》卷 39:「鼻血淋瀝。」《大般涅槃經》卷 11:「小便淋瀝。」宋、元本作「痳瀝」,明本作「痳癧」。《根本說一切有部百一羯磨》卷 1:「諸痔、痳癧、瘨腳、吐血、癲痤。」宋、元、明、宮本作「痳瀝」。

又音轉作「陸離」,《楚辭·離騷》:「高余冠之岌岌兮,長余佩之陸離。」王逸注:「陸離,猶參差,眾貌也。」洪興祖《補注》:「許慎云:『陸離,美好貌。』顏師古云:『陸離,分散也。』」朱子《集註》:「陸離,美好分散之貌。」考《後漢書·張衡傳》《思玄賦》:「修初服之娑娑兮,長余珮之參參。」李賢注:「參參,長貌。」《文選》呂向注:「娑娑、參參,皆盛貌。」衡賦顯化自《離騷》,「陸離」即「參參」也,形容長,正當訓長貌、眾貌、盛貌,引申則為參差貌、分散貌、美好貌。指參差之美、分散之美也。《文選·九章·涉江》:「帶長鋏之陸離兮,冠切雲之崔嵬。」呂向注:「陸離,劍低昂貌。」此與《哀時命》「冠崔嵬而切雲兮,劍淋離而從橫」句義全同,是「陸離」即「淋離」也,亦當訓長貌,故以「陸離」形容長鋏。馬固鋼氏未能徧考,而遽譏王念孫「不能達到『窺(揆)之本文而協,驗之他卷而通』」,違

〔註 20〕 朱謀㙔《駢雅》卷 1,收入《叢書集成新編》第 38 冊,新文豐出版公司 1985年版,第 337 頁。

〔註 21〕 楊慎《古音駢字》卷上,收入《叢書集成新編》第 39 冊,新文豐出版公司 1985年版,第 330 頁。

〔註 22〕 徐時儀《一切經音義三種校本合刊》點作「淋,漉水下。淋,瀝也」,當誤。上海古籍出版社 2008 年版,第 1345 頁。

反王氏自訂的釋詞準則」〔註23〕，輕誣前賢，亦足一歎。張海鷹謂「陸離」即「陸梁」，解爲「分析離散」、「來回擺動」〔註24〕，非是。郗政民曰：「陸離：琉璃，引申爲色彩光亮。」〔註25〕則顛矣。「琉璃」當得名於「流離」。蘭殿君又據郗說進而謂「陸離」即「琉璃」，古名物詞〔註26〕，亦非是。《楚辭・離騷》：「紛緫緫其離合兮，斑陸離其上下。」王逸注：「陸離，分散貌。」《楚辭・招魂》：「長髮曼鬋，豔陸離些。」《淮南子・本經訓》：「五采爭勝，流漫陸離。」高誘注：「陸離，美好貌。」《文選・甘泉賦》：「聲駢隱以陸離兮，輕先疾雷而馺遺風。」李善注：「《廣雅》曰：『陸離，參差也。』」《文選・蜀都賦》：「毛群陸離，羽族紛泊。」劉逵注：「陸離，分散也。」「陸離」即「流離」也。《楚辭・九歎・逢紛》：「薜荔飾而陸離薦兮，魚鱗衣而白蜺裳。」王逸注：「陸離，美玉也。」「陸離」即「琉璃」也。姜亮夫曰：「『淋離』字又作『淋灘』，『淋瀝』亦同聲異字。以言衣裳羽毛，則作『綝纚』，皆漢師新字，其在先秦，當即《離騷》之『陸離』。《九懷》『舒佩綝纚』，即《離騷》『長余佩之陸離』，與《九歌》『玉佩兮陸離』，句義亦全同。則『綝纚』之爲『陸離』一矣。」〔註27〕

5. 又音轉作「凜冽」，晉・傅咸《神泉賦》：「六合蕭條，嚴霜凜冽。」晉・傅玄《大寒賦》：「若乃天地凜冽，庶極氣否。」《通鑑》卷187：「顏色凜冽。」胡三省註：「凜冽，言嚴冷也。」

凜，同「懍」，本作澟〔註28〕，《說文》：「澟，寒也。从仌廩聲。」《五經文字》卷下：「澟、凜：上《說文》，下經典相承隸省。」段玉裁曰：「凜凜，俗字作懍懍。」〔註29〕朱駿聲曰：「澟，字亦作凜，又作懍。」〔註30〕黃侃曰：「澟，後出字作懍。」又「澟，今作凜、懍。」〔註31〕字或作溢，

〔註23〕馬固鋼《「陸離」無「長貌」義》，《辭書研究》1991年第3期。

〔註24〕張海鷹《詞語訓釋商榷四則》，《江漢大學學報》1997年第5期。

〔註25〕郗政民主編《古書未釋詞語薈釋》，江西教育出版社1991年版，第192頁。

〔註26〕蘭殿君《〈楚辭〉中的「陸離」》，《文史雜志》2007年第4期。

〔註27〕姜亮夫《楚辭通故（四）》，收入《姜亮夫全集》卷4，雲南人民出版社2002年版，第512頁。

〔註28〕與從疒之「癉」異字。

〔註29〕段玉裁《說文解字注》，上海古籍出版社1981年版，第571頁。

〔註30〕朱駿聲《說文通訓定聲》，武漢市古籍書店1983年版，第97頁。

〔註31〕黃侃《字通》、《說文段注小箋》，並收入《說文箋識》，中華書局2006年版，第152、216頁。

《說文》：「澟，一曰寒也。」段玉裁曰：「澟，與凜音義略同。」〔註32〕字或作澟、潗，《集韻》：「凜、瘭、澟、潗，寒也。或从虙、从禽、从禁。」冽讀爲凓，《說文》：「凓，寒也。」字或作瀨，《說文》：「瀨，寒也。」段玉裁曰：「各本篆作瀨，解作賴聲。音洛帶切。今正。按瀨字即《廣韻》、《玉篇》皆無之，而孔沖遠《大東》《正義》、李善注《高唐賦》《嘯賦》皆引《說文》《字林》『冽』字，是今本冽譌爲瀨顯然也。」〔註33〕朱駿聲曰：「瀨，按經傳皆作冽。」〔註34〕黃侃曰：「冷同凓、瀨」〔註35〕

字或作「懍厲」、「懍癘」，《玄應音義》卷 10：「懍厲：下宜作悷。《埤蒼》：『懍悷，悲吟皃也。』」〔註36〕此條爲《大莊嚴論經》卷 1《音義》，檢經文：「竪目舉手，懍癘攘袂，瞋忿戰動」，明本「癘」作「厲」。《出三藏記集》卷 15：「遠翹勤弘道，懍厲爲法。」《廣弘明集》卷 8：「僧皆懍厲。」

字或作「懍勵」，《高僧傳》卷 12：「精勤懍勵，苦行標節。」《弘贊法華傳》卷 5 同。《廣弘明集》卷 12：「懍勵六時。」宋、元、明、宮本「勵」作「厲」。《集神州三寶感通錄》卷 1：「懍厲專注，曾無異想。」宋、元、明本「厲」作「勵」，《法苑珠林》卷 38 作「懍勵」，宋、元、明、宮本「勵」作「厲」。

字或作「懍悷」，《玉篇》：「悷，懽悷，悲吟。」「懽」當作「懍」，朱謀㙔《駢雅》卷 2 承其誤〔註37〕。《龍龕手鑑》：「悷，懙悷，悲吟也。懙音坦。」鄭賢章曰：「『懙悷』乃『懍悷』之誤。這種錯誤可能源於《玉篇》：『悷，懽悷，悲吟也』。」〔註38〕《廣韻》：「悷，懍悷，悲吟也。」《集韻》：「悷，懍悷，悲也。」《慧琳》卷 66「很悷」條、卷 76「懭悷」條、卷 93「凜懷」條並引《埤蒼》：「悷，懍悷也。」又卷 78「懍懍」條引《埤蒼》：「懍悷，

〔註32〕段玉裁《說文解字注》，上海古籍出版社 1981 年版，第 554 頁。

〔註33〕段玉裁《說文解字注》，上海古籍出版社 1981 年版，第 571 頁。

〔註34〕朱駿聲《說文通訓定聲》，武漢市古籍書店 1983 年版，第 692 頁。

〔註35〕黃侃《說文同文》，收入《說文箋識》，中華書局 2006 年版，第 80 頁

〔註36〕高麗本「懍悷」誤作「懍淚」。

〔註37〕朱謀㙔《駢雅》卷 2，收入《叢書集成新編》第 38 冊，新文豐出版公司 1985 年版，第 338 頁。魏茂林曰：「懽當作懍，《集韵》：『懍悷，悲貌。』」魏茂林《駢雅訓纂》，收入《續修四庫全書》第 193 冊，上海古籍出版社 2002 年版，第 680 頁。

〔註38〕鄭賢章《〈龍龕手鏡〉研究》，湖南師範大學出版社 2004 年版，第 58 頁。鄭氏所引《玉篇》、《龍龕手鑑》之「懙」字當分別作「懽」、「懙」。

悲吟之兒也。」宋・趙蕃《悼竹》：「追懷周旋久，於此增懷恨。」

字或作「凜戾」，晉・陸雲《歲暮賦》：「時凜戾其可悲兮，氣蕭索而傷心。」

字或作「凜厲」，晉・曹毗《詠冬詩》：「絲邈多夕永，凜厲寒氣升。」《廣弘明集》卷 27 南齊・王融《辨德門頌》：「當須慷慨懷厲、挫情折意。」宋、元、明、宮本作「凜厲」。

字或作「凜烈」，唐・李白《遊溧陽北湖亭》：「凜烈天地間，聞名若懷霜。」《景定建康志》卷 37 引作「凜烈」。《唐開元占經》卷 91：「風勢凜烈，人懷戰慄。」唐・杜甫《西閣曝日》：「凜烈倦玄冬，負暄嗜飛閣。」宋・黃希《補注杜詩》本作「凜洌」，《文苑英華》卷 314、《齊東野語》卷 4 引亦並作「凜洌」。「烈」讀「洌」，《慧琳音義》卷 82：「慘烈：下連哲反，亦作洌。」

字或作「凜慄」，唐・杜甫《北征》：「那無囊中帛，救汝寒凜慄。」宋・郭知達《九家集注杜詩》作「凜洌」。

字或作「凜凓」，唐・歐陽詹《回鸞賦》：「颮凜凓以風清，寂澄凝而月靜。」

字或作「凜栗」、「懍栗」，唐・韓愈《汴州東西水門記》：「凜凜栗栗，若墜若覆。」《文苑英華》卷 812 作「懍懍慄慄」，《別本韓文考異》卷 13 作「懍懍栗栗」。

字或作「懍慄」，宋・陳傅良《丁端叔南征集序》：「顧見妻子懍慄無人色，輒爲之嚬蹙無聊。」

字或作「凜洌」，《歷代名臣奏議》卷 190 載徽宗大觀中慕容彥逢上奏：「雖雪霰風霧，凜洌異常。」

字或作「凜洌」，宋・歐陽修《早朝》：「雪後朝寒猶凜洌，柳梢春意已丰茸。」《海錄碎事》卷 22 引作「凜洌」。宋・歐陽修《江上彈琴》：「無射變凜洌，黃鍾催發生。」《古今事文類聚》續集卷 22 引作「凜洌」。宋・張栻《少傅劉公墓誌銘》：「寒沍凜洌，喬松挺節。」

6. 字或作「惏慄」、「淋溧」，《文選・風賦》：「故其風中人，狀直憯悽惏慄，清涼增欷。」五臣本、《古今事文類聚》前集卷 3 作「淋溧」，張銑注：「憯悽淋溧，寒貌。言風之吹人涼甚。」《文選・洞簫賦》：「惏慄密率，掩

以絕滅。」李善注：「惏慄，寒貌，恐懼也。」《集韻》：「惏，惏慄，寒也。」

字或作「惏悷」，《文選・高唐賦》：「於是調謳，令人惏悷憯悽，脅息增欷。」李善注：「並悲傷貌。」張銑注：「皆哀慘貌。」朱起鳳曰：「悷、慄一聲之轉。」〔註39〕

7. 字或作「凌厲」、「凌勵」、「陵厲」，《類聚》卷 8 漢・班固《覽海賦》：「遵霓霧之掩蕩，登雲塗以凌厲。」《宋書・索虜傳》：「屬鞬凌厲，氣冠百夫。」唐・高適《贈別王十七管記》：「浩歌方振蕩，逸翮思凌勵。」《類聚》卷 74 齊・王僧虔《書賦》：「形綿靡而多態，氣陵厲其如芒。」《宋書・沈慶之傳》：「每從遊幸及校獵，據鞍陵厲，不異少壯。」《資治通鑑》卷 206：「頊視懿宗，聲氣陵厲。」

8. 字或作「冷冽」、「泠冽」、「泠洌」，《廣韻》泠音郎丁切、力鼎切。《傷寒論・傷寒例》引《陰陽大論》：「春氣溫和，夏氣暑熱，秋氣清涼，冬氣冷冽。」前蜀・貫休《寄高員外》：「冷冽蒼黃風似劈，雪骨冰筋滿瑤席。」唐・韓愈《醉贈張秘書》：「酒味既冷冽，酒氣又氛氳。」一作「泠洌」，《白帖》卷 15 引作「冷冽」。

字或作「剡利」，《廣韻》：「剡，剡利，快性人也。」《黃龍慧南禪師語錄》卷 1：「師云：『剡利人難得。』」《宏智禪師廣錄》卷 3：「舉僧問廣德：『如何是剡利底人。』」明・焦竑《俗書刊誤》卷 11：「快性人曰剡利。」

字或作「伶利」、「伶俐」，宋・許棐《贈術士張癡》：「伶俐不如癡，從來吾亦知。」《朱子語類》卷 32：「仁，只似而今重厚底人；知，似今伶利底人。」又卷 63：「如今伶俐者，雖理會得文義，又卻不曾真見；質樸者，又和文義都理會不得。」

字或作「怜悧」，宋・朱淑貞《自責》：「添得情懷轉蕭索，始知怜悧不如癡。」《禪宗頌古聯珠通集》卷 11：「利害分明說向人，怜悧衲僧見不見。」《宗鑑法林》卷 11 作「伶俐」。

字或作「令利」，《摩訶般若波羅蜜經》卷 20：「汝當善受持讀誦令利。」《大寶積經》卷 94：「受持修學，思惟分別，讀誦令利，勤加精進。」《十誦律》卷 57：「先當闇誦令利，莫眾僧中說時錯謬。」此三例為流暢義。宋・無名氏《張協狀元》第二齣：「此段新奇差異，更詞源移宮換羽。大家雅靜，人眼難瞞，與我分個令利。」錢南揚注：「令利，即『伶俐』。《語辭匯釋》：

〔註39〕朱起鳳《辭通》，上海古籍出版社 1982 年版，第 2348 頁。

『伶俐，猶云乾淨也。』……這裏應引伸作『清楚』解。」〔註40〕

字或作「靈利」，宋‧黃庭堅《兩同心》：「許多時，靈利惺惺，驀地昏沈。」《朱子語類》卷15：「意誠後推盪得渣滓靈利心，盡是義理。」又卷138：「向見邪法者呪人，小兒稍靈利者，便呪不倒。」清‧莊履豐、莊鼎鉉《古音駢字續編》卷4：「靈利：伶俐，《子由集》。刢利，二同。」

字或作「靈俐」，宋‧陽枋《辨惑》：「俗言：『今時幼小童兒甚靈俐。』余謂今時風氣愈覺漓薄，全無前輩敦麗淳厚氣象，小兒機巧滑稽，變詐欺偽，莫此爲甚。」明‧袁宏道《西方合論》卷8：「有一靈俐座主，爲余辨析惟識。」

字或作「泠利」，《六書故》：「瀏，水流泠利也。」

水流清寒則輕快通暢，故引申之，快性人曰伶俐。復引申之，乾淨、清爽曰伶俐〔註41〕。復引申之，聰明人亦曰伶俐。專字作「怜」、「憪」。《玉篇》：「怜，魯丁切，心了也。」《廣韻》：「怜，郎丁切，心了，黠兒。」《集韻》：「怜、憪：心了也，或從靈。」考宋‧善卿《祖庭事苑》卷1：「刢利，當作『靈利』。」未得其語源。

9. 方以智曰：「林離，一作『淋灘』、『淋漓』，通爲『滲灘』、『流離』，轉爲『流麗』、『薊苙』、『飀戾』，又轉爲『飀戾』、『嘹唳』，重其聲則爲『勞利』。……亦作『嘹唳』，通作『勞利』。」〔註42〕姜亮夫曰：「『瀏溧』蓋『栗烈』之倒言也。字變爲『飀冽』，又變作『潦烈』，聲轉爲『憭慄』，又轉爲『惏慄』，唐以後以『凜冽』爲之。又悲詠曰『凜（憪）悷』，亦一聲之轉。『栗烈』之聲推而衍之曰『凌轢』。」〔註43〕朱起鳳亦謂「惏慄」又轉爲「憭慄」、「憭栗」、「潦冽」、「繚悷」、「懰慄」，「憭字古亦讀懰，亦讀惏」〔註44〕。按「凌轢」，同「凌躒」，字或作「陵轢」、「轔轢」、「蹸轢」、「凌鑠」、「凌礫」、「凌爍」、「陵歷」等，欺凌也，與「凜冽」語源不同，姜說失之。

〔註40〕 轉引自《漢語大詞典》（縮印本），漢語大詞典出版社1997年版，第475頁。

〔註41〕 張相《詩詞曲語辭匯釋》：「伶俐，猶云乾淨也。」中華書局1979年版，第720～721頁。

〔註42〕 方以智《通雅》卷7，收入《方以智全書》第1冊，上海古籍出版社1988年版，第284～285頁。

〔註43〕 姜亮夫《詩騷聯綿字考》，收入《姜亮夫全集》卷17，雲南人民出版社2002年版，第344頁。

〔註44〕 朱起鳳《辭通》，上海古籍出版社1982年版，第2348頁。

「酩酊」考

1. 酩酊，酒醉而迷亂貌。「酩」字或作「茗」、「佲」、「偩」，「酊」字或作「艼」、「仃」、「朾」、「打」〔註1〕，《玉篇》：「酩酊，醉甚也。」又「佲、偩：二同。」《集韻》：「酩，酩酊，醉甚，或作佲、偩，通作茗。」又「酊，酩酊，醉甚，或作仃。」《六書故》：「酩酊，醉而眩瞀不自知也，亦作茗艼。」《龍龕手鑑》：「酩酊，酒過多也。」它的本義爲糊塗、惛憒，《世說·賞譽》：「簡文云：『劉尹茗柯有實理。』」舊注：「柯一作朾，又作仃，又作打。」打，景宋本、沈本作「朾」，同。「柯」字爲「朾」形誤〔註2〕。黃生曰：「『酩酊』二字，古所無，蓋借用字。今俗云懵懂，即茗艼之轉也。」又「茗艼即酩酊，復轉聲爲懵懂。」〔註3〕余嘉錫曰：「黃說是也。考釋慧琳《一切經音義》三十曰：『憕懵，《考聲》云：「精神不爽也。」《字書》：「惛昧也。」』卷四十二又曰：『憕懵，《字書》：「失志貌也。」』憕懵即茗艼，亦即懵懂。此言眞長精神雖似惛懵，而發言卻有實理，不必是醉後始可稱茗艼也。焦循《易餘鑰錄》十九曰：『《世說·賞譽篇》「劉尹茗柯有實理」，劉峻注：「柯一作打，一作仃。」按作打、仃是也。《任誕篇》載山季倫歌云：「日暮倒載歸，茗艼無所知。」茗仃即茗艼。茗打、茗艼則皆當日方言，而假借爲文耳。或解作茶茗之枝柯，則戾矣。』」〔註4〕《世說·任誕》之「茗艼」，《御覽》

〔註1〕《廣韻》「打」、「酊」同音都挺切。

〔註2〕辨見楊愼《丹鉛餘錄》卷16、方以智《通雅》卷6、黃生《義府》卷下。

〔註3〕黃生《義府》卷下，收入《字詁義府合按》，中華書局1954年版，第214、226頁。

〔註4〕余嘉錫《世說新語箋疏》，上海古籍出版社1993年版，第488～489頁。田耕漁譏黃生「刻意求新而轉失迂留」，謂「酩酊」與「懵懂」有別，釋「茗柯」

卷 687、845、《事類賦注》卷 17 引《世說》並作「酩酊」，《類聚》卷 9、19、《御覽》465、497 引《襄陽耆舊記》、《水經注・沔水》、《晉書・山簡傳》亦並作「酩酊」。方以智曰：「酩酊，一作茗苧、茗仃。」〔註5〕胡鳴玉曰：「茗苧，即酩酊字。」〔註6〕翟灝曰：「凡事物至極，流俗輒曰酩酊，假借言耳。」〔註7〕胡式鈺曰：「事到極處曰酩酊。」〔註8〕徐復曰：「（翟灝）釋爲至極，亦非語源，竊謂當爲冥顛，乃得。」〔註9〕徐說即「冥顛」，近之，詳下文。

字或作「娛妠」，《玉篇》：「娛，娛妠，自持也。妠，娛妠。」《廣韻》：「娛，娛妠，自持也。」此謂糊塗以自持身也。《集韻》：「娛，一曰娛妠，面平。」此謂面容模糊也。

字或作「瞤盯」、「瞢盯」、「瞤瞪」，《玉篇》：「瞤，亡幸切，視也，又音萌。盯，直庚切，瞤盯，視兒。」《廣韻》：「瞤，瞤盯，直視。盯，瞤盯，視兒。」又「瞢，瞢盯，瞋目。」《集韻》：「瞢、瞤，瞢盯，目怒兒，或從冒。盯、瞪，瞤盯，視貌，或從登。」《龍龕手鑑》：「瞢，音孟，瞢盯，瞋目貌也。」宋・趙叔向《肯綮錄》引陸法言《唐韻》：「怒目視人曰瞤盯，音盲根。」〔註10〕唐・元稹《有酒》：「胡爲月輪滅缺星瞤盯？」謂星光迷暗貌。清・莊履豐、莊鼎鉉《古音駢字》續編卷 3：「茗仃（酩酊）、瞤盯、佲苧、偟酊，四同。」

2.「酩酊」又音轉聲爲「眠娗」、「瞑睍」、「覥睍」，《方言》卷 10：「眠娗，欺謾之語也，楚郢以南，東揚之郊通語也。」郭璞注：「中國相輕易蚩弄之言也。」《集韻》：「娗，眠娗，不開通兒。」《列子・力命》：「眠娗諈諉。」殷敬順《釋文》引《方言》及郭注，又云：「眠娗，不開通貌。」黃生曰：「詳

爲「茶樹枝幹」，可謂失考，以不狂爲狂也。田耕漁《〈義府〉四則》，《西南民族大學學報》2003 年第 9 期。

〔註5〕 方以智《通雅》卷 6，收入《方以智全書》第 1 冊，上海古籍出版社 1988 年版，第 257 頁。

〔註6〕 胡鳴玉《訂譌雜錄》卷 5，商務印書館，中華民國 25 年版，第 53 頁。

〔註7〕 翟灝《通俗編》卷 27，收入《續修四庫全書》第 194 冊，上海古籍出版社 1995 年版，第 545 頁。

〔註8〕 胡式鈺《實存・語竇》，道光 21 年刻本。

〔註9〕 徐復《〈廣韻〉音義續箋》，收入《徐復語言文字學晚稿》，江蘇教育出版社 2007 年版，第 201 頁。

〔註10〕 趙叔向《肯綮錄》，中國科學院圖書館藏清嘉慶南匯吳氏聽彝堂刻藝海珠塵本。

注義，則眠娗當即讀茗芋。」〔註11〕《五燈會元》卷16：「上堂是甚麼物？得恁頑頑囂囂，瞞瞞睍睍？」《續傳燈錄》卷8作「覗覗睍睍」。翟灝曰：「（覗睍）蓋即當用『眠娗』，而不知其字，漫以音發之也。」〔註12〕徐復曰：「按娗字從廷聲，變音爲殄，與上『眠』字合爲疊韻詞。」〔註13〕

3.「酩酊」又音轉作「蔓蔓」，《廣韻》：「蔓，蔓蔓，新睡起。」《集韻》：「蔓蔓，臥初起兒。」

字或作「殘燈」，敦煌寫卷 P.2011 王仁昫《刊謬補缺切韻》：「殘，殘燈，馬牛卒死。」《廣韻》：「殘，殘燈。燈，殘燈，困病。」翟灝曰：「（『殘燈』）音與『蔓蔓』相近。今謂困倦人步立不定曰打蔓蔓。」〔註14〕

字或作「倰僜」、「倰蹬」，《玉篇》：「僜，倰僜，不著事。」《廣韻》：「倰，倰蹬，行兒。」《集韻》：「僜，倰僜，病行貌。」又「僜，倰僜，不親事。」又「僜，倰僜，行無力。」《五音集韻》：「倰，一曰倰僜，行疲。」明·陳士元《俗用雜字》：「人不省事曰倰僜，新睡起曰蔓蔓。」〔註15〕《類篇》：「倰，倰僜，長兒。」蓋物體高長，則模糊不明也。唐·吳融《美人》：「管咽參差韻，絃嘈倰僜聲。」

字或作「駿驖」，《玉篇》：「駿，駿驖，馬病也，馬傷穀也。」《集韻》：「駿，駿驖，馬病。」又「驖，駿驖，馬傷穀病。」

字或作「踜蹬」，《集韻》：「踜，踜蹬，馬病。」唐·張敬忠《詠王主敬》：「有意嫌兵部，專心望考功；誰知脚踜蹬，却落省牆東。」考《說文》：「倰，

〔註11〕黃生《義府》卷下，收入《字詁義府合按》，中華書局 1954 年版，第 214 頁。又按：焦竑《俗書刊誤》卷6：「眠娗音免腆。」楊愼《古音駢字》卷下說同。陸楫《古今說海》卷 128：「眠音緬，娗音腆，言柔膩不決裂也。」田汝成《西湖遊覽志餘》卷 25：「杭人言⋯⋯蘊藉不躁暴者曰眠娗，音如緬忝。」陳士元《俚言解》卷1：「眠娗音緬忝，出《列子》，俗稱人柔媚爲眠娗。」倪濤《六藝之一錄》卷 263「兩字各音」條：「眠娗，作『緬腆』。」則以爲同「覗腆」、「緬覗」，朱起鳳說亦同，朱起鳳《辭通》，上海古籍出版社 1982 年版，第 2799 頁。茲所不從。

〔註12〕翟灝《通俗編》卷 15，收入《續修四庫全書》第 194 冊，上海古籍出版社 1995 年版，第 423 頁。

〔註13〕徐復《變音疊韻詞纂例》，收入徐復《語言文字學叢稿》，江蘇古籍出版社 1990 年版，第 129 頁。

〔註14〕翟灝《通俗編》卷 34，收入《續修四庫全書》第 194 冊，上海古籍出版社 1995 年版，第 614 頁。

〔註15〕陳士元《俗用雜字》，收入《歸雲別集》卷 25，明萬曆刻本，《四庫全書存目叢書·經部》第 190 冊，齊魯書社 1997 年版，第 160 頁。

馬食穀多，氣流四下也。」段玉裁曰：「謂汗液前後左右四面流下也。餕與淋雙聲義近，由於食穀多也，故從食。」〔註16〕《集韻》：「餕，馬食穀病。」又「餕、駿：馬食粟曰餕，或從馬。」《博物志》卷4：「馬食穀則足重不能行。」馬食穀多，傷於飽，不能行，謂之餕（駿），疊音則曰「駿驜」，單言亦曰驜、膯，《廣韻》：「膯，飽也，吳人云，出《方言》。」〔註17〕《集韻》：「驜，馬傷穀病。」又「驜，駿驜，馬傷穀病。」又「膯，吳人謂飽曰膯。」今吳語尚有「飽膯膯」之語。「踆膯」即不能行之專字。

　　字或作「睖瞪」，《集韻》：「睖，睖瞪，直視貌。」

　　字或作「倰䚄」，《集韻》：「倰，倰䚄，長兒。䚄，倰䚄，長也。」胡吉宣曰：「『倰橙』、『殘蹬』、『䚄䚄』、『睖瞪』，皆疊韻連語，與『倰，長也』義無涉。」〔註18〕胡氏謂四者同源，是也；但謂與「倰，長也」義無涉，猶隔一間。諸義並相因相轉，不可斷爲二橛。

　　字或作「踆塍」、「踆騰」，《集韻》：「踆，一曰踆塍，行貌。」又「塍，踆塍，行貌。」《五音集韻》：「踆，一曰踆騰，行貌。」此爲行步跟蹌貌，亦與「惛憒」義相因。

　　字或作「倰儜」、「倰橙」，《玉篇》：「儜，陵儜，長兒。」「陵」當作「倰」〔註19〕。《廣韻》：「倰，倰儜，長兒。」《集韻》：「儜、橙，倰儜，長也，或作橙。」

　　字或作「楞層」、「稜層」，《瑜伽師地論》卷26：「兇暴強口，形相稜層。」此例《慧琳音義》卷48解爲：「稜層：謂形色慘烈也。」《念佛三昧寶王論》卷1：「幔幢已設，高倨稜層。」此例《慧琳音義》卷100解爲：「稜層：高舉之兒也。」《汾陽無德禪師語錄》卷1：「石塔楞層當宇宙，金鈴搖捜動人天。」此例亦高舉兒也。《廣弘明集》卷29釋眞觀《夢賦》：「鑪飛猛焰，鑊湧驚波，楞層鐵網，萊簇灰河。」宋、元、明、宮本作「稜層」。

　　字或作「睖瞠」，《廣韻》：「睖，睖瞠，直視。」

　　4.「酩酊」又音轉聲爲「懵憕」，《廣韻》：「憕，懵憕，心亂。」宋‧釋普濟《五燈會元》卷5：「師曰：『太懵憕。』」重言作「懵懵憕憕」，《圓悟佛果

〔註16〕段玉裁《說文解字注》，上海古籍出版社1981年版，第222頁。
〔註17〕今本《方言》無此字。
〔註18〕胡吉宣《玉篇校釋》，上海古籍出版社1989年版，第544頁。
〔註19〕參見胡吉宣《玉篇校釋》，上海古籍出版社1989年版，第553頁。

禪師語錄》卷 20：「懵懵懂懂，無巴無鼻。」

字或作「懞懂」、「懞憧」、「懵憧」，敦煌寫卷 P.2104V《禪門秘要訣》：「師子吼，無畏說，深嗟懞懂頑皮析（粗）。」P.2104 作「懞憧」，《證道歌頌》卷 1、《聯燈會要》卷 30、《註華嚴經題法界觀門頌》卷 1 作「懵憧」，《景德傳燈錄》卷 3、《永嘉證道歌》卷 1 並作「懵懂」。《證道歌註》卷 1：「懵懂，乃昏鈍也。」《祖庭事苑》卷 7：「懵憧，心亂貌。」《歲時廣記》卷 5 引宋・呂原明《歲時雜記》：「元日五更初，猛呼他人，他人應之，即告之日：『賣與爾懞懂。』賣口吃亦然。」《朱子語類》卷 41：「則未發時，不成只在這裏打瞌睡懞憧。」宋・釋重顯《風幡競辨》：「如今懵憧癡禪和，謾道玄玄爲獨腳。」黃侃謂「懵懂」即「孟浪」〔註20〕，恐失之。

字或作「鸏�」，《廣韻》：「�，鸏鷍，水鳥，黃喙，長尺餘，南人以爲酒器。」謂此鳥毛色模糊不明，故以名之。

字或作「氋氃」，《集韻》：「氋，氋氃，毛貌。氃，氋氃，毛貌。」謂毛色模糊不明貌。宋・釋覺範《次韻彭子長僉判》：「愁如羊公鶴，氋氃費推遣。」此例指神志模糊也。

字或作「朦朣」，唐・無可《中秋夜君山腳下看月》：「洶湧吹蒼霧，朦朣吐玉盤。」《眞覺禪師語錄》卷 1：「師云：『盡大地未有與麼朦朣漢。』」重言作「朦朦朣朣」，《曹洞五位顯訣》卷 3：「又問：『如何是水牯牛？』師云：『朦朦朣朣。』」

字或作「矇瞳」，宋・陳亮《答朱元晦書》：「本非閉眉合眼，矇瞳精神，以自附於道學者也。」

字或作「懵董」，宋・許月卿《上程丞相元鳳書》：「人望頓輕，明主增喟，懵董之號，道傍揶揄。」

字或作「朦朧」，元・湯垕《畫鑒》引宋・翟耆年詩：「善畫無根樹，能描朦朧山。」

字或作「儚懂」，《二刻拍案驚奇》卷 40：「是何處兒郎眞儚懂！見我貴人來，不歡蹤。」

江淮官話謂遲鈍爲「木燭」、「木作」，粵語謂遲鈍爲「木獨」，贛語謂傻爲「木督」，吳語謂遲鈍爲「木作（足）」〔註21〕蓋皆「懵懂」之音轉也。

〔註20〕黃侃《字通》，收入《說文箋識》，中華書局 2006 年版，第 117 頁。關於「孟浪」，另參見《「狼抗」考》。

〔註21〕參見許寶華、宮田一郎《漢語方言大詞典》，中華書局 1999 年版，第 583～585 頁。

5.「酩酊」又音轉聲爲「艷艷」、「薵曾」、「薵曾」、「懵憕」、「崚嶒」，《廣韻》：「艷，艷艷，神不爽也。」又「曾，目小作態，薵曾也。」《集韻》：「憕，懵憕，神不爽。」又「曾，薵曾，目不明。」又「曾，薵曾，日不明。」又「嶒，崚嶒，山貌。」明・毛晉《還魂記》第十齣：「看他嬌啼隱忍，笑譫迷廝，睡眼懵憕。」

字或作「懵憁」，《集韻》：「憁，懵憁，迷亂。」

字或作「儜憕」，《龍龕手鑑》：「憕，又音登，儜憕也。」唐・元稹《紀懷贈李六戶曹崔二十功曹》：「有時鞭欱段，盡日醉儜憕。」

字或作「懵憕」，《佛說如來不思議祕密大乘經》卷7：「其不見者默然懵憕。」《釋門正統》卷4：「世仍懵憕，摩騰至止。」

字或作「曾憕」、「薵憕」，《佛說佛名經》卷2：「或惛憒曾憕，不了煩惱。」又卷17作「薵憕」。《佛說守護大千國土經》卷1：「若心迷亂，目睛薵憕。」

字或作「懵騰」、「薵騰」，唐・韓偓《馬上見》：「去帶懵騰醉，歸因困頓眠。」一本作「薵騰」。南唐・馮延巳《金錯刀》：「只銷幾覺懵騰睡，身外功名任有無。」明・王錂《春蕪記・宸游》：「不覺神情恍惚，睡思懵騰。」明・邵璨《香囊記・南歸》：「客夢闌珊，鄉心迢遞，薵騰似被餘醒。」

字或作「蒙騰」，宋・陶穀《清異錄》卷下：「轉而入於飛蝱都，則又蒙騰浩渺而不思覺也。」明・李夢陽《陶行人宅贈》：「苦勸蒙騰醉，應懷長別心。」

字或作「朦騰」，宋・晏幾道《玉樓春》：「臨風一曲醉朦騰，陌上行人凝恨去。」元・貫雲石《天下樂》：「遮莫在困朦騰驢背上吟。」元・王惲《和曲山見示十六夜詩》：「三杯兩醆醉朦騰，門巷歸時月色澄。」

字或作「矇騰」，元・貫雲石《點絳唇》：「直喫的酩酊疏狂罷手，也不記誰扶下翠樓，眼矇騰口角涎稠。」

字或作「懵鈍」、「朦鈍」、「蒙鈍」、「懞鈍」，《正法念處經》卷10：「性甚愚癡，懵鈍醜陋。」宋、元、宮本作「朦鈍」，明本作「蒙鈍」。《入楞伽經》卷10：「朦鈍人不覺，復言不可說。」《大寶積經》卷91：「在在所生，常多蒙鈍。」元、明、宮本作「懞鈍」。

字或作「瞠憕」，《舍利弗阿毘曇論》卷13：「窳墮瞢憕於善法廢退，是名懈怠。」宮本作「憕瞢」，聖、聖乙本作「瞠憕」。

6.「酩酊」又音轉聲爲「矇曨」，《玉篇》：「矇，矇曨也。」《集韻》：「矇，

矇矓，日未明。」謂日色不明貌。唐・杜甫《西枝村尋置草堂地》：「晨光稍矇矓，更越西南頂。」《景定建康志》卷 37 引劉克莊《金陵作》：「落日矇矓江北山，斷烟髣髴新亭路。」

字或作「朦朧」，《廣韻》：「朦，朦朧，月下。」《集韻》：「朦，朦朧，月將入。」謂月色微明、模糊不明貌。《廣弘明集》卷 30 東晉・支道林《詠懷詩》：「逸想流巖阿，矇矓望幽人。」元、明本作「朦朧」。唐・李群玉《中秋維舟金山看月》：「汗漫鋪澄碧，朦朧吐玉盤。」與上引無可詩「朦朣吐玉盤」正同一機杼，是「朦朧」即「朦朣」也。《阿難問事佛吉凶經》卷 1：「朦朧不達事，惡惡相牽拘。」《金光明經文句》卷 1：「亦如醉人朦朧見道。」唐・王昌齡《西宮春怨》：「斜抱雲和深見月，朦朧樹色隱昭陽。」唐・溫庭筠《寒食前有懷》：「殘芳荏苒雙飛蝶，晚睡朦朧百囀鶯。」

字或作「蒙籠」、「蒙蘢」，《淮南子・修務篇》：「犯津關，躐蒙籠。」高誘注：「躐蒙籠之山。一曰：葛藟所蒙籠，言非人所由。」《漢書・揚雄傳》《羽獵賦》：「獵蒙蘢，轔輕飛。」顏師古注：「蒙蘢，草木所蒙蔽處也。」又《甘泉賦》：「乘雲閣而上下兮，紛蒙籠以掍成。」《能改齋漫錄》卷 6 引作「蒙蘢」。顏師古注：「蒙籠，深通貌。」《文選》李善註：「服虔曰：『蒙籠，膠葛貌。』」《漢書・鼂錯傳》：「草木蒙蘢，支葉茂接。」顏師古注：「蒙蘢，覆蔽之貌也。」《釋名》：「聾，籠也，如在蒙籠之內，聽不察也。」《文選・遊天臺山賦》：「披荒榛之蒙蘢，陟峭崿之崢嶸。」李善註：「《孫子》曰：『草樹蒙蘢。』」呂向註：「蒙蘢，林密貌也。」吳玉搢曰：「蒙籠，朦朧也。」〔註22〕

字或作「蒙瓏」，《抱朴子・地眞》：「玄芝被崖，朱草蒙瓏。」

字或作「蒙朧」，唐・杜甫《牽牛織女》：「神光意難候，此事終蒙朧。」

字或作「濛朧」、「濛籠」，唐・王昌齡《齋心》：「女蘿覆石壁，溪水幽濛朧。」唐・歐陽詹《回鸞賦》：「濛籠焉虹霓之縈儀鳳，髣髴焉江霧之送遊龍。」唐・李爲《日賦》：「赤蓋下空，埃塵濛籠。」

字或作「矇矓」，宋・蘇軾《杜介送魚》：「醉眼矇矓覓歸路，松江煙雨晚疏疏。」

7. 「酩酊」又音轉聲爲「蒙戎」、「尨茸」、「蒙茸」，《詩・旄丘》：「狐裘蒙戎，匪車不東。」毛傳：「蒙戎，以言亂也。」《左傳・僖公五年》「（士

〔註22〕吳玉搢《別雅》卷 1，收入景印文淵閣《四庫全書》第 222 冊，臺灣商務印書館 1986 年初版，第 612 頁。

蔫）退而賦曰：『狐裘尨茸，一國三公，吾誰適從？』」《史記·晉世家》、《通鑑》卷 142 胡三省註引作「蒙茸」，《詩·旄丘》孔疏引作「蒙戎」。《集解》引服虔曰：「蒙茸，以言亂貌。」杜預注：「尨茸，亂貌。」惠棟曰：「蒙，本與尨通。」〔註 23〕《文選·甘泉賦》：「蚩尤之倫，帶干將而秉玉戚兮，飛蒙茸而走陸梁。」呂延濟注：「蒙茸、陸梁，亂走兒。」唐·羊士諤《齋中有獸皮茵偶成詠》：「山澤生異姿，蒙戎蔚佳色。」《全唐詩》卷 332 注：「戎，一作茸。」

字或作「蒙尨」，唐·杜牧《感懷》：「流品極蒙尨，網羅漸離弛。」

字或作「濛茸」，唐·無名氏《擷芳詞》：「風搖蕩，雨濛茸，翠條柔軟花頭重。」唐·貫休《春末蘭溪道中作》：「山花零落紅與緋，汀煙濛茸江水肥。」

8.「醗酊」又音轉聲爲「酕醄」，《廣韻》：「酕，酕醄，醉也。」《集韻》：「酕，酕醄，極醉貌。」唐·姚合《閒居遣懷》：「遇酒酕醄飲，逢花爛漫看。」

9.1.「醗酊」即「懵懂」之轉聲，倒言則作「童蒙」、「童矇」，蔣禮鴻曰：「（童蒙）倒之則爲懞懂，音變爲醗酊，《晉書》作茗仃，又轉爲酕醄，又爲薈蘙。」〔註 24〕《說文》：「矇，童蒙也，一日不明也。」《集韻》、《類篇》引作「童矇」。《淮南子·俶眞篇》：「皆欲離其童蒙之心，而覺視於天地之間，是故其德煩而不能一。」《大方廣佛華嚴經》卷 33：「習童蒙法障。」聖本作「童矇」。《菩薩從兜術天降神母胎說廣普經》卷 7：「汝爲我師化我童矇。」元、明本作「童蒙」。《提婆菩薩傳》卷 1：「唯恨悠悠童矇，不知信受我言。」宋、元、明、宮本作「童蒙」。《出三藏記集》卷 10：「愍俗童矇，示以橋梁。」宋、元、明本作「童蒙」。

字或作「瞳矇」，《論衡·自然篇》：「純德行而民瞳矇曉惠之心未形生也。」《後漢書·蔡邕傳》《釋誨》：「童子不問，疑於老成；瞳矇不稽，謀於先生。」《善見律毘婆沙》卷 4：「是婆羅門瞳矇無知。」宋、元、宮本作「童矇」，明本作「童蒙」。

字或作「童曚」，《維摩經略疏》卷 3：「入諸學堂誘開瞳矇迹。」甲本作「童矇」。《四教義》卷 1：「說通教童矇，宗通教菩薩。」甲、乙本作「童蒙」。

〔註 23〕 惠棟《九經古義》卷 5，收入《叢書集成新編》第 10 冊，新文豐出版公司 1985 年版，第 176 頁。

〔註 24〕 蔣禮鴻《義府續貂》，收入《蔣禮鴻集》卷 2，浙江教育出版社 2001 年版，第 54 頁。

字或作「僮朦」、「僮蒙」，《楚辭・七諫》：「冀幸君之發朦。」王逸注：「朦，僮朦也。言我將方舟隨江而浮，冀幸懷王開其朦惑之心而還已也。朦一作蒙。」《楚辭・九懷》：「無用日多。」王逸注：「僮蒙並進，塡滿國也。」《國語・魯語下》：「使僮子備官而未之聞邪？」韋昭注：「僮，僮蒙不達也。」《路史》卷 5：「其民僮蒙，莫知西東。」

字或作「朣朦」，《後漢書・張衡傳》：「吉凶紛錯，人用朣朦。」李賢注：「朣朦，言未晤也。」劉攽曰：「案蔡邕亦有此二字，作『瞳矇』，從目是也，此誤。」〔註 25〕劉氏必以爲誤，則拘矣。

字或作「毶毷」，《世說・排調》：「昔羊叔子有鶴善舞，嘗向客稱之，客試使驅來，毶毷而不肯舞。」唐・陸龜蒙《鶴屛》：「曾無毶毷態，頗得連軒樣。」

字或作「幢幪」，《集韻》：「幢，幢幪，山貌。」

9.2. 「童蒙」又音轉聲爲「瞢瞢」、「瞢懵」、「瞪懵」、「瞪瞢」，《玄應音義》卷 2：「瞢瞢：《韻集》云：「失臥極也。」經文作瞪，非此義。」《慧琳》卷 25：「瞢瞢：失眠也，不明也。」《集韻》：「瞢瞢，目暗。」《可洪音義》卷 21：「瞪懵：惛悶睡。」《文選・洞簫賦》：「瞪瞢忘食。」《出曜經》卷 26：「多食瞪瞢不容入定。」宋、元、明本作「瞢瞢」。《瞿曇彌記果經》卷 1：「身瞪懵，啼泣，在門前立。」元、明本作「瞢懵」。《佛說大安般守意經》卷 1：「身重意瞪瞢。」宮本作「瞢瞢」。《禪法要解》卷 1：「若未得禪樂，情散愁憒，心轉沈重，瞪瞢不了。」元、明本作「瞢瞢」。《阿毘曇八犍度論》卷 2：「身瞪瞢，心瞪瞢。」宋、元、明、宮本作「瞢懵」。《成實論》卷 3：「嬾重，迷悶，瞪瞢，疼痺。」宋、元、明、宮本作「瞢瞢」。

字或作「瞪瞐」、「憕惽」、「瞪瞢」、「懵懵」、「瞢瞢」，《玄應音義》卷 17：「瞪瞐：宜作『瞢瞢』，《韻集》云：『失臥極也。』亦亂悶也。論文作『憕惽』，非。」《可洪音義》卷 14：「懵懵：正作『瞢瞢』也。」又卷 25：「憕惽：見《藏》，作『瞪瞢』，與『瞢瞢』字同。又上音登，下音冒，並悮也。」又「憕懵：見《藏》，作『懵懵』。」敦煌寫卷 S.161《禮懺文》：「或惛憒瞪瞢，不了煩惚（惱）。」《大佛頂如來密因修證了義諸菩薩萬行首楞嚴經》卷 2：「瞪瞢瞻佛，目精不瞬。」鄭賢章曰：「憕惽、懵懵，聯緜詞，與『瞪瞢』同。」〔註 26〕

〔註 25〕轉引自王先謙《後漢書集解》，廣陵書社 2006 年版，第 629 頁。
〔註 26〕鄭賢章《〈新集藏經音義隨函錄〉研究》，湖南師範大學出版社 2007 年版，第

字或作「憕懵」、「瞪瞢」、「𢠯瞢」、「䒤懵」，《玄應音義》卷 4、《慧琳音義》卷 34、56「䒤瞢」條指出「憕懵」非體也，《慧琳音義》卷 30：「憕懵：經中或作『瞪瞢』，亦通。有作『慳慢』非。」又卷 100：「憕懵：止觀從目作『瞪瞢』，並非也。」《佛本行集經》卷 44：「若人壽命滿百年，憕懵濁亂無覺察。」元、明本作「䒤懵」。《釋禪波羅蜜次第法門》卷 4：「明則覺觀攀緣，思想不住；昏則無記瞪瞢，無所覺了。」敦煌寫卷敦研 247：「離身心相：身心精進，各二自種義：身離憒鬧及五識𢠯瞢，心離結使蓋纏。」

字或作「䒤懜」，《大乘理趣六波羅蜜多經》卷 8：「䒤懜、矉申、缺呿，昏昧不任。」

字或作「盯矒」，《廣韻》：「盯，盯矒。」唐・孟郊《城南聯句》：「眼剽強盯矒，是節飽顏色。」

9.3. 「童蒙」又音轉聲爲「同未」、「童昧」，《尚書・君奭》：「小子同未，在位誕無我責。」吳汝綸曰：「同未者，詷昧也。」〔註 27〕楊筠如曰：「同未，疑即『童昧』之轉……『童昧』實『童蒙』之轉。《堯典》『昧谷』，《淮南子》作『蒙谷』，即其証也。」〔註 28〕《後漢書・傅毅傳》《迪志詩》：「誰能昭闇，啓我童昧。」《御覽》卷 246 引《唐書》：「延首讜言，冀匡童昧。」

9.4. 「童蒙」又音轉聲爲「鈍聞」、「屯閔」、「鈍惛」、「鈍暋」、「潁暋」、「顛冥」、「顛瞑」、「頓愍」，《淮南子・修務篇》：「南見老聃，受教一言，精神曉泠，鈍聞條達。」高誘註：「鈍聞，猶鈍惛也。」《文子・精誠》作「屯閔」。《淮南子・原道篇》：「漠暋於勢利，誘慕於名位」高注：「漠暋，猶鈍暋，不知足貌。」王念孫曰：「『漠暋』皆當爲『潁眠』，字之誤也。『潁眠』或作『顛冥』，《文子・九守篇》作『顛冥』，是其證也。《莊子・則陽篇》：『顛冥乎富貴之地。』《釋文》：『冥音眠。司馬云：「顛冥，猶迷惑也。」』高以『潁眠』爲『不知足』，司馬以『顛冥』爲『迷惑』，義相因也。」〔註 29〕王叔岷曰：「竊以爲暋與眠同，似非誤字。」〔註 30〕合二王之說，斯爲善矣。蔣禮鴻亦曰：「暋不必改眠。」〔註 31〕唐・韓愈《和李相公攝事南郊覽物興

499 頁。

〔註 27〕吳汝綸《尚書故》，收入《續修四庫全書》第 50 冊，上海古籍出版社 2002 年版，第 689 頁。

〔註 28〕楊筠如《尚書覈詁》，陝西人民出版社 1959 年版，第 250 頁。

〔註 29〕王念孫《讀書雜志》，中國書店 1985 年版。

〔註 30〕王叔岷《莊子校詮》，中華書局 2007 年版，第 998 頁。

〔註 31〕蔣禮鴻《義府續貂》，收入《蔣禮鴻集》卷 2，浙江教育出版社 2001 年版，第

懷呈一二知舊》：「顧瞻想巖谷，興歎倦塵囂。惟彼顛瞑者，去公豈不遼！」宋・方崧卿《韓集舉正》卷 3：「瞑，從目，古眠字也……《莊子》司馬彪云：『顛冥，猶迷惑也。』」宋・魏仲舉《五百家注昌黎文集》卷 7：「孫曰：『顛瞑，眩惑也。』」《方言》卷 10：「悃、悵、頓湣，懣也。楚揚謂之悃，或謂之悵，江湘之閒謂之頓愍。」郭注：「懣，謂迷昏也。頓愍，猶頓悶也。」蔣禮鴻曰：「聞字古讀重脣，鈍聞即童蒙之轉。又轉為滇瞎、顛冥。……頓湣與童蒙、滇瞎皆一聲之轉也。」〔註32〕亦即「懵鈍」、「朦鈍」、「蒙鈍」、「懞鈍」之倒言也。

　　10.《賈子・道術》：「反慧為童。」《太玄・錯》：「童，無知。」本字為僮，《說文》：「僮，未冠也。」《左傳・僖公九年》杜注：「小童者，童蒙幼稺之稱。」孔疏：「童者未冠之名，童而又小，故為童蒙幼稺之稱……幼童於事多闇昧，是以謂之童蒙焉。」《廣雅》：「僮，癡也。」《易・蒙》《釋文》、《慧琳音義》卷 22 引作「童，癡也」。王念孫曰：「憧、童並與僮通。」〔註33〕《廣韻》：「懂，懵懂，心亂。」懂亦讀為童、僮。懵、瞢、懞、蒙並讀為惷或儚，《說文》「儚，不明也。惷，惷也。」字或作懜，《爾雅》：「儚儚、洄洄，惛也。」郭璞注：「皆迷惛。」《釋文》：「儚，字或作懜。」懵懂、童蒙猶言糊塗、惛憒。

　　《說文》：「矇，童蒙也，一曰不明也。」段玉裁曰：「此與《周易》『童蒙』異，謂目童子如冢覆也。」〔註34〕段說未是，二書正同，童蒙猶言糊塗。章太炎曰：「（童蒙）倒言之即蒙童（懞懂）。」〔註35〕《易・蒙》：「匪我求童蒙，童蒙求我。」《釋文》：「童，《字書》作僮。」《公羊傳・定公十五年》唐・徐彥疏引鄭玄注：「蒙者蒙蒙，物初生形，是其未開著之名也。人幼稚曰童。」干寶注：「蒙為物之稺也，施之於人，則童蒙也。」朱駿聲曰：「喻童子弱昧，必依附先生以強立，故曰童蒙。字當作冢，覆也。作蒙者叚借。」〔註36〕李鏡池曰：

54 頁。
〔註32〕蔣禮鴻《義府續貂》，收入《蔣禮鴻集》卷2，浙江教育出版社 2001 年版，第53～54 頁。
〔註33〕王念孫《廣雅疏證》，收入徐復主編《廣雅詁林》，江蘇古籍出版社 1998 年版，第 211 頁。
〔註34〕段玉裁《說文解字注》，上海古籍出版社 1981 年版，第 135 頁。
〔註35〕參見王寧整理《章太炎說文解字授課筆記》，中華書局 2010 年版，第 153 頁。
〔註36〕朱駿聲《六十四卦經解》，中華書局 1958 年版，第 24 頁。朱說又見《說文通

「童蒙，蒙昧愚蠢的奴隸。童借爲僮。」〔註37〕高亨曰：「蒙疑借爲矇，古字通用……以喻愚昧無知之人。年幼而無知者，謂之童蒙。」〔註38〕諸說皆非是。

訓定聲》，武漢市古籍書店 1983 年版，第 57 頁。

〔註37〕李鏡池《周易通義》，中華書局 1981 年版，第 11 頁。

〔註38〕高亨《周易古經今注》，中華書局 1984 年版，第 173 頁。